中央文化产业发展专项资金重大项目

听力障碍儿童心理与教育

主编 张宁生 李玉影

郑州大学出版社

图书在版编目(CIP)数据

听力障碍儿童心理与教育/张宁生,李玉影主编. —郑州:郑州大学出版社,2018.9(2026.1 重印)
ISBN 978-7-5645-5799-7

Ⅰ.①听…　Ⅱ.①张…②李…　Ⅲ.①听力障碍-儿童心理学②听力障碍-儿童教育-特殊教育　Ⅳ.①G762

中国版本图书馆 CIP 数据核字（2018）第 209538 号

听力障碍儿童心理与教育
TINGLI ZHANGAI ERTONG XINLI YU JIAOYU

策划编辑	刘　开　王卫疆	封面设计	苏永生
责任编辑	黄　晨	版式设计	苏永生
责任校对	胥丽光	责任监制	朱亚君

出版发行	郑州大学出版社	地　　址	河南省郑州市高新技术开发区长椿路 11 号(450001)
经　　销	全国新华书店		
发行电话	0371-66966070	网　　址	http://www.zzup.cn
印　　刷	郑州尚品数码快印有限公司		
开　　本	710 mm×1 010 mm　1 / 16		
印　　张	17.25	字　　数	429 千字
版　　次	2018 年 9 月第 1 版	印　　次	2026 年 1 月第 3 次印刷

书　　号	ISBN 978-7-5645-5799-7	定　　价	42.00 元

作者名单

主　　　编　张宁生　李玉影

参 编 人 员　（排名以编写章节先后为序）

于玉东　赵　泓　贾　玲

张宁生　李玉影　周志英

罗刚勤　任文忠

前言

—— Preface ——

本书第一版是全国高等教育自学考试指定教材(特殊教育专业)之一,书名为《听力残疾儿童心理与教育》,2002 年由辽宁师范大学出版社出版,我任主编。参编人员有沈阳师范大学胡雅梅、北京联合大学肖阳梅、香港教育学院冼权锋、北京第二聋人学校叶立言、东北财经大学牛玉柏、辽宁师范大学李立洁、陈光华。

16 年后的今天,第二版书名改为《听力障碍儿童心理与教育》、内容变动采取了增、删、改、调等方式。参编人员也有很大改动,原参编人员职称都提升了,有的人学历也提高了,读完了博士,随之单位也调动了,但依旧坚守在特殊教育岗位。

新参与编写人员有李玉影、任文忠、周志英、罗刚勤、于玉东、赵泓、贾玲。他们中除了两位是在读的博士生外,其他全部具有高级职称,且有丰富实践经验。他们平时对聋教育和教学问题很上心,又注意积累,这是我很看重的一点。我向来认为,只抱着书本搞特殊教育是飞不高、行不远的。这也是我对已踏入特教园地的青年学子寄予的一点希望:既要注重理论,也绝不轻视实践。

这次修订要特别提到的一点是,我邀请了香港中文大学的邓慧兰教授和台湾师范大学的刘秀丹副教授,用特稿的形式分别介绍了他们当地聋教育发展的最新情况,使本书内容在一定程度上做到了与时俱进。

另外，我校在读的研究生孟亚迪、王敏、李亚飞等帮助我整理和打印书稿，付出了辛勤劳动。她们工作细致、耐心，具备将来做好特殊教育工作所应有的优良品质，我甚感欣慰。

最后，本书责任编辑郑州大学出版社的王卫疆副编审对特殊教育书籍的出版投入了极大的热情，使我们之间的合作非常和谐愉快。总之，天时、地利、人和为我们这本专业书出版创造了得天独厚的条件。

欢迎阅读本书的读者们提出意见和建议。

张宁生

2018年8月9日

于大连

目 录

—— Contents ——

第一章

听力障碍概述

【本章提要】

“听力障碍”这一术语始见于1987年中国开展全国首次残疾人抽样调查时，由中国残疾人抽样调查领导小组印发的《五类残疾标准》一文。

在特殊教育学与康复医学领域中，对于与“残疾”相关联的概念，英语中用“impairment”“disability”和“handicapped”三个词做了区分。相应地在汉语中也有“损伤”“残疾”和“障碍”三个词来表达。但是，这种区分一旦与具体的残疾类别相连，则它们间的界限就消失了。因此，“听力障碍”与“听力障碍”无法做实质性的区分。为了使学习者不致为术语所困，本书使用“听力障碍”与“听力障碍”同义；“听力障碍”与广义的“听力障碍”同义，在行文中，会出现交替使用的情况。

听力障碍是指由于各种原因导致双耳听力的减弱或丧失，因而听不到或听不真周围环境的声音。

听力损失的程度有轻有重，损失重的称“耳聋”，损失轻的称“重听”。两种情况可统称为“耳聋”，即广义的听力障碍。

按不同标准可对听力障碍进行不同分类，比如可按听力损失的程度、听力障碍的性质、听力障碍发生的部位、听力障碍发生的时期、听力障碍发生的症状等。

听力障碍者的出现率是指在某一年度，听力障碍患者在某一个年龄段的人口中所占的百分比。

导致听力障碍的因素有先天因素和后天因素两大类。先天因素是指导致儿童在一出生就存在听力障碍的各种因素，如孕妇在孕期感染各种传染病或服用耳毒性抗生素、分娩过程中的胎儿的窒息、缺氧等；后天因素是指导致儿童出生后成为听力障碍的各种因素，如儿童出生后感染各种传染病或因患病使用各种耳毒性药物等。

常用的听力检查方法有行为观察法和听力检测法。行为观察法是观察儿童在自然状态下,受到声音刺激后有无相应的行为反应,而间接地推断其听力是否正常的方法。听力检测法是由检查者对被检查者主动实施听力检查,是一种直接检查听力状况的方法。

第一节　听力障碍的概念

一、听觉原理与听力障碍

听觉是人的一种主观感觉。人能凭借听觉感知到来自外界的各种声音,并通过分辨这些声音的特点,来认识各类事物。更重要的是,凭借听觉还可以习得语言,进行语言交际活动,这对一个人(特别是对儿童)的心理发展和能否正常参与社会生活是非常重要的。

要搞清听力障碍是怎么一回事,首先要明白人的听觉系统的结构和功能,声波与听觉的关系等问题。

(一)听觉系统的结构和机能

人耳能听到声音并理解声音的意义,是人的听觉系统各器官共同工作的结果。人的听觉系统主要由外耳、中耳、内耳、听神经和大脑的听觉中枢几部分构成(图 1-1)

1. 外耳部分:包括耳郭、外耳道和鼓膜

耳郭,即人们平常所说的耳朵,实际上是听觉系统中暴露在外面的部分,它呈漏斗状(图 1-2)。耳郭的大部分是有弹性的软骨组织,表面覆以皮肤,下边柔软的、无软骨的部分是耳垂。耳郭的主要机能是收集声波。

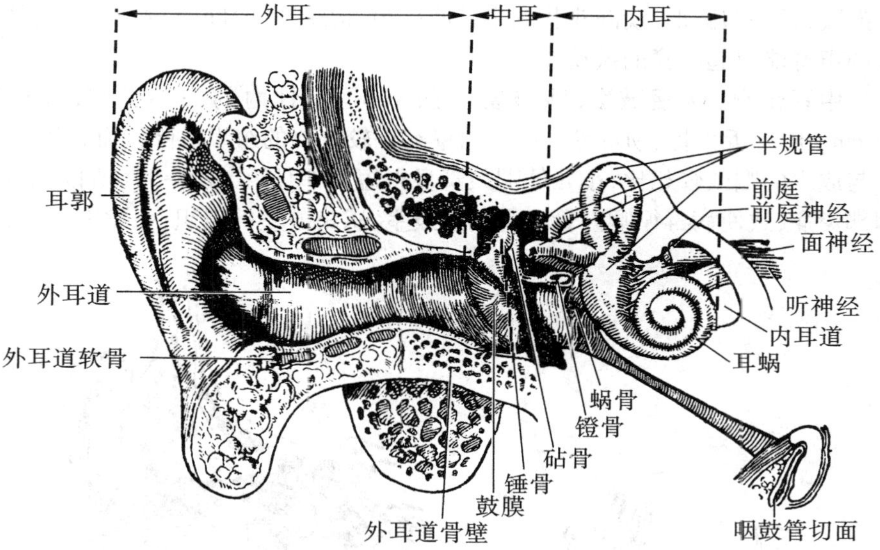

图 1-1 人的听觉系统结构示意图

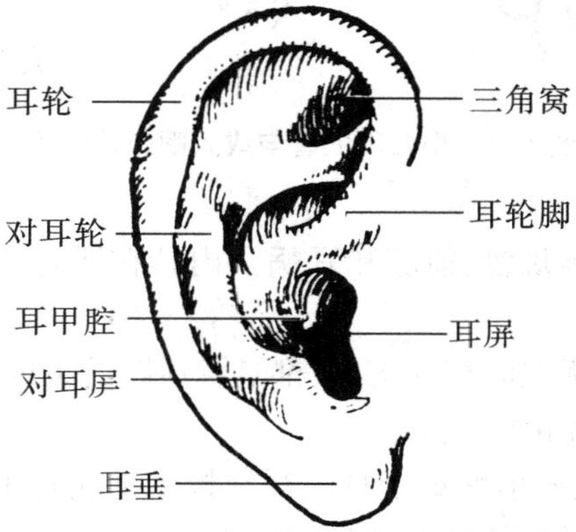

图 1-2 耳郭

外耳道，是一弯曲的管道，长约 2.5 cm，开口于耳郭的一端为外耳门，另一端到达鼓膜。

外耳道外 1/3 部分是软骨部，内 2/3 部分是骨部。外耳道内壁上有各种腺体，其中一种叫耵聍腺，可以分泌出黄褐色、黏稠状液体叫耵聍，它能粘住来自外界的灰尘和异物，起到保护耳朵的作用。

鼓膜，是一卵圆形、浅漏斗状的半透明薄膜，边缘厚，中间薄，弹性强，由外耳道传入的声音能引起鼓膜的振动。

2. 中耳部分：包括鼓室、咽鼓管　鼓室，是颅骨内的一小空腔，容积约有 1～2 cm^3，内有听小骨、韧带等。鼓室内壁有比较重要的组织、神经、血管等。

听小骨、咽鼓管

与成人的咽鼓管相比，小儿的咽鼓管显得短而平且粗（图 1–3），所以儿童容易因咽部炎症，致使病毒循咽鼓管上行到达鼓室，感染鼓室的组织，引发中耳炎。

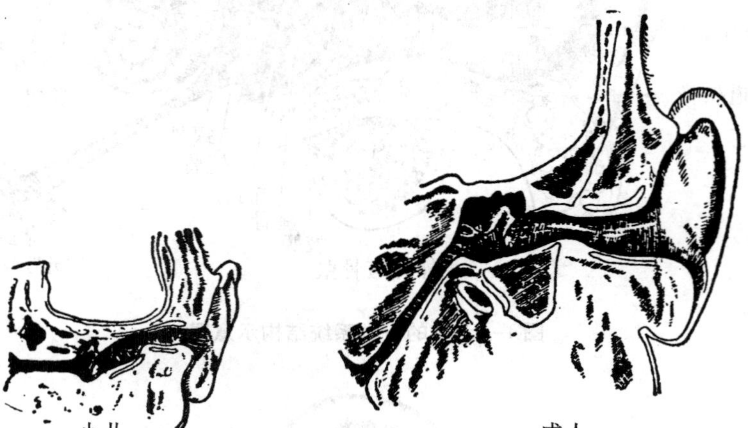

图 1–3　小儿咽鼓管与成人咽鼓管的不同

3. 内耳部分：包括半规管、前庭和耳蜗　内耳在颞骨内，由一些构造很复杂的弯曲管道和囊所组成。

半规管、前庭和耳蜗之间相互沟通，都是骨迷路的组成部分。椭圆囊、球囊、膜半规管、膜蜗管是膜迷路的组成部分。

骨迷路、膜迷路

4. 听神经　听神经末梢埋藏于骨质螺旋板和基底膜中，由 25 000～30 000 根神经纤维组成。这些神经纤维的一端与内、外毛细胞的基底部相接触，另一端集合成束组成耳蜗神经，后又与前庭神经会合，形成位听神经进入经内耳门进入颅腔。

5. 听觉中枢　位于大脑的颞横回，在大脑沟外侧。声音不论来自哪只耳朵，听神经进入颅腔后都可以经过四次换元后，把声音刺激引起的神经冲动最终传至大脑颞叶部位皮层听觉中枢。因此，只有声音刺激引起的神经冲动传递到听觉中枢，才能产生听觉；并经过听觉中枢的分析、判断，才能判断出声音的意义。

按照功能划分，外耳、中耳是听觉系统的传音部分，内耳以上是听觉系统的感音部分。

（二）声音在耳内的传导途径和听觉特性

1. **声波的传导途径** 声波在耳内的传导途径和人耳对声音的感受，概括起来讲就是当声波进入外耳道以后，引起鼓膜振动。鼓膜振动的频率与声波的频率相一致，鼓膜振动的幅度也与声波的强度大小有关。鼓膜发生的振动，通过听骨链的传递又引起内耳前庭阶外淋巴液的振动。外淋巴液的振会引起蜗管内淋巴液的振动，内淋巴液的振动又会引起基底膜的振动。基底膜上面的螺旋器的毛细胞与盖膜的相对位置由此不断发生改变，从而刺激毛细胞并引起毛细胞的膜电位变化。毛细胞的膜电位变化又引起耳蜗神经纤维产生的动作电位，即神经冲动。最终，神经冲动传至大脑听觉中枢而形成听觉。

声波这种通过空气介质传导到耳内的途径，称为气导（图 1-4）。

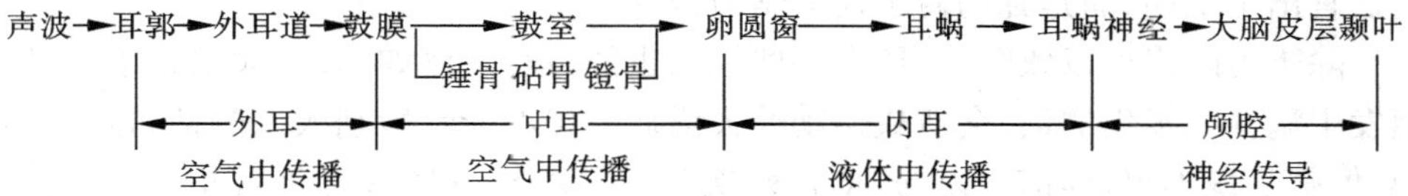

图 1-4 声波空气传导途径示意

此外，声波还可以通过骨传导途径传入内耳，这种声波传导的路径称为骨导。这是因为一定频率和强度的声波在传入外耳道的同时，也作用于颅骨，使颅骨发生振动，颅骨内的内耳器官中的淋巴液随之产生相应的波动，形成神经冲动并传导到听觉中枢。但是，大多数声波到达颅骨时会被坚硬的颅骨阻挡和反射掉，能传入内耳的声波非常少。所以，气导是声波传导和人耳感知声音的主要途径。

2. **听觉特性** 声波是经某种媒介（如空气、液体）传递的物体振动时所发出的纵波。听觉是对声波物理性质的心理反应。

声波具有三种基本物理特性：频率、振幅和波形。反映这三种基本特性的主观感受是音调、响度和音色。

声波的三种物理特性

（三）听力障碍的概念

人们对既听不见、又不会说话的人称作“聋哑人”“聋子”“哑巴”。这种俗称是不科学的。下面从科学角度分别解释一下相关概念。

听力障碍是指由于各种原因导致双耳听力减弱或丧失，以至于听不清或听不到周围环境的各种声音，从而无法从事正常人的言语交往活动。听力障碍的程度有轻有重,医学上听力障碍程度重的称“听力障碍”,将听力障碍程度轻的称“重听”。

听力障碍的概念有广义和狭义之分。广义的听力障碍泛指听力损失轻、重两种情况,狭义的听力障碍则专指听力损失严重的这种情况。

平常人们所说的“聋哑人”是不够科学的称谓。从科学上看“聋”与“哑”是两种不同而又相互关联的现象。聋是指听觉分析器出现了问题导致听不到或听不清声音,哑是指由于言语分析器出现了问题导致发不出音。医学上有“聋哑病”的病名,但它并不是指听觉分析器和言语分析器都有问题,而是指患者如果在出生前或学语前,以及刚开始学说话的幼儿期双耳发生重度听力障碍,以至全听力障碍,基本上不能或完全不能感受到外界的声音刺激,特别是语音刺激。这样,就无法通过正常的听觉途径学习说话,或刚刚学会的一些话也会因丧失听觉反馈而得不到巩固和发展,表现为既聋又哑的状态。这类患者不会说话的原因,一般不是口腔等言语器官出了毛病,而是聋妨碍了他们学习说话。

除听力障碍可以致哑外,还有一些原因也能致哑。例如,人的大脑言语运动中枢发生病变或损伤的话,会造成运动性失语症。患者能听懂别人说的话,自己也想说,但就是说不出,即前面说的“语言残疾”。重度、极重度智力落后儿童的脑神经系统发育不健全,言语发展严重迟滞,有些终生只会说几个字、词,甚至完全不会说话。有的人患了缄默症这类精神疾病,也表现出长期不说话的症状。上述患者的哑也不是由听觉系统的问题造成的。可见,哑本身不是独立的一种病,而是一种状态,它是由其他疾病的缺陷引发,并伴随其他疾病或缺陷而存在。其他疾病是原发性的缺陷;哑是果,是继发性的缺陷。

另外,随着科学技术和医疗、特殊教育事业的发展,一些听觉残疾者的听力障碍症虽未能治愈,但听力系统能得以重建或构建,表现为只聋不哑,或既具有较好的听觉能力,又能够较好地进行发音说话。所以,目前世界上许多国家已经用听力障碍、听觉障碍、听力障碍、聋人学校等名称来取代聋哑人、聋哑学校等一类称谓了。

二、听力障碍的分类

根据不同的标准,可以将听力障碍做如下的分类。

(一)按听力损失的程度

按照听力损失的程度可将听觉残疾分为不同的等级。国际上有国际标准化组织(ISO)、世界卫生组织(WHO)和国际伤残人奥运会制定的听力障碍标准。1987

年,我国参照国际标准制定了中国的标准,并在2006年进行了修订,见表1-1。

表1-1 中国大陆与国际对听力障碍的分类

中国听力障碍的分类(2006年)		国际听力障碍的分类(1997年)	
1级	>90 dB	4级(极重度)	≥80 dB
2级	81 ~ 90 dB	3级(重度)	61 ~ 80 dB
3级	61 ~ 80 dB	2级(中度)	41 ~ 60 dB
4级	41 ~ 60 dB	1级(轻度)	26 ~ 40 dB

注:1. 表中听力损失程度是指500 Hz、1000 Hz、2000 Hz三个言语频率点上的平均听力丧失;
2. 听力损失的标准是:双耳听力丧失程度不同时,以听力丧失较轻的一耳为准。

(二)按听力障碍的性质

根据听力障碍的性质可分为器质性听力障碍和功能性听力障碍两类。前者是因听觉系统的组织结构异常所导致的听力障碍,后者是因听觉系统的功能下降所导致的。

(三)按听力障碍发生的部位

器质性的听力障碍一般可分为传音性(传导性)、感音神经性、混合性和中枢性听力障碍几类见表1-2。

表1-2 按病变部位的听力障碍分类

听力障碍的类型	病变部位
传音性(传导性)听力障碍	传音系统(外耳或中耳)
感音神经性听力障碍	感音系统(内耳、耳蜗神经)
混合性听力障碍	传音系统与感音系统兼有(外耳或中耳及内耳、耳蜗神经或听觉中枢)
中枢性听力障碍	听神经与听觉中枢(听觉中枢)

(四)按听力障碍发生的时间

可分为先天性听力障碍和后天性听力障碍两类。一般来说,妇女怀孕至分娩这段时间内因各种原因导致的胎儿一生下来就是听力障碍为先天性听力障碍；胎儿出生后由于各种原因发生的听力障碍是后天性听力障碍。

教育界通常按照儿童语言形成和发展的关键期来划分，分为学语前（4岁前）听力障碍和学语后（4岁后）听力障碍，或分为学语前（2岁以前）、学语中（2–5岁）及学语后（5岁后）听力障碍。

对特殊教育工作和儿童言语发展影响较大的因素是儿童听力障碍发生的时间、听力损失的程度，听力障碍发生得越早、程度越重，对儿童习得和保持语言的消极影响越大，特殊教育工作的难度也越大；反之，不利影响相对较小，特殊教育工作的难度也较小。

第二节　听力障碍的出现率和致残原因

一、听力障碍者的发生率

发生率是指一定时间内（通常为一年）在人群中出现的某种类型病变人数的频度指标，通常以某地区一年内所出现的某种类型病变者人数与该地区人数之比表示。发生率在医学上又称作发病率。

$$\text{听力障碍的发病率}=\frac{\text{某年（某期）新发现听力障碍的人数}}{\text{同年（期）人口数}}\times 100\%$$

在统计其他病种时，应当把在同时期发病已治愈或已死亡的例数包括在内。

抽样调查资料，我国听力障碍儿童的出现率有以下几个特点：在年龄上，学龄前阶段听力障碍儿童人数少于学龄阶段听力障碍儿童人数，这是一个可喜的现象。说明随着我国优生优育工作的深入和普及，听力障碍儿童的出现率在趋于下降；在性别上，男性听力障碍儿童的人数多于女性；在地区上，乡、镇地区的听力障碍儿童的人数多于城市的听力障碍儿童的人数。

二、听力障碍的原因

导致儿童听力障碍的原因不外乎先天性和后天性两方面。

（一）先天性原因

1. 遗传性因素　近亲结婚、夫妇的某些遗传性疾病，常使下一代中出现听觉器官畸形、听力缺陷或其他缺陷等症状。这些原因导致的听觉缺陷或其他缺陷（基因携带者)是体细胞中染色体上的某些基因异常所致,具有遗传性,往往在一个家族中多个成员有类似症状。先天性听力障碍中的50%以上是由遗传因素引起,这是造成先天性听力障碍的主要原因之一。

遗传性听力障碍有三种方式:大多数为常染色体隐性遗传性听力障碍,占所有遗传性听力障碍的80%;此外,还有常染色体显性遗传性听力障碍和伴性遗传,分别占遗传性听力障碍的10%~20%和1%~2%。

遗传性听力障碍分为综合征性遗传性听力障碍及非综合征性遗传性听力障碍(单纯性遗传性听力障碍)两大类。前者除了听力障碍以外,同时存在眼、骨、肾、皮肤等部位的病变,这类听力障碍占遗传性听力障碍的30%;后者只出现听力障碍的病状,在遗传性听力障碍中占70%。

2. 非遗传因素 妇女在怀孕期间由于Rh母子血型不合、营养不良或劳累过度等原因造成早产,会使胎儿一出生就有听力缺陷。

女在怀孕期间还会因感染某些传染病后服用耳毒性药物,药物的多余毒素也会通过胎盘进入胎儿体内,破坏胎儿内耳耳蜗的毛细胞或听神经,造成胎儿一生下来就有听力缺陷。

如果妇女是高龄妊娠,还有可能会因胎盘老化造成胎儿长期缺氧,影响听觉器官或其他器官的发育而导致造成胎儿一出生就有听力缺陷。

妇女在分娩过程中因胎位不正造成窒息或缺氧以及使用产钳伤及听觉中枢等原因造成胎儿一出生就有听力缺陷,听不到或听不清声音。

这类原因虽然会导致儿童先天性听力障碍,但不具有遗传性。

(二)后天性原因

1. 传染病因素 儿童出生后,由于免疫力差,容易感染流感、流脑等各种传染病,这些传染病的病毒会在血液循环中伤及听觉器官、听神经,造成听力障碍。

2. 药物因素

(1)耳毒性药物。由于儿童肝、胆、肾等的排毒功能不健全,致使是在患各种传染病后服用耳毒性药物,其多余的毒素不能及时排出体外,这些毒素也会随血液循环伤及耳蜗的毛细胞、听神经等,造成听力障碍。这类原因为后天性因素。

耳毒性药物中最普遍、最常见的是氨基甙类抗生素,如链霉素、庆大霉素等,因此这类抗生素在医学上称为耳毒性抗生素。

(2)耳毒性抗生素引起听力障碍。耳毒性抗生素具有三个隐蔽性特点。如庆大霉素、链霉素等引起的听力缺陷,首先发生在内耳高频率区(约8 000 Hz),使高音听力下降,一般不易被人察觉,待用药数周、数月或停药半年、一年后,毒性扩展至低频率区，病人听话发生困难，也不会意识到与用药有关，这在医学上称为“迟发性耳毒反应”，尤以婴幼儿与老年人最为多见。又如新霉素、卡那霉素等即使停用，它们在体内也已完全分解、排泄，但由药物引起的内耳毛细胞的退化及听神经细胞的变性萎缩，却仍在继续，直至听力完全丧失，变为严重的听力障碍，此称“渐进性耳毒反应”。再如一位患皮炎的患者，只注射了半支链霉素，就立即发生了剧烈的眩晕、耳鸣，继而听力迅速下降，恶心，出现听力障碍等症。医生在追访中发现，这家祖孙三代中竟有 17 人因注射该药而造成顽固性听力障碍，有遗传性倾向，此谓“过敏性耳毒反应”。

(3)服用耳毒性抗生素引起听力障碍的制约因素。一般说来，服用耳毒性抗生素，一次性药剂量越大，服用时间越长，发生耳中毒的可能性越大。但是，有的服用的剂量不大，时间不长，却发生了耳中毒而致听力障碍。据调查，有的儿童注射链霉素 3g 能致听力障碍，注射庆大霉素 3 ~7 天同样也能致听力障碍。

而有些人即使长时间服用了大量耳毒性抗生素，听力却安然无恙。

这说明，服用此类抗生素是否一定会导致听力障碍，与个体对药物的耐受力有关，即与个体的易感性有关。

个体对药物的耐受力

第三节　听力障碍的检测

进行听力检测，对早期发现儿童听力障碍，尽早进行治疗和训练，关系重大。儿童的听力障碍往往最先是由家长或托儿所和幼儿园的老师发现的，然后再到医院检测进行确诊。这样，家长和从事学前教育的老师了解一些听力检测的方法就显得很必要。下面分别介绍一些常用的方法。

一、行为观察法

行为观察法是指在自然状态下，观察儿童在受到声音刺激后有无相应的行为反应，而间接地推断其听力是否正常的方法。

受到声音刺激而出现的行为反应，既是一种生理现象，也是一种心理活动的反应。因此通过观察儿童的行为表现，不但能大致判断其听力状况正常与否，而且能了解其心理发展的状态。行为观察法比较适用于年龄小还不懂事的婴幼儿。例如，按照幼儿生理和心理发展的正常规律，2 岁前幼儿对声音刺激可有以下一些典型表现，见表 1-3。如果一个幼儿未出现这些行为反应，其听觉可能存在问题。

表 1-3　两岁前儿童对声音的典型反应表

月龄	编号	听觉反应
1个月内	1	对突发的声音产生惊跳(即 Moro 反射)
	2	对突发的声音引起紧闭眼睑
	3	睡眠时对突然大的声音睁开眼睛
1个月	4	突然大的声音能使孩子一怔,并伴随手的挥动和伸展
	5	睡眠时听到突然的声音会睁眼,同时哭叫
	6	静卧睁眼时听到突然大的声音闭眼
	7	在哭喊或手足运动时,听到大的声音会停止哭闹并终止活动
	8	在近处有声音时,他能慢慢地转过脸来
2个月	9	孩子在睡眠中听到尖叫声,会惊跳、眨眼、手足摇动
	10	睡眠时突然听到喧闹声可睁眼
	11	与孩子答话时,可发出"啊""嗷"等元音
3个月	12	睡眠中听到突然的声音,眼睑紧闭,手指活动,但大多无全身抖动
	13	孩子对收音机、电视的声音可产生朝向反射
	14	对吵架声表现不安,对哄逗声表现出喜悦,音乐声表现出高兴
4个月	15	对熟悉的声音如开门、玩具等表示注意或砖头
	16	呼唤名字时可慢慢转脸
	17	对母亲的话声能慢慢转脸寻找
	18	对不熟悉的声音、意外的声音能慢慢转脸寻找
5个月	19	对耳边闹钟的"滴答"声能转脸寻找
	20	能区分母亲、熟人和自己的声音
	21	遇突然大的声音时会紧抱大人或哭泣
6个月	22	哄逗他时,能用眼睛盯你
	23	可跟踪声源
	24	能敏捷地寻找声源
7个月	25	能寻找隔壁房间传来的声音
	26	能安静地听别人说话、唱歌,有时能应答
	27	能注意到声音的变换并主动寻找
	28	对训斥或大的严厉声音产生惊吓或哭喊

续表 1-3

月龄	编号	听觉反应
8 个月	29	能模仿动物叫并发出“嘎嘎”的笑声
	30	高兴时主动发声,能重复教他的声音
	31	对训斥能收回伸出的手或哭
	32	能寻找较小的声音
9 个月	33	能关注室外的声音
	34	对大人发出的行动指令能做出相应的动作
	35	对远处传来的声音或呼唤他的名字时能立即转头
	36	听到歌声或音乐声能手舞足蹈
	37	对熟悉的声音或突然变换的声音能立即转向声源
10 个月	38	能模仿和重复母亲的话
	39	发出小的声音时,能转头寻找
11 个月	40	能随音乐节奏摆动自己的身体
	41	对指令性的言语,可应答,也可有相应的动作
	42	问问题时,可有相应的动作
12-15 个月	43	对隔壁或远处传来的声音能歪头倾听
	44	能按简单的指令语行动
	45	对指令性问题,能准确地用行动完成
24 个月内	46	通过听觉途径模仿发音,会说一些话

对于年龄再大一些的儿童,还可依照生活中以下的行为表现,作为判断其听觉是否正常的线索:

1. 是否对自己发出刺耳的声音不以为然。
2. 发出的声音是否很单调。
3. 是否常以发脾气来引起别人注意。
4. 是否常常比手画脚,以动作来协助表达自己的意思。
5. 是否在收看电视或听收音机、录音机时,将音量开得足够大。
6. 是否常所答非所问。
7. 是否频繁地要求重复刚讲过的内容。
8. 是否不合群。

行为观察法不是一种有计划、有精确数据指标的检测方法。它仅能提供疑似的信息,为进一步检测提供依据,不能作为诊断儿童是否有听力障碍的凭证。因为听力障碍儿童对声音的某些行为表现与智力残疾儿童极为相似,需要慎重甄别。

二、听力检测法

听力检测法是由检查者对被检查者主动实施听力检测,因而是一种直接检测听力状况的方法。根据检测时是否需要被测者主观配合,听力检测法一般分为主观检测法和客观检测法两大类。

主观检测法是测查时需要被测者对声音刺激主动做出反应的检测方法(从测查原理上讲,行为观察法属于主观检测法的范畴)。

客观检测法是测查时不需要被测者主观配合的检测方法。

(一)主观检测法

主观检测法包括下列一些常用方法。

1. 耳语检测

在一间长度达 6 m 以上的室内进行,要求环境安静。

受试者闭目,受试耳朝向检查者,侧立于室内一端,不要靠墙,一耳引起反射性干扰。另一耳用手指或湿棉球堵塞。

检查者距受试者 6 m,用耳语说词汇,让受试者复诵,一般先用低频词汇,再用高频词汇。一次不能复涌,检查者可重复 1 ~2 次,仍不能重复,可改用其他词。若仍不能重复,受试者与检查者距离移近,直到听清能复诵为止,记下距离,并计算听敏度。

听敏度=(实际距离/6)^2。听力正常的听敏度为 1。

2. 秒表测定

先以听力正常者测出该表听距。

每次测定均上紧发条。检查室应安静。受试者闭目静坐,以手指塞非受试耳。检查者站于受试者身后,手持秒表于受试耳的外耳道的水平延长线上,由远而近向耳部移动,至受试耳刚能听到表声为止,记下距离。然后计算听敏度。

使用耳语检测的注意事项

$$听敏度=(所测耳听距/正常人听距)^2$$

上述两种方法简便易行,家长、教师都可以使用。但这些方法所得出的结果准确性较低,只能作为听力状况的粗略检查。

3. 音叉检测 门诊常用听力检查方法。一般用 128 Hz、256 Hz、512 Hz、1024 Hz、2048 Hz 5 个频率的音叉,其中常用的是 256 Hz 及 512 Hz 的音叉。

采用音叉检测,可初步鉴别是传音性、感音性听觉障碍还是混合性听觉障碍,但不能确定听力丧失的程度。

4. **纯音听力计检测** 纯音听力计系利用电声学原理设计而成,通过电力震荡装置和放大线路产生各种不同频率、不同强度的纯音,经耳机输入,以供检测人耳的听觉功能。

5. **儿童听力计检测** 儿童听力计的式样很多,如玩具熊听力计、熊猫听力计、配有图片和玩具的纯音听力计等。在玩具听力计中装有能发出不同强度声音的扬声器。如果儿童对扬声器发出的声音没有反应,说明其听力不正常。此外,还有手持式儿童听力计,它能发出不同强度的声响。主测者持这种听力计在婴儿耳旁鸣响,听力正常的婴儿会有眨眼、惊动等生理反射。

纯音听力计

6. **语言检测** 这是采用单音节词、双音节词、多音节词或无意义的字组、有意义的句子进行检测的方法。用于检测力的词语表中的字、词音节与日常生活常用词语的音节出现率一致。临床上一般选择 20 ~ 25 个语言单位作为语言检测词语数。检测时,主测者口述或播放录有检测词语的唱片、磁带,经语言听力计输送到被测儿童的受检耳,并且以 4 ~ 5 种不同强度的音量分别测定被测者听清词语内容的数量。

(二)客观检测法

与主观检测法相反,客观检测法无须被测者的行为配合,不受其主观意识的影响,故其结果客观、可靠。

客观检测常见的有电反应检测与声导抗检测两种方法。

【思考题】

1. 在我国判断一个人是否属于听力障碍,其标准是什么?具体操作时应如何把握?
2. 听觉形成的途径?
3. 中耳的变压增益机能是如何实现的?
4. 何谓传音性听力障碍、感音性听力障碍及混合性听力障碍?
5. 耳毒性抗生素引起的听力障碍的特点。

第二章

听力障碍儿童的认知

【本章提要】

听力障碍儿童的认知涉及感知、注意、记忆、想象和思维等一系列心理活动。

听力障碍儿童丧失听觉导致了在感知方面的一系列特点：感知活动受到局限，不能利用声音进行定向，使视觉发生明显变化，触觉、振动觉和言语动觉更具重要性。

对听力障碍儿童来说，观察主要是指视觉观察。他们观察力的特点：自觉性差，缺乏选择性，整体性不强，概括性不高。

对听力障碍儿童观察力的培养，在教育教学工作中需要做到：明确观察的目的任务，激发学生观察的积极性，教给学生观察的方法，让多种感官参与观察活动，注意直观形象和语言的及时结合，科学地运用"观察教学"。

听力障碍儿童注意的特点：引起注意的刺激源主要来自视觉对象；无意注意起主导作用而有意注意发展迟缓；注意的稳定性较差；注意分配更加困难，较多用注意的转移代替注意分配；注意难以随任务的变化而适时转移；有意后注意发展水平较低。

注意规律在聋校教学中的运用：从师生双向活动的角度，建立良好的教学秩序；运用无意注意规律组织教学；运用有意注意规律组织教学；利用两种注意转换的规律组织教学。

第一节　听力障碍儿童的感知活动

一、听力障碍儿童感知活动的特点

感觉和知觉是人脑对客观事物的不同反应形式。它们都是对当前直接作用于感觉器官的事物的反应,这是两者的相同之处。但两者对事物反应的水平是不一样的,感觉所反应的只是事物的个别属性,如事物的大小、形状、颜色、气味、声音等等;知觉所反应的是事物的整体。事物的整体包含了事物的多种属性,因此,知觉是在感觉的基础上形成的,没有反应事物个别属性的感觉,就不会有反应事物整体的知觉。但是,知觉并不是感觉的简单总和,而是许多感觉的有机综合。在日常生活中,没有脱离整体事物而存在的个别属性,所以当感觉到事物的个别属性的时候,总是同时知觉到这个事物的整体。例如,当感觉到红的、绿的颜色和圆的形状时,马上也就完成了对红花绿叶的知觉。可见,人们很少有单纯的感觉,对客观事物的反映往往是以知觉形式进行的;感觉只是作为组成成分存在于知觉之中。所以,通常把感觉和知觉统称为感知觉,简称为感知。

听觉是人们接收外界信息,认识客观世界的重要渠道和途径之一。在各种感觉中,听觉给人以丰富的信息,人们通过听觉可以感受无数的纯音和复合音;可以区分乐音和噪音、言语音和非言语音;还可以认知事物,知其位置、距离和运动状态,进而把握事物的本质。在生活中,特别是学习活动中,听觉的作用有时超过了视觉。听力障碍儿童丧失了听觉功能,他们的感知较正常儿童少了一条重要的渠道和途径,由此导致了他们在感知方面的一系列特点。

(一)感知活动受到局限

1. 听力障碍影响了知觉的完整性　感觉是知觉的基础,知觉的完整性取决于感觉材料的丰富性。听力障碍儿童的知觉形象主要是视觉形象或视觉、触觉和动觉的综合性形象,不易形成视听结合的综合性形象。而生活中大量的事物形象是视听结合的形象,而且所有知觉形象中视听结合的形象最具鲜明性。视听结合的形象给人以层次感和立体感,那些本来具有声音特性的事物,如只能反映其视觉特性,这种缺失听觉成分的知觉形象则给人一种平面和虚扑的感觉。所以,知觉中听觉成分的缺失,在很大程度上会影响知觉的完整性。

2. 缩小了感知的范围　视觉和听觉虽然都是一种距离感觉,就是说它们不像触觉或味觉那样，非要触及物体才能反映物体的某种属性。但是，视觉所反映的光学特性与听觉所反映的声学特性之不同，使得视线受到遮挡时就无法反映视线之外的事物，而听觉不受这种局限。例如，门虽关闭，室外的鼎沸人声照样可为听觉正常的人所知晓。对于听力障碍者，虽一门之隔，却难以得知室外发生的情况。从这一意义上说，感觉的范围缩小了。

(3)不能利用声音识别物体的某些特性　不同质地的物体发出的声音是不同的，人们往往据此判断物体的质地，如甄别真假银圆。另外，同一事物在不同情况下所发出的声音也会不同，如某人声音沙哑，我们猜想他可能感冒了；汽车引擎出了毛病，高明的驾驶员能从其声响中找出故障所在。听力障碍者则无法利用这些信息做出相应的判断。

(二)不能利用声音进行定向

定向就是确定方向，它是一种方位知觉。确定方向包括两个方面，一是确定物体在空间的方向位置，二是确定自身在空间所处的方向位置。在通常情况下，正常人的方向定位，以视觉、听觉为主，辅之以其他感官的协同活动。但在特殊情况下，听觉可以成为进行定向的主要感觉，例如寻找声源，像小孩子捉蛐蛐、玩“捉迷藏”游戏等；又如突然跌落一枚硬币，黑夜里发出的声音、信号等，正常人可以寻声去找，这些对于听力障碍者却是做不到的。此外，像火车远离我们而去，鸣笛声由强而弱，火车车体在视觉上也由大渐渐变小。这种视觉表象与听觉表象的多次结合，尔后，我们只凭声音由强变弱或由弱变强，便知物体由近而远或由远而近。这种把声强变化作为距离知觉线索，对听力障碍者是难以利用的。

(三)使视觉发生明显的变化

听力障碍对视觉的影响一方面表现在学龄前对视觉产生消极影响，另一方面由于对视觉的依赖及经常使用，又促进了视觉的迅速发展。这可以从以下几个方面来加以考察。

1. 视觉反应时　视觉反应时是指从视觉觉察到刺激信号出现到做出反应的时间。苏联一学者对听力障碍儿童与正常儿童的视觉反应时做了比较实验，实验结果见表 2-1。从表 2-1 可以看出：①一年级听力障碍儿童的反应时比同年级正常儿童要慢得多；②随着年级的增高，两者逐渐接近；③听力障碍儿童视觉反应时发展速度高于正常儿童。

表 2-1 听力障碍儿童与正常儿童视觉反应时比较(单位:1‰s)

年 级	听力障碍儿童	正常儿童
一	409	283
二	350	—
三	317	268
四	280	—
五	273	247
六	262	—

(引自:朴永馨《聋童教育概论》,安徽教育出版社,1992)

2. **对物体的视觉认知** 有人做过这样的实验,用 60 张日常生活用品图片做实验材料,被试者是普通小学一年级学生、聋校二、四年级学生和正常成人。将图片逐张呈现给被试者,每张呈现三次,呈现时间分别为 22 ms、27 ms 和 32 ms,要求被试者辨认。呈现方式为两种,即正常位置呈现和倒置 180°呈现。三次全部辨认正确,满分为 180 分。实验结果见表 2-2。由此表可以得出以下结论:①低年级听力障碍儿童的视觉认知能力低于正常儿童;②他们认知倒置物体的困难比正常儿童更大;③他们视觉认知发展的速度较快,到四年级时已接近正常成人。

表 2-2 听力障碍儿童与正常儿童、成人视觉认知水平比较

年 级	正常位置出示		倒转位置出示	
	听力障碍被试	正常被试	听力障碍被试	正常被试
一	—	123	—	59
二	110	—	45	—
四	134	—	73	—
成人	—	141	—	80

(引自:朴永馨《聋童教育概论》,安徽教育出版社,1992)

3. **视觉补偿能力得到长足的发展** 听力障碍儿童进入学校以后,一方面由于长期对视觉的依赖和使用,视知觉经验日益丰富;另一方面通过专门的训练,他们的视觉补偿能力有了较大的发展。听力障碍儿童看话能力的形成,就是视觉补偿听觉最典型的例子,而一般人则几乎做不到这一点。

4. **视觉表象更清晰、更完整、更接近实物** 据一项实验表明,让一组 6 岁的正常儿童和一组同龄的听力障碍儿童去观察电车,然后要求他们画出所看到的电车,

结果听力障碍儿童画出了更多的细节。也有研究指出,听力障碍儿童在知觉细节上优于同龄正常儿童,而在概括性上落后于同龄正常儿童,这可能与他们的知觉过程缺少语言组织,因而难以对直观形象进行综合和概括有关。

5. 听觉丧失对视觉的损害 早在20世纪60年代有人便指出,与正常儿童相比,听力障碍儿童的视觉问题的发生率较多、色盲较多、视觉受损较多。有专家曾对学龄聋童和听力正常儿童的视觉缺陷情况进行了调查,发现聋童有40% ~60%存在视觉缺陷,而正常儿童为20% ~30%。视觉缺陷的具体分布见下表2-3。

表2-3 听力障碍儿童与听力正常儿童视觉缺陷分布状况

视觉缺陷	远视	近视	散光	屈光不正
听力障碍儿童	8%	13.3%	7.3%	5.9%
听力正常儿童	3%	6.6%	1.4%	1.4%

(引自:周仁来《听觉障碍儿童诊断与康复教程》,延边教育出版社,2000)

(四)触觉、振动觉和言语动觉更具重要性

听力障碍儿童的触觉、振动觉是否受听觉丧失的影响?从教学实践中看到,听力障碍儿童的听觉和语言训练,经常要经由手来触摸发声物体而感知声音的振动、声音的节律和高低特性。他们还经常使用触觉系统来取得健听人用听觉来察知的环境刺激的信息。这可能使他们形成一种比健听人更好的触觉敏感性。这方面的实验研究也证实了这一点。

Schiff和Dytell曾对聋儿的触觉进行了较为系统的研究。他们以7岁半~19岁半的聋儿和听力正常的儿童为被试者,进行诸如振动触觉感受性、两点阈、粗细度辨别和跨通道物体识别等测验。结果显示,几乎在所有的年龄段上,聋儿在振动触觉和两点阈的数量上都比听力正常儿童要敏感,而在其他方面,两组被试之间没有差别。研究者认为,聋儿可能更多地依靠触觉信息感知发生在周围环境中的事件,因而,对环境中的振动已经形成了利用的习惯。而且,由于聋儿从很小的时候就得接受语言训练,使得其对振动刺激作用的知觉学习得到加强。

Bishop、Ringel和House等以听力正常儿童、鼓励手语交往的聋童和鼓励口语交往的聋童为被试者,要求他们用口腔来辨别刺激物的大小和形状。刺激物是三种尺寸的方块、三角和平行四边形的塑料片。将其成对地放在被试者的嘴里进行"同或异"的判断。结果表明,来自鼓励手语交往的聋童被试者,其错误率(21%)高于听力正常儿童(11%),而来自鼓励口语交往的聋童被试,其错误率与听力正

常儿童处于同一水平。研究者认为,对聋童的发音训练提高了他们口腔感觉辨别能力(周仁来,2000)。还有一项实验研究显示,聋童的视觉、触觉对物体大小的辨别与正常儿童无明显差别。这是张增慧于1985年所做的对7~12岁学龄儿童、聋童及成人的视觉、触觉、大小知觉的实验研究结果。结果不仅显示了聋童与正常儿童无差别,而且辨别的规律与正常儿童和成人也相同。即单一感觉到的结果优于交叉感觉到的结果,“视一视”结果优于“触一触”的结果。(张增慧,《心理科学通讯》,1985,第3期)此外,由于触觉、振动觉更多地参与各种认知活动,使得这些感觉在听力障碍儿童的生活中(尤其在学习中)显得更具重要性。

1. **触觉和振动觉部分地代偿听觉功能** 在课堂教学中,触觉和振动觉往往是产生定向反射,吸引学生注意,进行组织教学的有效方式和途径。律动课中,学生通过木质地板的振动,能感受音乐的节奏,并随之完成规定的动作。在发音教学中,触觉和振动觉能帮助学生体会发音要领,掌握发音方法。如让学生把手放在一定的部位(如喉部、鼻腔等),来感知和辨别某些不可见的发音器官的动作,并加以模仿,从而学会发音。

2. **言语动觉对听力障碍儿童学习口语的作用** 言语动觉就是发音时对自己言语器官的运动和言语器官各部分所处的位置状态的感觉。例如,发“a”,自己体会言语器官的各部分是如何动作的,发“b”又是如何动作的。不同的音,言语器官的动作不同,自己会有一种感觉,这就是言语动觉。听力障碍儿童就是靠着这种自我感觉来调节发音活动的。假如没有来自言语器官的运动感觉,那么听力障碍儿童就无法知道自己是否在发音,更不知道自己在发什么音。听觉正常儿童能够听到自己的发音,他们学习说话,主要靠听觉来调节,言语动觉也起着一定的作用,只是在通常情况下显示不出来。但在听觉丧失之后,言语动觉的作用就突显出来了。此外,言语动觉在“看话”过程中也是不可缺少的。因为“看话”不是一个单纯的用眼睛“看”对方口形的过程,而是在观察口形的同时,看话者也要跟着默默地“说”才能达到理解。这是因为理解的程度不仅取决于对说话人口部动作的速度及细微变化的分辨能力的提高,更重要的是取决于口语词汇储存量的扩大。自己不会“说”的语句,也就“看”不懂。“不要以为看话只是视觉的产物,其实动觉对于看话也具有重大意义。”

二、听力障碍儿童观察力的培养

视觉在听力障碍儿童认识世界的过程中有着特殊重要的作用,聋校教学主要是建立在视觉的基础上的,学生感知教材、看话、看指语等都必须依靠视觉,因此培养学生的视觉观察力对于聋校教学是十分重要的。

观察是有目的、有计划、比较持久的知觉。观察中的知觉成分主要是视知觉和听知觉，对听力障碍儿童来说，观察主要是指视觉观察。观察力是指一个人对事物的观察能力，即一个人在长期的观察活动中逐步形成的一种较稳定的观察特点。这种能力对于实践活动具有重要的意义，对于儿童的智力发展也有很大的影响，特别是对于听力障碍儿童尤其如此。

（一）听力障碍儿童观察力的特点

1. **自觉性差** 年幼的听力障碍儿童的观察往往是漫无目的的，东瞧瞧，西瞅瞅，容易受新奇刺激的影响而转移视线和目标，且维持的时间也不长久。因此他们还不能独立地给自己规定观察的目的任务，更谈不上制定观察计划。至于这种特点表现在哪个年龄段，还有待进一步研究。

2. **缺乏选择性** 人们在观察的过程中，往往依据一定的观察目的有选择地知觉对象，低年级听力障碍儿童在这方面有着较大的困难。当他看一幅画时，可能不知从何入手；他可能注意到了一个很小的细节，却没有把握这幅画的主要内容，也就是观察没有主次之分。银春铭认为，这是由于听力障碍学生“为了弥补听觉的损失，就千方百计强化视知觉，不区分感知的对象和背景，恨不得把映入视野的所有东西都抓住不放”，就是说“不善于有重点地进行感知、抓本质特征”。

3. **整体性不强** 物体总是由不同的部分组成的，具有各种不同的属性，但是人们并不把物体知觉为个别的孤立的部分或属性，而总是把它知觉为一个统一的整体。听力障碍儿童在观察事物时，往往孤立地去感知对象的个别部分或个别属性，缺乏对物体的整体把握。有人认为这是由于“听力障碍学生对整体和部分的关系和比例认识较模糊”，“不善于把握整体和部分的统一关系”（银春铭，1998）。

4. **概括性不高** 观察不是消极的注视，其中必须有积极的思维活动，是一种“思维的知觉”。而听力障碍儿童对事物的观察多是无意识的、孤立的、个别的和零散的，加上他们语言能力低下，知识经验贫乏，分析综合能力欠缺，因而不能对所观察的事物进行高度的概括，从而透过现象把握对象的本质。

上述特点在多大年龄的听力障碍儿童身上就消失了呢？目前尚没有研究成果可以回答这个问题。但有一点是可以肯定的，即在学校的教育下，他们的视觉发展了，语言能力和思维品质提高了，他们的观察力也会有很大的提升。那么如何培养他们的观察力呢？

（二）听力障碍儿童观察力的培养

对听力障碍儿童观察力的培养是一项艰巨的任务，需要长期坚持不懈地努力，在教育教学工作中，可以从以下几个方面着手。

1. 明确观察的目的任务 观察的效果如何，在很大程度上取决于观察的目的任务是否明确。如果目的任务明确了，那么感知的事物就清晰、完整，反之则不清晰、不完整。一位教师在教《松鼠》这一课时，先出示了一幅彩色的松鼠图，几分钟后取下这幅图，又出示了另一幅松鼠图，这幅图是黑白的，松鼠的形象也不完整，如没画眼睛和胡须。这时老师向全班同学提出要求：谁能给松鼠添上色彩并把缺少的部分补上？这一下课堂活跃起来，七嘴八舌，争论不休，但没有一个学生能正确地完成老师提出的要求。学生虽然看了图，但由于缺乏目的性，观察是盲目的，因而抓不到要领，收效甚微。可见，要使观察取得成效，必须事先明确地向学生提出观察的目的和任务。

2. 激发学生观察的积极性，养成勤于观察的好习惯 观察的积极性也是影响观察效果和观察力发展的又一重要因素。没有积极性，学生就不可能正确地对待观察，观察效果不会理想。教师可以从训练学生写观察日记入手，激发学生观察的兴趣。观察日记是激发学生观察兴趣，培养学生主动观察的好形式，也是发展学生观察力行之有效的途径。当然对学生的观察日记要有适当的激励手段，才能使之持之以恒。

3. 教给学生观察的方法 ①观察前要做好必要的知识准备。如带学生在观察水稻前，应事先向他们介绍水稻的有关知识。知识准备愈充分，观察效果愈好。②指导学生按计划、有顺序地观察。学生在观察时往往容易把注意力集中于新奇的、有趣的事物上，而忘掉了观察的目的任务，针对这一特点，教师应指导学生事先制订好观察计划，引导他们按计划进行观察。一般可根据对象的特点，由整体到部分，由轮廓到细节，自上而下，由近而远，由表及里地观察。经过长期的培养，学生就能逐步掌握观察的逻辑顺序。③指导学生选择合适的观察方法，让学生懂得观察方法可因观察对象和任务而不同。如果是为了区分事物间的差异，可以运用比较观察法，如对容易混淆的字，可以通过比较突出两者的差别；如果是为了观察事物的发展变化，可以采用连续观察法，如在常识课中布置学生观察树叶随季节的变化而变化，通过连续的观察，学生就能掌握树叶由青到黄的变化过程。第四，要引导学生透过现象抓住本质。观察不仅是直观的知觉，同时也是思维的知觉。在观察过程中，教师要善于引导学生把观察和思考结合起来，积极思维，探求事物的本质。例如课文《骄傲的大公鸡》的插图，画了一只美丽的大公鸡歪着头站在水池边，看着水中自己的影子。插图中的大公鸡和水中的影子这一画面，是事物的现象方面，它所要表现的思想内涵才是事物的本质。这里，它所表现的是“孤芳自赏”，还是“顾影自怜”？这就要靠教师去引导，指导学生透过画面去理解大公鸡自我欣赏、骄傲自大的内在心理。这样才抓住了插图的本质含义。

4. 要尽可能让多种感觉器官参与感知和观察活动 心理学的研究表明，多种感觉器官协同活动较之单一感觉器官活动在大脑皮层上留下的痕迹要深刻得多。比如我们在教“苹果”这两个字时，对那些没有接触过苹果的学生来说，仅仅从字形、结构上去教，效果不大。如果我们拿来一个苹果，让学生观察它的形状、颜色，同时闻到它的香味，并将它切开，每人尝一片，那么苹果的形、色、香、味就会在其大脑皮层相应中枢留下痕迹，并且彼此间建立起牢固的联系。这里要运用视觉、嗅觉和味觉来共同感知苹果的不同属性。因而学生对苹果就有了十分具体而深刻的印象，不致遗忘。

5. 应注意直观形象和语言的及时结合 在教学和实际观察活动中，如果缺乏词语的概括，观察所获得的印象往往是具体的、零散的，因而观察也就是低效的。只有在感知事物的诸多属性的同时，及时以词语加以概括和巩固，观察力才能逐步得以提高。仍以苹果为例，在学生对其形、色、香、味等属性有了具体的感知后，老师说：“这就是苹果。”那么“苹果”这一词语就是对各种各样具有形、色、香、味的具体的苹果的概括。这是由直观形象上升到概念的一种认知结果。听力障碍儿童的观察只有沿着形象与语言的结合的方向进行才会培养起高水平的观察能力。

6. 科学地运用“观察教学”，对学生进行观察训练 教师可根据学生的年龄特征和知识水平提出不同的要求。如在语文教学中，可以对不同年级的学生提出难易不等的观察要求。在低年级让学生去观察反映日常生活的图片，进行看图说话或写话练习；让中年级学生观察那些他们最熟悉、特点较明显、易于观察的人和事，写简单的观察日记；让高年级学生观察那些特点不外露，需要深入思考的人和事，写较复杂的观察日记。聋校各科教材特别是语文、数学和常识等有不少插图，还安排了很多小观察、小实验，这是发展学生观察力的好材料。教师要按照教材的要求，切实加强观察教学和训练。此外课外活动也不容忽视，如果把学生大量的课外活动都组织成观察活动，与课堂观察教学结合起来，使他们把自己的一切活动都看作是观察的机会，与写观察日记联系起来，长期坚持下去，学生的观察力就会大大地提高。

第二节 听力障碍儿童的注意

注意是心理活动对一定对象的指向和集中，指向性和集中性是注意的两个特征。指向性是指每一瞬间心理活动有选择地朝向一定的事物而离开其他事物。集中性是指在同一时间内各种有关的心理活动都集中在已指向的事物上,并使这种指向持续下去。注意本身不是一种独立的心理过程,而是伴随心理过程而产生的一种心理特性或心理状态。一方面注意离不开心理过程,它本身不能独立存在,而是和感觉、知觉、记忆、思维等同时产生的;另一方面一切心理过程也离不开注意。乌申斯基说:“注意是我们心灵的唯一门户,意识中的一切,必然都要经过它才能进来。”无论是感知、记忆和思维等认识过程,还是情感过程和意志过程,不经过注意这一门户,就都无从发生。因此注意是心理过程的一种共同特征,它贯穿在人的全部心理活动之中。

注意按其是否有预定的目的和意志努力的程度可以分为三种:无意注意,有意注意和有意后注意。事先没有预定的目的,也不需要做意志努力的注意是无意注意。反之,则为有意注意。而有意后注意是指有意注意在活动中发生的变化,即原先的有意注意,由于从事的活动逐渐熟练了或产生了兴趣,此时对活动的注意虽然仍是有目的的,但不需要很强的意志努力了,与原先的意志努力相比程度减弱了。它产生在有意注意之后,所以叫有意后注意。这三种注意也代表了儿童注意力发展的三种不同水平。

考查一个人的注意力,通常用四项指标来衡量,即注意的广度,注意的稳定性,注意的转移和注意的分配。注意的广度是指一个人同时能够清晰地把握到的对象数量。注意的稳定性是指人的心理活动能够保持在某件事物或活动上的时间长短。注意的转移是指人的心理活动根据需要从一个对象转移到另一个对象上去。注意的分配是指人的心理活动指向同时进行着的几种活动。每个人的注意都会在这四个方面显示出差异。

一、听力障碍儿童注意的特点

和正常儿童一样,听力障碍儿童的注意是由无意注意逐步发展到有意注意的。婴幼儿的注意主要是无意注意。儿童的有意注意受语言能力的制约,约从 2 岁开始,随着语言能力的发展而逐步形成和发展。在低年级小学生身上,无意注意仍然占优势。听力障碍儿童的有意注意比正常儿童发展晚,他们注意的稳定性较差,不大善于分配注意和适时地转移注意。随着年级的增高、知识经验的丰富和语言能力的发展,在他们的无意注意进一步发展的同时,有意注意也有了长足的发展。但与正常儿童相比,他们的注意表现出以下几个特点。

1. 引起注意的刺激源主要来自视觉对象 听力障碍儿童注意的产生和保持无法像正常儿童那样,既可以来自视觉刺激,也可以来自听觉刺激。听力障碍儿童大脑皮层上的优势兴奋中心大都产生和保持在视觉中枢,对他们来说,一般的语言刺激如讲述、解释、劝告、演说等是难以引起其注意的。所以要尽可能地把听觉刺激转化为视觉刺激,以吸引他们的注意。例如聋校的电铃都配有指示灯,在铃声响起的同时,指示灯也发出强烈而耀眼的红光。聋校教学中所用的多种语言形式,主要也是通过对语言的视觉形象的感知来理解语言的。即便是有残余听力的学生,视觉刺激的作用也强于听觉刺激。

2. **无意注意起主导作用,有意注意发展迟缓** 刚入学的听力障碍儿童由于年龄和语言的限制,往往只有他们感兴趣的事物才能吸引其注意。这类事物往往具有以下特点:新奇、强烈;对比度鲜明;运动变化。由于他们对学习活动缺乏较深刻的认识,因而他们的注意往往缺乏明确的目的性和自觉性,更多的是受客观环境的影响,具有较大的盲目性和不随意性。例如刚入学的聋校一年级新生,之所以喜欢上学学习,并非他们认识到了学习的重要性,而是觉得学校里的环境新鲜,小伙伴多,比家里好玩。他们的注意随时都可能被新奇的刺激分散,东张西望。具有明确目的且要付出意志努力的有意注意是在学习活动中逐步发展起来的。

3. **注意的稳定性较差** 通常人们在感知某一事物时,注意很难长时间地保持固定不变,总会出现一种周期性的加强或减弱现象。因此注意的稳定性是相对的,它往往受活动的内容、形式以及人的活动动机、身体机能状态等多种因素的影响。对于听力障碍儿童来说,一方面由于他们较多地依赖和使用视觉来感知事物,因而更容易因视觉器官的疲劳而分散注意;另一方面他们缺乏较明确的学习目的,学习动力不足,而学习困难又大,因而难以将注意持久地保持在学习这件"苦差事"上,这样就容易使注意离开当前应注意的事物而被无关刺激所分心。

4. **注意分配更加困难,较多用注意的转移代替注意分配** 正常儿童在从事某一活动时,通常都是视觉兴奋与听觉兴奋一起产生,只要活动是熟练的或相互间有内在联系的,那么便可在大脑皮层的调节下协调一致,实现注意的恰当分配。因而正常学生可以眼、耳、手、脑并用,同时产生视觉、听觉和思维的集中。听力障碍儿童的情形则完全不同,他们不能同时既看又听,而只能一先一后地看黑板、看教材、看教具、看讲解(话),注意在几种对象之间来回转移。这就是说,正常学生可以用注意的分配来完成任务,而听力障碍儿童不得不以注意的转移来完成同样的任务。这样,一方面减慢了感知的速度,感知同样数量的对象需花费更多的时间;另一方面由于注意频繁的转移使学生的感知变成间断的、不连续的,甚至遗漏了某些内容。

5. **注意难以随任务的变化而适时转移** 注意转移的关键在于人的主观能动性,它具有较强的主动性、目的性和强制性。自制力越强的人,注意的转移越顺利,反之则难。听力障碍儿童在学习中往往不得不以注意的转移来代替注意的分配,但当需要转移注意时他又难以适时地实现注意的转移。例如当教师在课堂上出示了一个新奇的教具时,他们完全被教具的新奇所吸引,当教师继续往下讲授时,学生的注意跟不上老师的教学,仍然停留在那个教具上——即使老师已把它藏起来。

6. 有意后注意发展水平较低 有意后注意是注意的高级形式,它是在兴趣的基础上产生的,但这种兴趣不是来自客体对象的吸引,而是主体对活动结果的意义有高度自觉的认识,是主体的个性倾向性(诸如理想、信念等)的表现。听力障碍儿童由于知识经验贫乏,语言发展迟缓,自我意识的发展也晚于正常儿童,他们的有意注意的发展尚且较正常儿童晚,至于人生价值、自我实现之类高层次的思考就更淡薄了,而这些正是有意后注意发展的最初动力。

二、注意规律在聋校教学中的运用

(一)从师生双向活动的角度,建立良好的教学秩序

引起注意的动因有来自外部环境的,也有来自师生自身的。从师生双向活动的角度,采取积极的措施,精心组织教学活动,建立良好的教学秩序,对于激发学生的学习积极性,保持良好的注意状态具有重要意义。

1. 唤起学生的期待心理迎接上课 学生课间休息的意义在于卸下心理负担,顺利实现注意的转移。上课铃刚响(灯一亮),教师就应出现在教室门口,其目的在于调整学生的身心倾向性,以准备接受新的学习任务。当班级仍处于混乱时,过早地开课,尔后再整顿纪律是不明智的。较好的做法是:稍停片刻,以目光扫视学生,对个别学生给予盯视,必要时可通过表扬集体来暗示个别。如"第一行都坐好了,第二行也不错……"(配以手势)。这样让学生做好准备,形成等待老师的心理状态。教师抓住这一时机,宣布上课。久而久之,便能形成良好的注意品质。

2. 建立良好的师生互动关系 教学是师生双向活动的过程,在教学中注重师生情感交流,相互信赖、支持和尊重,形成良好的互动关系,是建立课堂纪律的前提,也是维持学生注意力的重要条件。事实上,要求学生在课堂上长时间地保持高度的注意是困难的,而有的教师不许学生动一下,动辄用奚落、训斥甚至体罚等手段来激惹学生,这样做会适得其反,不仅破坏了课堂的气氛,造成全体学生注意分散,而且会引起学生的不满,降低教师的威信,给今后的组织教学留下隐患。

3. 优化教学环境 ①班级人数不宜过多,一般不超过12人,这样师生之间互动的几率就高了,教师与学生、学生与学生之间能互相看清各人的活动和口形,便于教师进行个别化教学,也利于学生注意力的保持。②要有一个适宜的教学空间。聋校一般将课桌做成梯形,排列成弧形,每个学生与教师的距离大致相等,2~3 m。

这样便于照顾到每个学生并区别对待，及时吸引其注意，既有利于组织教学，又利于培养学生的注意习惯。教学空间太空旷、师生距离太远或空间太拥挤、师生距离过分贴近，都会妨碍良好教学秩序的形成，不利于注意的培养。③教室光线要充足。最好教室两面都有大窗，尤其是教师面部光线要充足，使其表情和口形显示易于被察觉，这样才能保证教师发出的指令成为组织学生注意的有效信号。

（二）运用无意注意规律组织教学

无意注意既可以成为顺利进行教学的积极因素，也可能形成影响教学活动的消极因素。教师应正确运用无意注意的规律，使它成为有利于教学的积极因素。引起无意注意的动因大都是刺激物本身的特点，因此运用无意注意规律侧重在对环境的控制上。教育心理学的研究成果提醒我们，下面的做法是正确的。

1. **教室环境要整洁、淡雅，物品放置有序**　肮脏杂乱的环境会令人心烦意乱。

2. **教师着装要讲究，课上课下有别**　进课堂穿着应大方、得体，不穿奇装异服，不宜浓妆艳抹，不佩戴花哨的首饰，应给学生以庄重、和蔼的感觉。在中国文化的氛围下，这些要求是合宜的。对于注重事物外表的听力障碍学生更是如此。

3. **教学内容的难度要适宜**　要考虑学生的个别差异，对“吃不了”的学生要进行辅导以助消化。过难或过易都不利于激发学生的学习热情，从而降低学生注意的紧张度。

4. **教学方法应灵活多样，防止单调呆板的教学模式**　把提问、讲述、演示与学生阅读、看话、练习和实际操作等各种教学手段有机地结合起来。即使是运用某一手段也应多样化，如同样是读，如果毫无区别反复地读，学生很快就会厌倦，注意力自然容易分散；如果先由教师领读，学生跟读，接着分组读、个别读，再以游戏的形式分角色读，学生就会兴致盎然。

5. **教师的语言要规范化、形象化**　教师的语言必须繁简适度，规范正确，速度适宜，口形清晰，避免过分夸张；教师还必须面向全体学生讲话，不能边走边说、边写边说或低头说话，更不能背向学生讲话。

（三）运用有意注意规律组织教学

有意注意是完成任何一件有目的的活动的必要条件，因此组织好学生的有意注意对于教学来说尤其重要。

1. **使学生明确学习的目的任务**　有意注意不是由教学活动本身引起的，而是由学习的目的、任务和结果作用的，所以进行学习目的性教育是发展学生有意注意的前提。对学生进行学习目的性教育，应防止空洞的说教或讲一些离学生实际太远的道理，而要联系学生实际，结合教材内容，用生动的事实，浅显的比喻，说明学习的意义，激起学生学习的求知欲。这对形成有意注意能起到事半功倍的效果。

2. **严格要求，形成良好的教学常规** 严格的组织纪律和良好的课堂常规对发展学生的有意注意有着重要意义。教师不仅要严格要求学生，还应严格要求自己，成为学生的楷模。如果教师对教学专心致志，对学生满腔热情，学生就会受到感染而认真学习。相反如果教师疲疲沓沓，丢三落四，即使对学生要求很严，学生也难以集中注意听课。

3. **课堂组织要紧凑** 听力障碍儿童对学习的兴趣首先是学习形式，其次才是学习内容。只要课堂上有事可做，无论是观察、朗读或操作，他们都有兴趣，而一旦无事可做就会分心。所以教师要善于组织课堂活动，掌握好教学的节奏，既让学生有事可做，又要张弛适度，使学生学得轻松愉快。

4. **防止疲劳产生** 疲劳往往是引起青少年注意分散的祸首，是良好注意的腐蚀剂。听力障碍学生的体质一般较正常学生弱，而学习的困难则更大，又主要依赖视觉进行学习，因而愈加容易疲劳。教师对此要有充分的估计，根据学生的接受能力进行教学，切忌“满堂灌”。

（四）利用两种注意转换的规律组织教学

无意注意和有意注意是两种性质不同的注意，在学习活动中是相辅相成的。无意注意在学习中没有心理负担，学得轻松，不易疲劳，有时也印象深刻，但缺乏目的性，知识的掌握也不系统，遇到困难和干扰，注意就会分散。有意注意则积极主动，目的性强，效率高，但容易造成疲劳，不能持久。如果把两者结合起来，使之有节奏地交替进行，那么既能保证注意力集中，学生又不易感到疲劳。根据这一规律，在课堂教学中，教师应掌握注意转换的主动权，使两种注意的优势得到充分的发挥。一般来说，课业刚开始时，学生还想着课间的游戏，无意注意在起作用，教师可通过提问、复习，把学生的注意力引向课业；接下来的 20 分钟，是学生注意力最集中的阶段，教师可讲授新课，突破难点，这期间虽也有无意注意的作用，但更多的是有意注意在起作用。然后留出一点间隙作为巩固练习、理解消化的环节。临近下课时，外部干扰因素增多，教师可提出问题，提示作业要求，或将智力活动与实际操作结合起来，从而保证学生自始至终保持稳定、集中的注意。在聋校课堂上，有一种值得提倡的做法，即在紧张的用眼之后，让学生闭目一会儿，或向窗外眺望，然后再回到学习活动上来。如果天阴或停电，教室里很暗，教师可变换原定的教学内容，做一些不太伤眼的活动。从长远来看，这有利于保护学生的视力，是从根本上保持学生良好注意的积极措施。

第三节 听力障碍儿童的记忆

记忆是过去经验在人脑中的反应。曾经感知过的事物、思考过的问题和理论、体验过的情绪和练习过的动作,都可以成为记忆的内容。这样,按记忆的内容不同,大体上可以把记忆分作四类,即:以事物形象(主要是视觉形象)为内容的形象记忆;以语词概念为内容的逻辑记忆;以情绪情感为内容的情绪记忆;以动作操作为内容的动作记忆。任何一个正常的成人都会运用这四种记忆,只不过在不同的人身上,或者在不同的作业活动中,四种记忆的强弱、主次会有所不同。在听力障碍儿童身上,这四种记忆的强弱与听力正常儿童也有差异。

记忆是一个复杂的过程,它包括识记、保持、再认或回忆三个基本环节。

识记就是识别并记住事物,从而获得经验的过程。它是记忆的开端,又是保持和回忆的前提。识记可以是有预定目的的,并运用一定的识记方法,这称作有意识记。识记也可以没有预定的目的,因而也不必做出特别的努力,这是一种无意识记。此外,依据识记是否以理解为基础,可以把识记分为机械识记和意义识记。以理解为基础的识记属于意义识记,反之则为机械识记。在识记的目的性和理解性上,听力障碍儿童与听力正常儿童存在比较明显的差异。

保持是紧接着识记之后开始的记忆过程的一个环节,它是识记过的内容在头脑中贮存下来,得以巩固的过程。保持时间长短不一,短的只有几秒钟,长的可达终生。

再认或回忆是记忆过程的同一个环节,但难易程度不同。再认是在已识记过的事物重新出现时能够辨认出来;而回忆是经历过的事物不在眼前,头脑中又一次浮现出来,或者对练习过的动作不加任何指点和提示就能够重复做出来。一般地说,再认比回忆容易,因为有当前事物做线索。再认和回忆是保持效果的证明与表现。听力障碍儿童的保持效果在不同的记忆内容方面显示出与听觉正常儿童有所差异。

一、听力障碍儿童记忆的特点

在聋校课堂中,经常会出现这样的情形:两三天前刚学过的东西,当老师提问时,学生竟然会说:“没学过。”有的教师往往责怪学生态度不好,认为这是学生为开脱自己的过错寻找借口。其实不然,他们的确忘了,忘得那样干净、彻底,乃至无影无踪。怎样看待这一现象?又怎样解决这一问题呢?这就要求我们对听力障碍儿童的记忆特点进行研究分析。

关于听力障碍儿童记忆的特点,不同的著述者从不同角度做过不同的概括。如有人把学前聋童的记忆特点概括为三点:①无意记忆占优势;②有意记忆逐渐发展;③形象记忆显著地优于词语记忆(方俊明,1998)。而有的著述者则未就聋童记忆按年龄分段论述,知识相对普通儿童比较而言指出聋童记忆活动的主要特点:①聋童形象记忆能力较强,而对语音、语调及文字材料的记忆则要困难得多。②手语记忆是聋童的一种特殊记忆方法。并且,对于第一个特点,举了看电影的例子来说明:聋童看完电影后,能逼真地模仿出感兴趣的情节,而对于人物对话内容则记得不准确,复述也不完整。对于第二个特点也作了具体阐述:聋童在"回忆一件事物时,往往是边说边用手语、动作、表情进行描绘;当他们遗忘时,手语、动作、表情的提示可以帮助他们再现事物形象。他们识记语言材料时,一般是边看边读边打手语,把静态的文字符号与通过手语描绘的形象结合起来,识记语言材料。当要再认或回忆语言材料时,手语的动作表象可起提示作用"(季佩玉,2000)。

以上的论述都提到了听力障碍儿童的形象记忆好于语词记忆。

以下,我们再从记忆所依赖的不同分析器工作的特点以及识记材料与语言联系的密切程度出发,来考察听力障碍儿童记忆的特点。

(一)视觉记忆相对占优势

从记忆所依赖的分析器来看,听力障碍儿童的视觉记忆优于动觉记忆。在一项研究中,被试为听力障碍儿童和听力正常儿童。向两组被试用不同方式呈现相同的图形,一组用视觉方式呈现,即让被试通过看来识记图形;另一组则用手沿着图形的轮廓触摸而完全排除视觉。研究结果表明:第一,听力障碍儿童以动觉反映被识记图形的空间形象,其准确性较正常儿童要差。第二,听力障碍儿童的视觉记忆的发展也落后于正常儿童,但视觉记忆的落后程度要比动觉记忆的落后程度小得多。第三,听力障碍儿童和正常儿童的动觉记忆在学龄初期差距最大,学龄中期差距缩小,到学龄晚期则几乎消失了。这是因为图形识记的准确性有赖于对图形的理解程度,以动觉感知图形时这种依赖程度要比视觉感知时来得大。所谓对图形的理解,就是用词来标记图形的特征。这与主体在口头言语的发展上比正常儿童迟缓有关,所以他们以动觉来识记图形显得比正常儿童落后得多。

(二)对与语词关联密切的材料的记忆明显薄弱

麦克伯斯特曾经综合过去心理学学者在记忆方面所做的实验研究,提出归纳性的评论,现将其中要点转述如下。

聋童在“诺克斯立方块测验”(是一种操作测验,被试按照主试的要求,以不同的顺序将四个立方块摞成一个系列。由美国精神病学家 Knox 所创)、“图样记忆测验”方面,成绩较普通儿童优越。推究其因,是因为这两种测验主要牵涉视觉记忆。受试在测验情境中的作业,代表观察、组织、保持、再现的一连串视觉动作过程。聋童由于听觉障碍,一向擅长于视觉记忆(长期训练的缘故),因此表现较佳。

然而在动作记忆方面,聋童与常人无异。例如在迷津测验(先教受试者走一遍,再让他试做及物体位置记忆,主试将一些零杂的物件放在适当的位置,出示受试儿童 20 s,然后要求受试重新仿照排置),聋童的成绩没有显著的优劣差别。

可是在“数字广度记忆测验”及“图画广度测验”中,聋童的表现就较一般学童低下。最主要的原因是这两种测验都跟语文因素相关。图画的排列记忆固然要靠语言来组织,数字的机械记忆仍然与语文发生关联。

Myklebust 将聋童的记忆能力与健听儿童进行了比较,结果见图 2-1。

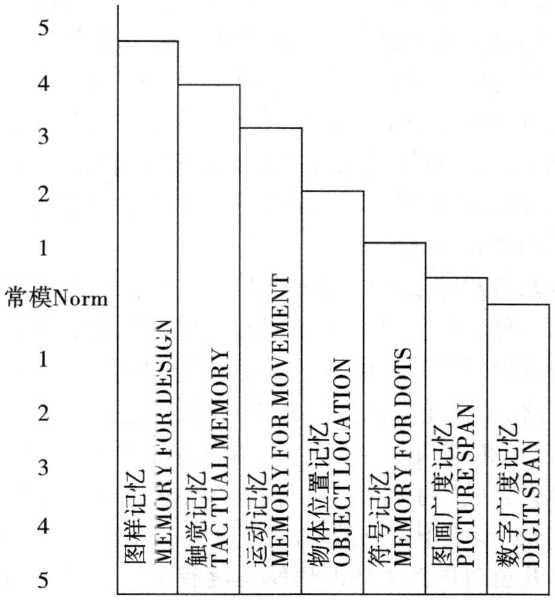

图 2-1 记忆类型(TYPE OF MEMORY)

(引自 Myklebust:The Psychology of Deafness)

图中常模的位置代表正常儿童的平均水平。由图 2-1 可以看出,凡是需要借助于语言的记忆材料,其记忆效果都较正常儿童要低。反之,主要靠视觉的图形记忆则不逊于正常儿童。而词语记忆与学习关系甚为密切,因此这是研究听力障碍儿童记忆的重点。以下我们着重分析一下,听力障碍儿童记忆语言文字材料困难的原因。

1. **对语音的感知困难** 语言是由语音、词汇和语法三要素构成的一种符号系统,其中语音是最基本的要素,它是语言存在的物质形式,所以"有声"是语言的一个最基本的特征。据语言学研究的记载,历史上没有任何一个人类社会,即使是最落后的,能够没有自己的有声语言(高名凯,1963),而由文字记录的书面语只不过是有声语言的一种转译形式罢了。语言的交际功能是通过语音这种物质形式作用于人的言语听觉器官而实现的。有关人类记忆的心理学研究表明,多种感官的协同感知有助于提高识记的效果。与正常儿童相比,听力障碍儿童无法感知或不能清晰地感知语言的声音刺激,这样就失去了一条最重要、最经常的感知语言的通道,从而使语言材料的记忆不牢固、不精确。

2. **言语听觉与言语动觉的神经联系不复存在** 这里说的言语动觉是指说话时言语器官的肌肉组织的活动所产生的感觉。在人类的言语活动中,健听人的言语听觉与言语动觉之间会天然地建立起一种神经联系。这种神经联系具有两种基本作用:其一,可以通过言语听觉的模仿而学习发音,即大脑皮质上言语听觉中枢的兴奋而引起皮质上言语运动中枢的兴奋;其二,对自身的发音动作起一种监督、调控作用,即通过言语听觉的反馈信息对言语动觉实行调节。一旦失掉这种联系,则无论是模仿他人的发音,还是对自身发音动作的调节都不能达到十分精确的程度,从而影响记忆的准确性和牢固性。

3. **与听力障碍儿童掌握语言的程度有关** 从语言的性质来看,它是一种交际工具。人类对任何一种工具的操作都必须形成相应的技能,而技能的掌握有一个特点,那就是需要经过反复练习,而一旦形成熟练技巧之后,即使长时间搁置不用,也能保持不忘。反之,若技能掌握处于初级阶段,即还没有学会之前,一旦搁置不用便容易回生。听力障碍儿童的语言程度,在入学后 5 ~6 年内很难说"学会"了,甚至到九年义务教育完成后也处在半生不熟的状态。既然没学会,当然难以去用,也难得去用,"忘得快"是毫不奇怪的。

4. **与听力障碍儿童对语言材料的理解程度有关** 心理学的研究表明,识记的材料是否有意义,意义的大小以及学习者是否了解其意义,对识记的效果有明显的影响,以理解为基础的意义识记比机械识记更全面、迅速、牢固。语言材料本身是有意义的,然而听力障碍儿童对其意义却不理解或理解得很差,往往采取死记硬背的方法逐句地识记,这就不能不影响到识记的效果。

5. **与强化的机会太少有关** 如果我们将听力障碍儿童学习语言所得到的强化机会和正常儿童做一粗略的比较,就不难发现,强化机会过少是听力障碍儿童遗忘率高的又一重要原因。假如一个健听学龄儿童每天觉醒时间为 14 小时，在 14 小时内，他的言语活动能占据多少小时呢？目前尚无这方面的调查数据。但我们可以想象，他的表达性言语（说话和书写）及印入性言语（听话和阅读）总是与他的各种活动相伴随的，即使是在默默地从事某种活动，与他思考相联系的内部言语也仍然没有停止，像真空那样的“无言语”间隙是不存在的，可见强化的机会很多。而对于一个听力障碍学生来说，他的言语活动主要在课堂上，而其真正有效的言语活动时间远比课堂时数要少得多；而且他又无法充分地利用环境中自然提供的强化机会；如果教材和教学中，词语的复现率又很低的话，要想让听力障碍儿童记得牢固、准确，实在是太不现实了。

6. 与语言的个体保存方式有关 语言是人类特有的现象，它由上一代人传给下一代人。语言的世代相传是通过个体的言语活动进行的。个体言语活动（听、说、读、写，主要是听和说），就是语言得以保存下来的一种基本形式。语言在个体身上的这种保存方式是一种最方便、最完善的方式，它的生物学前提就是在人类进化的漫长岁月中，人脑所形成的言语机能区。作为听力障碍者的个体，在他短短的一生中是不可能改变这个物质前提的。因而听力残疾者采用其他保存方式（如手势动作、神态表情），就不可能与听说方式的优越性相比，有人做过口语记忆与手语记忆的对比研究，发现手语比口语遗忘得快（魏华忠，1981）。这似乎表明只有恢复、利用人脑言语机能区的优势，才有可能提高听力障碍儿童语言文字记忆效率。由于人脑言语机能区的重建是完全可能的（如重建手语的言语机能区），因此，这里说的理由，还有待实证性的研究加以证明，才有更强的说服力。

二、增强听力障碍儿童记忆的方法

记忆是掌握知识的一个重要环节，一切教育教学活动都是在记忆的基础上进行的。因此，教师必须根据听力障碍儿童的记忆特点，遵循其记忆规律，采取有效的方法，有目的、有计划地培养他们的记忆力。听力障碍者的记忆规律与健听者的记忆规律无异，因此，凡适合健听者的记忆方法也都适合听力障碍者运用。当然，在运用时要结合听力障碍儿童的具体情况灵活对待。

（一）多种感官协同参与识记活动

心理学研究表明，多种感官协同活动有助于提高识记的效果。教师必须将教学内容尽量转化成学生能用视觉、触觉和动觉等感官感知的信息，通过多种感官的协同活动，达到对语言材料的记忆。例如，一年级第二学期有“冷”与“热”的教学内容。冷与热都是描写事物的性质和状态的形容词，较之学生已学过的名词要抽象得多,这正是他们学习的难点。怎样突破这一难点,让学生的多种感官协同参与,收到良好的效果?我们不妨这样来教。先准备一杯冷开水,临时倒一杯热开水,指导学生用眼睛观察二者的不同,指出热开水冒蒸汽的现象;然后让学生用手摸,感知冷与热的不同;让学生喝一口冷水,再喝一口热水,使手部皮肤的温度觉和口腔的温度觉相结合。在上述每一个步骤中,都引导学生把感知的具体形象与相应的词联系起来。这样"冷"与"热"在学生头脑中不再是抽象的,而是与这一特定的教学环境和相应的视觉、肤觉(此处为温度觉)形象紧密联系在一起的,自然识记的效果也就会有明显的提高。

(二)充分利用无意识记

无意识记并不是无用识记,事实上人的许多知识是由无意识记积累起来的。运用无意识记没有心理负担,比较轻松,不易疲劳。在一定的条件下,使用无意识记也会收到良好的记忆效果。

但无意识记具有很大的选择性。一般说来,与人的需要、兴趣和情感密切联系的内容,往往容易被无意识记所记住。为此在教学上应注意采用以下方法。

1. **教学内容要符合听力障碍学生的实际需要** 需要是人的一切活动的原动力,自然也是学习的原动力,从教材编写到教案设计,都要考虑学生的需要,教学中只有有的放矢,学生才能学得轻松、记得牢固。

2. **培养学生的学科兴趣** 应允许学生对某些学科有所偏爱,并引导其由对少数甚至单一学科的喜爱而逐渐地发展到对更多学科的喜爱。现代教育思想提倡愉快教学,对一些必学而学生又不感兴趣的东西,要尽量增强其趣味性,过分强制学生学习其不感兴趣的东西,效果是不好的。

3. **创设情境,丰富学生的情感体验** 要把教学活动组织得生动活泼,让学生在游戏、观察、实验等活动中体悟教学内容,做到情理交融,学习内容才能记忆得牢固。

(三)着力培养有意识记

有意识记在提高记忆效率方面较之无意识记更加有效,培养听力障碍儿童的有意识记具有十分重要的意义。

1. **及时向他们提出识记的目的任务** 这些目的任务不仅是必要的,而且是他们可以接受的,教师要善于向学生明确指出每一课教材、每一堂课、每一个教学环节的具体的学习目的任务。

2. **要提出较远的识记任务** 较远的识记任务及短近的识记任务对培养学生的

记忆有着不同的作用。因此教师在向学生提出短近期具体目的任务的同时，还要向学生提出较远的识记任务，并定期进行检查。有些内容只做短期识记即可，有些内容应有更长甚至终生记住的必要。

3. **要培养学生善于自觉地提出识记任务** 教师不但要及时向学生提出识记任务，更重要的是要培养学生善于自觉地为自己提出识记任务，并对识记效果进行自我检查。

（四）把意义识记与机械识记结合起来

意义识记是以理解为特征的识记。若要记得，先要懂得，懂了的东西，就容易记住，保持的时间也较长。如在分数教学中，当学生真正理解了“把单位‘1’平均分为若干份，表示其中一份或几份的数叫作分数”这一定义的意义时，那么这一定义就会牢牢地保持在记忆中。如果没有理解，只是囫囵吞枣地死背下来，记忆效果一定很差。因此教学中必须提倡以意义识记为主的原则，较为抽象的内容尤应如此。但这并不意味着机械记忆是可有可无的，实际上两者可以取长补短，相辅相成。良好的识记或者说最经济的识记，是在机械识记的帮助下高度发展的意义识记。如教“漏”字时，教师可用形象比喻的方法告诉学生：“漏，就是屋里进了雨水。”这样把字形的机械识记赋予了意义识记的内容。

（五）科学地运用复习方法

遗忘是不可避免的，科学地组织复习是防止过多或过早地遗忘的基本措施。所谓科学地组织复习，就是要做到：

1. **及时复习** 在识记后的一秒钟，遗忘就开始了，从遗忘的进程来看，其发展速度不是均匀的，呈现出先快后慢的趋势，这就是说遗忘发生最快的时间往往是识记后的最初一段时间。因此在遗忘最迅猛的时期有无巩固复习，对识记效果有着决定性的影响。所谓“及时”，是指在讲授教材的同时就应考虑到教材的巩固性。具体地说有两层含义：一是当堂课上就要考虑到巩固问题，通过各种形式提高生字生词在课堂的复现率，当堂巩固所学内容；二是安排对当天所学内容的复习，最迟不超过24小时，因为实验表明无意义材料在识记以后24小时已遗忘66%。因此教师必须适当布置一些作业，使学生及时消化和巩固课堂内容。

2. **边复习边回忆** 即识记材料时不是单纯地反复阅读，而是在学习材料没有完全记住前就进行尝试回忆，回忆不出来时再阅读。用阅读和尝试回忆结合的方法，能充分调动学生智力活动的积极性，是一种自我检查识记效果的好办法，通过尝试回忆能及时发现尚未记住的部分和改正识记中的错误，因此记忆效果较好。

3. **复习方法多样化** 学习的材料并不是都以同等的速度被识记和遗忘的，因此总是按照固定的次序从头到尾地复习是不必要的。复习方式多样化，不仅可以避免因单调重复引起的厌烦情绪和疲劳现象，而且也是培养良好的记忆品质的有效途径。复习方式多样化有三层含义：①指复习形式要多样，如读读、写写、自问自答、互问互答、小组讨论、编写提纲、动手操作等等，可依据不同的学科和个人的喜好采用不同的方式。②说让尽可能多的感官参与到复习中去，不仅要看还要听（利用残余听力），不仅用手摸，还要用鼻闻，用舌尝。这样才能建立更多的神经联系，使回忆时有更多的线索可循，易于忆起。③在材料组织和时间分配上，要采用部分和整体相结合，分散和集中相结合的复习方式。部分和整体是针对复习材料的分量而言的；分散和集中是针对复习时间的安排而言的。

（六）学以致用、温故知新

"用"是最有效的学习，尤其对语文这样的工具学科。所以创造应用的机会对增强记忆是非常可取的。例如，有经验的老师会激励学生写日记、写家信、写请假条、写请帖一类的应用文。这不是布置"练习"，而是实际应用。此外，教导学生将新旧知识进行对比，找出它们之间的联系，有助于梳理知识脉络，使知识有条理地储存于认知结构中，回忆时更容易找到头绪，从而提高记忆效率。

（七）要鼓励有条件学口语的听力障碍儿童学用口语

前面谈到，听力障碍学生的语词记忆薄弱，其根本原因是他们没有口语基础。从本源上说，语言就是口语，而书面语只不过是口语的一种记录形式。聋校的教学实际表明，通常口语基础好的学生，书面语表达也较好，记得也牢固。因此，对于那些有条件学习口语的学生，如原来有口语基础，听力损失较轻，个人有学习说话的积极性，应鼓励他们学用口语，这是改善和提高听力障碍学生语词记忆的重要途径。

总之，增强记忆的方法是多种多样的，绝对不限于上面列举的几种。对听力障碍的儿童来说，有两点特别需要老师的指导。①要教给学生一些方法，通过举一反三，从中提高他们学会学习的悟性；②要因人而异，鼓励学生找到适合自己的有效方法，并进而加以总结，还可以在学生中开展交流活动。

第四节　听力障碍儿童的想象

想象是人对已有表象进行加工改造从而创造出新形象的过程。想象过程所产生的新形象为想象表象，它有别于记忆表象。

心理学把客观事物作用于人脑后，人脑就会产生出这一事物的形象，称作记忆表象。对于已形成的表象经过大脑的加工改造后，创造出并未直接感知过的事物的新形象，就是想象表象。记忆表象是进行想象的原材料，想象表象只不过是记忆表象的"改组"和"重建"。例如，我们读唐朝张继的《枫桥夜泊》诗："月落乌啼霜满天，江枫渔火对愁眠。姑苏城外寒山寺，夜半钟声到客船。"尽管我们没到过苏州，头脑中也能浮现出一幅深秋夜晚旅客寄宿城外舟中的图景。这幅我们过去从未感知过的图景，就是用我们熟悉的记忆表象"月落""乌啼""江枫""渔火""城郭""山寺""钟声""客船"等构成的。

想象可依据其是否有预定的目的而分为无意想象和有意想象。无意想象是没有预定目的在一定的刺激影响下不由自主地产生的想象。有意想象是根据一定的目的自觉地进行的想象。在儿童成长的不同阶段，这两类想象的发展水平是不同的。此外，想象还可依据其创造性程度的高低而分为再造想象和创造想象。再造想象是依照词的描述或图样、模型、符号等的示意，在人脑中产生新形象的过程，如前面提到在读唐诗时的情形。创造想象是不依据现成的描述而独立地创造出新形象的过程，如在技术发明、文艺创作活动中都包含着创造想象。下面我们来介绍一下听力障碍儿童的想象特点及培养方法。

一、听力障碍儿童想象的特点

由于丧失了听力，听力障碍儿童也就缺乏听觉表象，尤其是由此带来的语言障碍，使得他们不能利用语言来组织形象的加工，造成他们的想象较之同龄或同年级正常儿童的落后性，表现在以下几个方面。

1. 无意性较强，有意性相对薄弱　听力障碍儿童想象的无意性是很强的，常常没有什么预定的目的和计划，而是由外界事物的直接刺激所引起的形象的联想，或是在情绪和兴趣的影响下展开想象。

随着年龄的增长及知识经验的积累和语言能力的提高，中、高年级听力障碍学生有意想象有了一定的发展。例如他们已能逐步完成看图学词学句、看图说话写话、看图作文和按照一定的命题去构思、谋篇布局，写出一定质量的作文。但总的

案例分享

说来,他们的无意想象较强,而有意想象则相对薄弱。

案例分享

2. **富于形象性和直观性** 逻辑性和概括性相对肤浅与听力障碍儿童视觉表象较为丰富,而语言能力低下相联系,他们的想象表现出很强的形象性和直观性。这在低年级表现得尤其明显。只有借助某种具体的东西做直接的依据,想象才能得以展开。

3. **再造性成分较多,创造性成分较少** 低、中年级听力障碍儿童的想象特别富于再造性,他们善于模仿别人的姿态、动作、神情等,他们表演的哑剧真是活灵活现、惟妙惟肖,但创造性成分很少。到了高年级,他们的语言能力已经形成,表象日益丰富,想象中的创造性成分也有了显著的发展。

案例分享

二、听力障碍儿童想象力的培养

想象是学生获得知识、认识客观世界的重要条件。听力障碍儿童富于想象,但他们的想象又具有一些弱点,教师应当珍视、保护和精心培养他们的想象,决不能有意无意地扑灭他们充满了真挚情感和美好憧憬的想象火苗,而应使它熊熊燃烧起来。

(一)发展语言能力

对于健听者来说,想象是在语言的调节下进行的,并以语言的形式表达出来。听力障碍学生由于丧失了听力,照目前我国的情况来看,许多孩子是在错过了语言学习的关键期之后才进学校的,因此,他们的语言逻辑思维发展迟缓。如果他们的语言能力得不到较好的发展,即使有丰富的表象,也无法表达出来,并且还会使得他们的想象长期停留在直观、形象的水平上,很难上升到词的思维水平上来。例如,聋校四五年级的学生在学习解应用题时,对题中关键的词语、题意都弄不清楚,题中的数量关系就更无法分析出来。他们解题的思路很窄,一般只能从题中一两个字,如“共、剩、平均”等判断解题的方法,解题的模式化问题很严重,造成一种思维定式。从上面的实例看出,听力障碍儿童的语言水平直接影响了他们想象力的发展,语言是他们想象发展中最为突出的问题。因此形成和发展听力障碍儿童的语言能力(包括口语和书面语),是培养他们想象力的根本途径。

(二)丰富表象,积累想象素材

表象是想象的材料,想象的水平依赖于表象的数量和质量。学生的表象越丰富,想象就越开阔。听力障碍儿童的听觉虽然受到损伤,但其他感官完好,教师应充分利用学生的其他感官,丰富他们的表象。在教学中,可从以下几方面着手。

1. **运用直观教具，注重亲身体验** 要充分利用实物、图片、模型、标本、幻灯、电视等直观手段，注意让学生通过看、听、闻、尝、摸等亲身体验，丰富他们的表象。

2. **走出课堂，进行现场教学** 因地制宜，有计划有目的地组织参观、游览，投身到各种实践活动中去，在现场进行教学，让学生按照一定的目的进行现场观察、实际操作，丰富活动经验。

3. **抓住时机，捕捉景象，丰富表象** 正常儿童在生活和学习中能及时地获得许多知识，听力障碍儿童由于听力丧失，缺乏语言能力，不能与正常人顺利交际，失去了许多获取知识的机会。因此教师必须抓住学生校内外所遇到的一切有利时机灵活机动地进行教学，把捕捉到的景象与词语结合起来，丰富他们的知识、表象。

（三）讲究教学艺术，引发学生想象

1. **给学生留下想象的空间** 优秀的教师总是循循善诱，而不越俎代庖，给学生留下想象的余地。

案例分享

2. **巧设疑难，诱发想象** 教材中有许多描绘生动的场面、情节，教师要善于把含有想象余地的部分适时、恰当、准确地揭示出来，巧设疑难，激发学生积极思维，诱发学生大胆想象。

3. **让学生跳起来摘果子** 授人以鱼，仅一饭之需；授人以渔，则终身受用无穷。因此教师要善于教授学生学习的方法，启发学生想象，让学生自己得出结论。

案例分享

（四）陶冶情感，激发想象的动力

情感是想象的动力，有了它就能展开想象的双翼自由翱翔。在教学中，应当大力培养学生的学习兴趣，并根据教学内容的特点，创设情境，激发和陶冶各种情感，如好奇心、求知欲、道德情感、审美情感等，选择最佳时机启发学生展开想象。

（五）加强课外阅读指导，培养阅读兴趣

案例分享

在聋校的各种教育教学活动中，课外阅读的重要性强调到何种地步都不会过分。老师们对其重要性也都有所认识，但缺乏措施，这是急切需要补救的失误。从发展听力障碍学生的想象来说，阅读内容越广泛越好，尤其要选择健康向上的文学作品供中高年级学生阅读。因为文学作品是以形象为特征反映现实生活的，对发展学生的想象能力具有独特的作用。同时，要加强指导，逐步培养起浓厚的阅读兴趣，乃至形成习惯。

案例分享

第五节　听力障碍儿童的思维

思维是人对客观事物进行的概括的和间接的反应过程，是认识过程的高级阶段。感知反应事物的个别特征和外部联系，而思维反应一类事物的一般特征和内部联系；感知反应当前直接作用于感觉器官的事物，而思维则以知识经验为中介推知没有感知过或根本不可能感知的事物的特性和联系，这就是间接的反应。

思维的基本过程包括分析、综合、比较、抽象和概括。分析是在思想上将事物的整体分解为部分。综合则是将事物的各个部分联合为整体。比较是指在思想上确定事物之间的相同点与不同点，它是在分析与综合的基础上进行的。只有在思维上把事物的部分、特性、联系或关系加以分解，才能进行比较；同时，也只有根据一定的标准把相同点与不同点分别联合起来，才能实现比较的过程。经过分析、综合与比较，就为思维的抽象与概括过程打下了基础。抽象是在思想上将事物的共同属性、方面等抽取出来，概括是将抽取出来的事物的共同属性、方面等联合起来。通过抽象和概括就能形成概念，达到对事物本质和规律的认识。

思维的基本形式包括概念、判断和推理。概念是反映事物一般的和本质的特征或联系的思维形式。判断是对于思维对象有所肯定或有所否定的思维形式，判断由概念组成。推理是从一个或几个已知判断推出新判断的思维形式。

思维有各种不同的分类，最普通的分类是按其性质和内容的特点来分，可分为动作思维、形象思维和抽象思维。这种分类也是儿童思维发展的不同阶段，与我们所要研究的听力障碍儿童思维特点问题密切相关。

动作思维是通过实际动作来进行的思维，儿童在掌握抽象数概念之前，用手摆弄物体进行计算活动，就属于动作思维。形象思维是用直观形象和表象解决问题的思维，幼儿的思维主要是以表象来进行的。抽象思维是运用概念和理论知识来解决问题的思维，这种思维需要遵循逻辑规律，故又称逻辑思维。

一、听力障碍儿童思维的特点

（一）听力障碍儿童思维发展的总趋势

一般地说，正常儿童思维发展经历了三种水平或三个阶段，即动作思维、形象思维和抽象思维。听力障碍儿童的思维发展，同样要经历这三个阶段，表现为与正常儿童思维发展的相同趋势。但听力障碍儿童由于言语形成和发展的迟缓、困难和缺陷,所以思维的发展较长时间停留在第二阶段,思维表现了更大的具体形象性。

(二)听力障碍儿童思维的具体形象性

听力障碍儿童思维的具体形象性是他们思维的一大特点,不仅表现在学龄前期(三岁至六七岁)、学龄初期(六七岁至十一二岁),即使到了高年级(十一二岁至十四五岁),这一特点仍然存在。这种具体形象性从思维过程来看是以事物的外部特征作为概念的依据的。如在他们看来,"儿子"一定是个小孩,"爸爸"则是长胡子的,如果谈及某人的儿子是个长胡子的大人,他们就会感到惊讶,因为他们所理解的"儿子"就是如他们自己一般的形象,并没有形成关于"儿子"的抽象概念。这种具体形象性的特点在解决问题时,表现为思维更容易受知觉情景的影响,缺乏对问题情景做统盘的分析,看不出事物间的多种关系,因而使解决问题思路不灵活。一位特教老师曾描述过一个非常典型的事例:一年级学生刚入校时,早上家长一般都帮他们把小菜盒绑在大饭盒上。放学时,饭菜都吃光了,他们仍然把小菜盒捆在大饭盒上。因为他们头脑中两个盒子捆在一起的形象限制了他们解决问题的思路的灵活性,看不出大小空盒是可以套在一起的新关系。

(三)听力障碍儿童抽象思维的发展

抽象思维的发展,一方面以动作思维、形象思维为基础,另一方面更主要地建立在以语言为形式的概念的基础上。

对听力障碍儿童来说,由于语言发展迟缓,词汇贫乏而不牢固,从而使这种转变过程更具有明显的过渡性。

1. **时间更长** 正常儿童在入学前已具有丰富的语言经验和概念,入学后经过一段时间的语言学习和思维训练,大约到四年级时,他们的思维开始以抽象思维为主。听力障碍儿童缺乏语言基础,且发展缓慢,这就影响了他们的思维发展的速度。可以大略地说,从他们进入学校接受特殊教育起,便结束了不用语言的纯粹的具体形象思维的阶段,但是他们真正的抽象思维的形成,却很迟,一般要到高年级(十五六岁)以后,他们思维中抽象思维的成分才居主要地位。

2. **抽象思维发展的同时,仍表现出很大的具体形象性** 他们所掌握的概念大多是有关具体对象的概念,如苹果、梨、橘子等,而要求他们把握概念中比较抽象的成分则较难,因而尚不能掌握某一类对象的一般特性,如水果、蔬菜等。在学习数学方面,低年级学生往往需要借助实物或手指的帮助来进行运算。

3. **两种思维呈现出均势状态** 即在抽象思维明显占据优势之前,他们的两种思维形式不分高低，看不出主次。即在考虑一个问题时表现出具体形象思维的特点，而考虑另一个问题时又表现出抽象思维的特点。

（四）听力障碍儿童思维过程

案例分享

1. **分析与综合** 在操作分析和直观分析方面，听力障碍儿童并不感到十分困难，他们甚至比正常儿童分析得更细致、更具体；但他们的逻辑分析或思想分析发展得较为迟缓而不完善，分析较为困难，往往欠深刻。

2. **比较** 听力障碍儿童在比较中往往表现出下列特点：①较易找出事物之间的不同点，而较难找出事物之间的相同点。②不善于做全面比较，往往找到了相同点就忘了不同点，注意了不同点就忽视了相同点。③注重事物的外在差异而忽视事物的本质区别。如有位老师让学生比较黄瓜与苹果的不同，一个学生答道："一个上面有刺和白点，一个上面没有。"显然他没有看到蔬菜与水果的本质属性的差别。之所以这样，是由于其分析优于综合，分析较多依赖直观形象，而综合更需要发现事物间的联系，这种联系较事物自身的特点更隐蔽，更难于观察。随着分析综合能力的提高，其比较能力也逐步发展。

3. **抽象与概括** 正常儿童的抽象概括经历了动作水平的概括、想象水平的概括和抽象水平的概括三个阶段。听力障碍儿童在前两个阶段的困难较小，而第三阶段的困难较大。因为他们的语言发展迟缓，两种信号系统发展不同步，第一信号系统快于第二信号系统。他们的手势语虽然也有一定程度的概括性，但基本上属于形象水平的概括。因此，只有当他们到了高年级，语言能力达到了一定的水平以后，他们抽象水平的概括能力才能得到相应的发展。

（五）听力障碍儿童的思维形式

这里仅以听力障碍儿童掌握概念的特点加以说明。听力障碍儿童在掌握概念方面的一个显著特点就是概念的扩大与缩小。如把"鲸鱼"当作"鱼"，这是概念的扩大，而以为"粮食"就是"大米"，这是概念的缩小。概念总是用词来标志和固定的，如果没有词，概念就不可能存在，也就不可能巩固下来。听力障碍儿童之所以犯这种错误，是因为他们尚未掌握相应的词语。也就是说，没有足够的词语供他们将丰富的现实世界做出多层次、多侧面的区分性"指称"。一方面他们头脑中有关事物表象的抽象程度不高而又与词脱节；另一方面他们概念形成的过程往往是通过列举概念所包括的外延来实现的，而不是通过揭示概念的内涵来实现的。有时难以将外延一一列举，这样便导致了对概念理解的片面性。手势语的影响也是其中的原因之一。随着语言能力的提高，他们对概念的掌握会逐渐精确化。

二、听力障碍儿童思维能力的培养

培养学生的思维能力是发展学生智力的核心任务，也是听力障碍儿童教育的根本目的之一。由于语言发展迟缓的影响，又因语言障碍减损了其社会生活经验，听力障碍儿童的思维明显落后于正常儿童，这便使得这一任务更为艰巨、更为必要和更紧迫。在教学过程中，一方面要针对学生思维发展的特点进行教学，提高教学效果；另一方面要有目的、有计划地采取有效措施，促进学生思维的发展。

（一）正确认识发展听力障碍儿童思维的重要性

在相当长的一段时期，聋教育界在发展智力和传授知识的关系上存在着两种错误倾向。其一，颠倒智力与知识的关系，把传授知识当作主要的教学目标，满足于知识的传授；其二，对听力障碍儿童思维和智力发展的可能性与重要性认识不足，缺乏发展学生思维的积极措施。如今越来越多的人认识到发展听力障碍儿童的思维，是聋校教育的重要目的和提高教学质量的根本途径，有着极其重要的意义。因此我们必须从观念上把发展学生的思维放在教学工作的重要位置上，要把它写进教学大纲，列入教学计划，落实到每一堂课中，有目的、有计划、有步骤地发展听力障碍儿童的思维。在教学中，要克服那种为教学而教学、为识字而教学的错误倾向。正如苏联哈尔科夫盲聋哑儿童教育机关负责人指出：“对盲聋哑儿童的初步工作的本质，不在于教口头语言，而首先在于使他们和所处的物质环境形成各种直接和极为正确的关系，认识这个环境，直接掌握这个环境，战胜空间和时间。”“教识字、读书、写字——这只是教育他们工作中的一个阶段，而且远不是他们的智力发展中‘最初’的阶段。应该在他们已经很‘有文化’，很‘有理智’的时候，在他们思维已经相当发展的时候，再开始教识字。”这段话是针对盲聋哑儿童说的，但对于教授知识和发展思维的关系上对聋童教育是有启发性的。

在最近开展的一项中美英有关“认知策略教学与耳聋学习者”的比较研究中，研究者强调了对聋人乃至对聋教育教师进行认知策略培训的重要性。

（二）切实贯彻启发式教学

启发式教学的实质在于调动学生思维活动的积极性和自觉性，关键则在于发扬教学民主。从学生入学第一天起，教师就应该为形成有利于学生思维发展的教学气氛创造条件。每一节课都要留有余地，让学生有发表见解的机会，让他们做练习，提问题，谈看法，使课堂成为师生相互交流信息的场所。这样课堂的气氛才会活跃，学生也才敢于并愿意积极思维。即使是听力障碍儿童，也能在自己所见所闻所想的范围内,提出一些生动有趣、耐人寻味的问题,甚至还会产生独到的见解和设想。而有的教师认为听力障碍儿童语言差、知识浅,担心他们发言不切题,影响教学进度,习惯于用“满堂灌”的方式教学,久而久之,就扼杀了学生思维中的活跃因素,形成一种刻板性和依赖性的思维。由此可见,教学民主对发展学生思维是不可或缺的。

(三)把语言教学与思维训练结合起来

口语教学是我国聋校的语言教学政策,目前已普遍为我国聋教育工作者所接受,并已得到广泛的实施。但是应当指出的是,口语教学并不能自发地实现发展思维的目的。我们在实施口语教学时,必须首先深刻领会语言与思维的关系,把语言的教学与思维的训练有机地结合起来,克服语言教学的盲目性。为此我们在语言教学中应注意以下几点。

1. 抓好“词—概念”的教学 概念是抽象思维的细胞,一般地说,概念总是用词来标志和固定的,如果没有词,概念就不可能巩固下来。词汇教学是低年级教学的基本内容和重点,从这个角度来看,低年级语言教学在思维发展上有重要意义。因此我们在进行词汇教学时,一方面要从语言学的角度抓好每个词的音、形、义的教学;另一方面还必须从心理学的角度,让学生在理解词义的基础上,从具体到抽象,从感性上升到理性,抽象出一类事物的本质特征,形成概念。例如教“笔”,就必须引导学生在理解的基础上,从“钢笔”“毛笔”“铅笔”“圆珠笔”“粉笔”等众多的具体的笔中,抽象出这一类事物的本质特征——“用来书写的工具”。只有这样,学生的概念才能真正随着词汇的增加而丰富,思维也才能真正得到发展。否则,词汇虽增加了,但与概念结合不紧密,词汇应能达到的抽象层次仍然不高,概念也就处在标志具体对象的水平上,对发展思维的作用就大打折扣。

2. 恰当运用各种语言形式发展学生思维 口语无疑是思维最直接最便利的表达形式和工具,因此我们应重视学生口语能力的提高,为他们创造口语实践的机会,鼓励他们用口语进行交流,肯定他们每一个小小的进步,激发他们用口语交际的积极性。同时还要他们养成良好的口语习惯,从入学那天起,尽可能地要求他们用符合语法的句子回答问题。在语言的清晰度上,则不必苛求,只要求发音部位和发音方法正确即可,否则会使学生产生畏难情绪,不敢开口,挫伤其积极性。

书面语也是思维表达的重要形式,同时也是进行思维训练的好形式。一般地说,书面语较之口语更完善、更严密,因此它是一个人思维水平的重要标志。到中年级之后,大多数听力障碍儿童的书面语水平便远远超过了其口语水平。因此在坚持口语训练的同时,有意识地进行书面语的阅读、写作训练,是提高学生思维能力的有效措施。例如,阅读教学中引导学生学习分段,概括段意,揭示课文中心思想;写作教学中指导学生编写提纲、模仿习作例文的结构和写作特点、用字遣词、组织篇章,甚至还可以指导学生互相批改作业等,都是思维训练的好形式。

此外,手语对思维发展的作用也应有客观的评价,简单否定的态度是不足取的。这个问题在沟通方法一章中还会谈到。

3. **在发展学生外部言语的同时发展学生的内部言语** 对听力正常者来说,内部言语是思维活动的重要"物质外壳",它是个体默默思维时言语器官隐蔽的活动。内部言语有三个特点:①不出声,或语音的发音是隐蔽的;②以自己的思想活动作为思考对象;③简化,即外部言语的精炼化。它不仅是逻辑思维和独立思考的物质基础,而且是思维水平发展的标志。实践活动越复杂,思维越复杂,就越需要复杂的内部言语活动。听力障碍儿童常常会有"茶壶里煮饺子——肚里有嘴上倒不出(说不出或写不出)"的情形。这主要就是内部言语发展水平低。内部言语是外部言语内化的结果,因此教师在发展听力障碍儿童外部言语(口语、书面语)的同时,应有意识地发展他们的内部言语,要求他们独立思考,学会先想后说、先想后写、先想后做。只有这样,学生才能够比较自如地把头脑里的思想变为外部言语表达出来,并对展开的外部言语(包括说和写)进行加工、整理,使之用词恰当、前后连贯、通顺流畅、符合逻辑。也就是说,他们内部言语发展了,思维能力就会有显著的提高。

一般而言,这种说法是成立的,但切忌绝对化,也就是不能由此得出结论:没有接受口语训练的聋童,自然不可能有内部语言,因而也没有抽象思维。其实,手语也是一种语言,因此不只是形象思维,也包括抽象思维,都可以建立在手语的基础之上。这种看法,已得到越来越多人的认可。

(四)开展系统的认知策略的训练

人在完成认知任务(例如学生解决一道难题)的过程中,用什么样的策略达到完成任务的目的,这就是认知策略问题。认知策略不是一种具体的像写在书本上的那种外显的知识,而是用来指导个体的感知、注意、记忆、思维等认知过程的内部技能。平时,人们常常提到"如何观察""如何记忆""如何思考""如何集中注意"等,其实当你把这些"如何"具体回答出来时,你的认知策略是什么也就描述出来了。现在许多教师还是只教知识,不教认知策略,例如,只讲公式,不讲思考方法。而公式是一种知识,思考方法却蕴含着认知策略。认知策略实质上是认知者控制认知过程的内在技能,它可以通过训练和教师有意识地点拨而获得,而不训练、不点拨则难以掌握。对健听学生如此,对听力障碍学生更是如此。

认知策略具体到每一种认知过程时，记忆有记忆的策略，思维有思维的策略。认知策略训练的重点是思维策略的训练。中、美、英三国合作开展的一项认知策略教学研究表明，认知策略教学对耳聋学习者和健听学习者都产生了明显的重要影响。在2000年悉尼召开的第十九届国际聋教育大会上，美国罗切斯特聋人理工学院副院长罗伯特·达维拉受大会之邀所做的主题演讲中提出，教师必须在推理和问题解决技能上给予耳聋学习者以帮助。足见这个问题已经引起国际聋教界的重视。

（五）培养学生独立思考和独立解决问题的态度

爱因斯坦说过："发展独立思考和独立判断的一般能力，应当始终放在首位。"教育学也告诉我们，"教"是为了"不教"，即教学的最终目的是教会学生如何学习。学生对知识经验的领会、掌握和运用，不是教师单纯地讲授就能达到的，需要通过学习的主体—学生自己—的思考和分析，使旧知识和新知识融合并按照自己的方式加以改造，纳入已有的知识体系之中，并独立地运用于实际生活。因此，有经验的教师从不越俎代庖，以"教"代替学生的"学"，而是讲究按照教学规律，激发学生学习的内部动机，在启发学生利用已有的知识的基础上，让学生养成独立思考的习惯，并运用于实际来发展学生的思维。这样，日积月累，使学生养成愿意思考、喜欢思考、习惯思考。只要我们把这当作一种教育思想和教育目标贯穿到教学过程中，那么听力障碍儿童的思维水平将会有很大的提高。

【思考题】

1. 听力障碍儿童感知活动有哪些特点？
2. 如何培养听力障碍儿童的观察力？
3. 听力障碍儿童的注意有哪些特点？
4. 在聋校教学中如何运用注意规律？
5. 听力障碍儿童的记忆有哪些特点？
6. 听力障碍儿童记忆语言文学材料困难的原因有哪些？
7. 增强听力障碍儿童记忆的方法有哪些？
8. 听力障碍儿童的想象有哪些特点？
9. 在教学中可从哪些方面着手来帮助听力障碍学生丰富表象，积累想象素材？
10. 听力障碍儿童的思维有哪些特点？
11. 如何培养听力障碍儿童的思维能力？
12. 搜集听力障碍儿童掌握判断、推理的思维形式事例，并分析其特点。

第三章

听力障碍儿童的情绪、情感和意志

【本章提要】

听力障碍儿童入学后较之入学前其情绪、情感发展的一般特点：情绪、情感内容日益丰富但相对贫乏，情感体验日益加深而又相对肤浅，情感的稳定性有所发展但易变性仍很突出。

听力障碍儿童入学后，高级情感也开始产生并发展，但与听力正常儿童相比，发展较为迟缓，水平较低。

对听力障碍儿童进行情感教育的方法：增长知识，丰富阅历；提高语言能力，增强情感体验与表达功能；创设情境，注重熏陶；倾注爱心，以情动情。

听力障碍儿童意志品质的特点：意志的自觉性一般较低，果断性一般不强，坚持性不易持久，自控性也明显不如健听儿童。

对听力障碍儿童进行意志培养的方法：从大处着眼，开展目的、理想教育；从小处着手，加强意志行为训练；重视学生意志的自我锻炼。

第一节　听力障碍儿童的情绪、情感

情绪、情感是比较复杂的心理现象，复杂到有时人们用“只能意会，不可言传”来加以形容。因此，心理学在理论上对情绪、情感的界定还存在着某些分歧；而且，日常用语与学科用语也略有差别。但这些问题不致影响我们对听力障碍儿童情绪、情感问题的阐述。我们依循心理学界最通行的理论来诠释本章的议题。

在现实生活中，人们由于某些事情是否如意常常感受到的喜、怒、哀、乐、爱、惧、恨等,都是情绪、情感的具体表现形式。心理学把人对于客观事物是否符合其需要而产生的体验称为情绪、情感。一般把低级的、简单的、较不稳定、冲动性较强、比较外露、与生理联系比较密切的体验称为情绪;而把高级的、复杂的、较稳定、冲动性较弱、比较不外露、社会性较强的体验称为情感,但二者的区别是相对的,很难截然分开。情绪、情感是人对客观事物的一种特殊的反应形式,因为它们所反映的不是客观事物本身,而是客观事物与人的需要之间的关系。就是说,与人的需要无关的事物是不会引起人的情绪反应的。儿童情绪的发展,最初是情绪体验,随着年龄的增长,逐渐出现情感体验。听力障碍儿童的情绪发展也是如此。

情绪可从四个维度上加以分析,每一维度都表现为两极性。即在强度上,表现为强和弱两极;在快感度上,表现为愉快和不愉快两极;在紧张度上,表现为紧张和轻松两极;在激动度上,表现为激动和平静两极。两极之间都有不同程度的序列。四种维度之间不同程度的组合构成复杂多样的情绪状态。通常可以分出三种情绪状态:心境,是一种持久、微弱而平静的情绪状态;激情,是一种短暂、强烈、爆发式的情绪状态;应激,是在人的生命或精神处于威胁情境下,采取必要行动时,或无力应付受威胁的处境时产生的情绪状态。

人的情感依据其社会性内容的不同可以区分为道德感、美感和理智感。对人的思想意识和行为举止是否符合社会道德规范而产生的体验称为道德感。关于人对真理的追求,对科学的探索等与智力活动相联系的体验称为理智感。在自然风光和艺术欣赏中产生的和谐与美的感受称为美感。在情绪和情感方面,听力障碍儿童与听力正常儿童的差别,是较易被觉察到的。

一、听力障碍儿童情绪、情感的特点

(一)听力障碍儿童情绪、情感发展的一般特点

听力障碍儿童入学后,生活环境和生活内容较之入学前发生了巨大的变化,在已有心理水平上,情绪、情感有了较大的发展,但也深深刻下了听力障碍带来的烙印,表现出一定程度的滞后性。

1. 情绪、情感内容日益丰富但相对贫乏 入学以后,听力障碍儿童走出了家庭那个小圈子,步入了学校这一大集体之中。这里的一切对他们来说都是那么新鲜、有趣而富有吸引力。这些前所未闻的事物,就像在平静的湖面上投入一颗石子,在他们情感的世界里泛起了层层涟漪。学习成功时的喜悦,失败后的懊悔;老师无微不至的关怀,同学间的互助友爱;集体对个人的要求,个人在集体中的地位;民族的兴旺、国家的富强、社会的进步……所有这些,随着学校生活的积累,都逐步成为他

们情感体验的内容。这些较之单纯对父母的依恋,不可不谓巨大的进步。但是我们也必须看到,由于听力障碍儿童入学前生活范围狭小,知识经验贫乏,缺乏语言的调节作用,他们的情感体验较之健听儿童要单调、贫乏得多。这一特点在他们入学后对其情感的发展产生着消极的影响,特别是语言发展迟缓,成为他们情感发展的主要障碍。因此他们情感的发展,一方面随着语言的发展、知识阅历的丰富而日益丰富起来;另一方面表现在相当长一段时间内,较之听力正常儿童情感发展的相对滞后性。目前的研究尚不能提供这种滞后性的确切时段。国外的研究通常只指出其社会情绪适应上的困难,而没有涉及发展上的滞后程度。

2. **情感体验日益加深而又相对肤浅** 听力障碍儿童入学后的情感不但在内容上扩大了、丰富了,而且在体验上也更加深刻,这突出地表现在对教师的情感的变化和发展上。低年级学生对教师有一种类似于对父母的依恋性。他们对教师可以说是绝对崇拜,教师的每一句话都有着"法律"般的作用。他们对老师特别亲昵,处处都希望博得老师的欢喜和表扬。到了中年级,学生对老师的情感发生了微妙的变化:他们虽然仍十分尊敬老师,但已开始议论老师,对老师开始有所不满了,甚至有时表现出不服从。到高年级,学生对老师的情感进入一个独特的、矛盾的时期。一方面,学生从内心是热爱、尊敬老师的;但另一方面,这种情感在多数情况下是含蓄的、不外露的,有时甚至表现出截然相反的现象,如故意回避老师、对老师冷淡、与老师保持距离,或当别人背地里议论老师时违心地说老师的坏话等。由此可见,随着语言能力、认识能力和独立评价能力的逐步发展,学生的情感体验也逐渐深刻起来,由简单、外显而逐步走向复杂、隐蔽。同时由于他们认识水平的局限,与听力正常儿童相比,又表现出情感体验的肤浅性,而且愈是高级的情感,他们愈难以有深切的体验,愈显出其肤浅性。

3. **情感的稳定性有所发展,但易变性仍很突出** 听力障碍儿童入学前的情感一般是不稳定的、易变的,破涕为笑、转怒为喜的情况是常有的。入学以后,在独立学习和集体生活的锻炼下,他们情感的稳定性有了一定的发展。在一定的程度上,他们已能抑制自己的一些愿望去完成当前的任务,甚至能牺牲自己的利益,去维护集体的利益。例如某学生经过激烈的思想斗争,决定执行老师交给的任务——帮助一个比较后进的同学。从情感上说,他可能并不喜欢这个同学,但在行动上,仍然努力去接近他、帮助他。这是因为他受到一种较高级、较稳定的情感——责任感和集体荣誉感的支配,从而促使他克服消极的情感,使自己的行为符合道德的要求。与此同时,他们情感的易变性仍很突出。他们的喜怒哀乐常常形之于色:刚才还晴空万里,一会儿却乌云密布;顺心时热血沸腾、摩拳擦掌,不如意的时候垂头丧气、无精打采。他们的情感还有着冲动性,有时即便是一件小事,如果冒犯了他,他也会暴跳如雷，而一旦事过境迁，则又恢复如初。

（二）高级情感的发展

听力障碍儿童入学后，社会性情感即高级情感也开始产生并发展。但与听力正常儿童相比，发展较为迟缓，水平较低。

1. 理智感的发展 听力障碍儿童的理智感，主要是在学习过程中发展起来的，表现在求知欲的扩大和加深上。在强烈的好奇心的驱使下，他们问这问那，而且喜欢“打破砂锅问到底”。他们的理智感大多与具体事物相联系。低年级学生的提问多集中在“是什么”“怎么样”这类问题上。到了中年级，“为什么”的问题逐渐普遍，个别学生对某些学科可能产生较稳定的兴趣。这时，学生独立发现问题、解决问题的欲望和需要也开始增长起来，一些高年级学生已经不再喜欢做那些太容易的题目，而喜欢做那些有一定难度、需动脑筋的题目。但总的说来，他们的理智感还不深刻，他们往往把老师和书本认为真理的化身。他们总是对具体形象的材料感到更多的兴趣，而对一些抽象材料兴趣就差得多。

2. 道德感的发展 听力障碍儿童的道德感主要是在新的集体生活中发展起来的，班集体和少年先锋队集体在他们道德感的形成和发展上起着重要的作用。总的来说，他们的道德感还较幼稚、直观、模糊和狭隘，较长的时期处于“直觉的情感体验”和“与具体道德形象相联系的情感体验”的阶段。首先，在内容和对象方面上，他们的道德感是由近及远逐步发展的，如从自我中心到爱护、尊重他人；从爱亲人到爱老师、爱同学；从爱班级到爱学校、爱家乡、爱祖国等。其次，在道德标准方面，他们的道德感是由具体到抽象、从无原则到有原则的发展。他们道德感的形成往往离不开具体的范例和榜样，他们心目中的善与恶总是与具体的人物、事件联系着的。再次，他们还不同程度地存在着是非不分、善恶不辨的现象，对国家和人民的“爱”也缺乏深刻的内涵。在教师的正确引导下，高年级学生的道德感朝着“意识到道德理论的情感体验”的阶段发展。

3. 美感的发展 在教育的影响下，听力障碍儿童的美感也有一定的发展，主要是在美术、舞蹈、表演和文学作品（如童话、寓言、故事、诗歌）等的教学中发展起来的。特别是在绘画方面，高年级学生不仅具有一定的欣赏水平，而且某些学生具有一定的创造能力，表现出较高的审美情趣。但总的来讲，他们的美感还较简单、直观、粗糙。对于文艺作品，他们更多的是注意具体的情节和人物，而对其深刻的思想内容、作品的艺术价值却很少注意，难以获得美的体验。

二、听力障碍儿童的情感教育

情感的培养和教育对听力障碍儿童的身心发展至关重要。可以毫不夸张地说，忽视情感的培养，学生的知识、智力和思想品质的真正发展是不可能的。因此我们必须在传授知识，发展能力的同时，重视情感教育。

（一）增长知识、丰富阅历

认识是情绪、情感的基础。“知之深，爱之切”道出了认识与情感的关系。听力障碍儿童之所以缺乏各种良好的情绪、情感品质，一个最根本的原因就是知识经验贫乏，高尚的信念及世界观尚未形成。因此增长学生的知识、提高其认识水平，是丰富和深化他们情感最根本的途径和措施。没有知识经验和对事物的认识做基础，高级情感永远只能是“空中楼阁”。

（二）提高语言能力，增强情感体验与表达功能

语言也是影响情感发展的一个重要因素。一般较为高级的情感，特别是“意识到道德理论的情感体验”，没有扎实的语言基础是难以形成和体验到的。一个人的语言水平在一定程度上决定了其情感体验的丰富性和深刻性。听力障碍儿童的情感之所以滞后于听力正常儿童，语言发展的迟缓也是一个重要原因。

案例分享

（三）创设情境，注重熏陶

情感的产生除了基于个体的知识经验、语言水平等主观因素外，客观环境的作用也不可忽视。置身于某种情感色彩的环境中，它能使人感受到一种特有的心理气氛，对人的情感起着潜移默化的作用，所谓“潸然泪下”正是情感体验的感染和共鸣。因此在情感教育的过程中，应特别重视创设有利于培养学生高尚情感的情境。

理智感、道德感、美感

（四）倾注爱心，以情动情

实践证明，教师的情感对学生的教育有着特殊的意义。在教学中教师满腔热情，有利于形成富于感情的教学环境，使学生与教师的思想迅速沟通；教师的榜样作用，能使教师的行为准则、性格特点在学生身上内化，同时也容易使学生认识到自己的价值，产生积极的行为。对听力障碍儿童的教育，更需要倾注自己的爱。

师爱

第二节 听力障碍儿童的意志

意志是人们自觉地调节行动去克服困难以实现预定的目的的心理过程。意志

总是与有意识、有目的的行动分不开的。因此,我们通常把表现意志的行动称为意志行动。意志行动有两个显著的特征,其一是有明确的目的性,其二是与克服困难相联系。意志不是孤立的心理过程,它和认识、情感是相互联系相互制约的。意志行动以认识为前提,以情感为动力。认识为人们确定行动目的,选择行动方法,提供知识、技能和经验;情感则激励或阻抑人的意志行动。反之,意志行动又推动认识的发展,坚强的意志能使人在遇到困难时也不畏缩。因此,知、情、意是紧密联系的,是人对客观现实反应的不同方面。

人在意志过程中经常表现出来的意志特征,即人的意志品质是各不相同的。有的人意志坚强,有的人意志薄弱;有的人做事坚决果断,有的人则犹豫不决。这些意志品质不仅表现在意志活动中,而且也是在意志活动中形成的。最主要的意志品质有自觉性、果断性、坚持性及自控性。自觉性是指一个人有明确的行动目的,并能充分认识行动效果的社会意义,使自己的行动服从所确定的目的的品质;果断性是指一个人善于明辨是非,及时地采取决断并坚决执行的品质;坚持性是指一个人在执行决定中能否按预定的目的贯彻到底的品质;自控性是指一个人能否自觉地控制自己的情绪,约束自己言行的品质。下面将从这四个方面对听力障碍儿童的意志特征进行分析。

一、听力障碍儿童意志品质的特点

听力障碍儿童真正的意志行动是从他们入学以后才开始出现的。新的环境向他们提出了新的要求:集体生活比在家时更具有约束性、严格性;而学习活动比在家玩要更需要意志。他们的意志行动正是在这样的条件下发展起来的。

(一)听力障碍儿童意志的自觉性

听力障碍儿童意志的自觉性一般较低。低年级学生还不善于自觉地、主动地向自己提出行动的目的,也不善于选择达到目的的方法,他们的行动通常要依靠老师和家长的指导、暗示、督促和检查。如许多学生根本不知道自己为什么要来读书,大多是“爸爸妈妈要我来的”。入学后自觉性虽有了发展,但表现出明显的简单、具体和狭隘性。如他们之所以认真学习,是为了得到老师的表扬、考高分、当好学生等。自觉性较低还表现在他们既喜欢模仿又容易独断。一方面,他们易受暗示,乐于模仿别人的行为而不辨美丑是非;另一方面,他们对自己的决定,不管是否正确,往往固执己见。这表明他们尚不能认识自己行为的目的意义、方法和后果,而只是为这些行为所吸引,满足当前的需要。在教师的指导下,到高年级时,他们逐渐能够独立,自觉地提出较为远大的、具有一定社会意义的行为动机、目的及较为复杂的行动方案。

(二)听力障碍儿童意志的果断性

听力障碍儿童意志的果断性一般不强。这主要是由于他们意志的自觉性低,知识经验贫乏所致。他们往往不善于根据理智的考虑来决定自己的行动,而是更多地受外因或情绪的影响,或三心二意,徘徊犹豫,或贸然决断,草率行事。一般说来,他们从决定到执行,几乎是同时或紧接着发生的,缺少必要的权衡与选择。而当关键时刻需要当机立断时,他们又犹豫不决,不知所措。随着知识经验和思维的发展,中年级学生已逐步形成学习的自觉性,这在他们意志行动的决定和执行上开始起着越来越大的作用。到高年级,通过激烈的动机斗争,学生能选择合理的行为目标和方法来处理较为复杂的问题了。例如当看到和自己要好的同学与别人打架时,懂得应该怎样做才是正确的,从而能果断地采取劝阻的行动。

(三)听力障碍儿童意志的坚持性

听力障碍儿童的毅力显得不很强。低年级学生的行为动机和目的还不稳定,早已下定的决心常常变卦,时过境迁的事时有发生。不少学生在遇到困难时或依赖他人帮助来完成,或轻作许诺却不认真完成,或垂头丧气,半途而废。造成他们缺乏坚持性的原因大致有以下几点:①在学习活动中未循序渐进,要求过高,不切实际,造成较大的内心压力;②一些教师和家长对学生的能力常常低估,表现出不信任;③学习上遭受过失败的挫折感。

听力障碍儿童意志的坚持性是逐步发展起来的。最初他们往往较多地依赖外部影响来坚持完成一件工作或一个行动,如在教师的鼓励下坚持写字、完成作业等。以后逐步地发展,能更多地依靠意志的坚持性来完成工作。到高年级,不少学生能较持久地从事较为复杂的活动,自觉克服困难,完成任务。

(四)听力障碍儿童意志的自控性

听力障碍儿童的自控性也明显不如健听儿童。他们往往容易受环境的影响,为感情所左右,遇事冲动且一发不可收。有些学生上课时常常违反纪律,在自习课或课余活动中更容易失去控制,滋生事端。造成这种与自控性相对的冲动性的原因,依据国外的一些研究表明有以下几个方面:①听力障碍儿童较健听儿童更为外空。②语言沟通能力差导致了他们的社会经验不足。③用言语对自己的行为进行调节的能力也明显缺乏。④与听力障碍儿童缺乏处理人际问题的技巧也有关。因此,教师应有正确的认识,除了少数学生(主要是高年级)受某种消极思想和情绪支配而故意违反纪律外,大多数学生只要加强常规教育、纪律教育和集体教育,这些缺点就能逐步克服,学生自控性也就会逐步提高。

二、听力障碍儿童意志的培养

(一)从大处着眼,开展目的、理想教育

意志行动是有目的的行动,一个人有明确的目的,才能坚持一定的行动。而一个人怀抱什么样的目的,取决于他的信念、理想和世界观。因此使听力障碍儿童理解各种活动的目的,树立远大的理想和信念,是培养其意志品质的首要条件。从他们入学的第一天起,教师就应该根据他的年龄、心理特点,结合生活实际,有意识、有目的地通过多种方式、多种渠道,对学生进行理想、人生的教育。教育过程中要避免两种错误倾向:其一,认为听力障碍儿童什么也不懂,不能理解生活的目的和意义,从而忽视对他们的道德信念、人生理想的教育;其二,脱离实际,空谈理想。此外,由于他们对老师讲授的道理理解得不深,教师的身体力行是十分必要的。教师在工作中坚毅、顽强、沉着、果断,学生就会在耳濡目染中受到教育;相反,教师萎靡不振,学生就难以形成蓬勃向上的朝气。

(二)从小处着手,加强意志行为训练

俗语说,滴水穿石。坚强的意志虽然往往体现在那些惊天动地的英雄壮举之中,但它的形成却必须从平凡、细小的日常生活开始。因此教师应当通过课内外活动为锻炼学生的意志创造条件,引导他们从现在、从自己、从小事做起,从中感受劳动过程的艰辛,看到劳动的巨大社会意义,体验成功的喜悦,从而增强克服困难的勇气和必胜的信心。培养学生意志的途径很多,教学活动(如讲授具有一定难度的内容、布置一定难度的作业、独立思考、按时交作业等)、集体活动(如劳动、班队活动等)、体育活动(如赛跑、爬山、拔河等)都是锻炼学生意志的好形式。在进行意志行为训练时,应注意以下几点:

1. **讲究训练的方法** 训练前应向学生提出明确的要求,并适当介绍一定方法;训练过程要及时给予指导和鼓励,激发学生的信心和达到目的的强烈愿望;训练结束后应及时加以总结、评议,并提出新的要求。只有这样,意志训练才能落到实处,有所成效。

2. **以必要的纪律作为意志行为训练的保证** 意志行为训练的目标、方案一经制定,就要要求学生不折不扣地执行和完成,任何迟疑、逃避、取巧都是不允许的。为此教师必须制定一些合理而又严格的纪律,保证训练目的的实现。

3. **创造一定的情境** 要针对听力障碍儿童的个别差异,创设一些特殊的情境。例如,对缺乏耐心和毅力的学生,可以有意识地讲一些意志坚定的残疾人的故事,向他介绍有关的书籍,让他完成一些有明确要求而又需要持久性的工作,并督促检查。如果发现稍有松懈,就要及时指出,如果完成良好则应及时鼓励。这样把学生置于一定的情境之中,使其意志行为训练具有更明确的针对性和目的性,形成良好的意志品质。

(三)重视学生意志的自我锻炼

意志的发展与个体自我意识的发展水平密切相连,自我意识中的自我规划、自我控制和自我检查对优良意志品质的形成起着重要的作用。因此我们必须重视听力障碍儿童的自我锻炼。

1. **自我规划** 刚入学的听力障碍儿童行动的计划性很差,他们往往不知道应该做些什么。因此,教师在对他们进行常规训练的同时,还必须指导他们规划自己的行动。可以从最简单、最具体的事情做起,如遵守作息时间、按时上课等。随着知识经验和年龄的增长,教师应有意识地教育学生敢于并善于自觉、主动和果断地采取合理的决定,从自己的实际出发提出奋斗目标,制定行动方案。教育学生制定决定应从小处着手,以自己的薄弱环节为突破口,循序渐进,切忌好高骛远,脱离实际。

2. **自我控制** 听力障碍儿童自我控制能力较差,先热后冷、虎头蛇尾的现象较为普遍。对此教师应教育学生计划一经制定,必须坚决付诸实行。因此,教师不能仅仅满足于让学生制定学习计划,更重要的是要了解并督促学生计划的执行情况。执行得好的给予表扬,执行得不好的要帮助其寻找失败的原因,要鼓励他们知难而进,防止冒进和气馁。这样在教师的悉心指导下,学生自我控制的能力就能逐步提高。

3. **自我检查** 教师还要指导听力障碍儿童在计划执行之后进行检查,养成自我检查的习惯。随着年龄的增长,他们自我规划、自我控制能力逐步提高。教师可以有意识地让学生对自己的学习、生活进行自我检查,自我检查不仅是锻炼意志的方法,也是考验意志的手段。检查的内容很多,如日记、周记、练习、测验等,通过检查,找出差距,再接再厉,不断进步。以上所阐述的是听力障碍儿童的情绪、情感和意志特点及有关培养问题。这里提出的若干培养方法,也还是属于方法论层面的一些原则,不是操作性的程序或步骤。因此,仍需要在这些原则精神的指引下来设计具体的矫正方案。因为广义的“矫正”既包括旧行为的改变,也包括新行为的塑造。所以,培养之道应落实到“矫正”之方策上。不过,那已是另一门学科的任务了。

【思考题】

1. 听力障碍儿童情绪、情感发展的一般特点有哪些?
2. 如何对听力障碍儿童进行情感教育?
3. 听力障碍儿童的意志品质有哪些特点?
4. 如何培养听力障碍儿童的意志?
5. 用自己身边的事例来说明师爱的作用。

第四章

听力障碍儿童的个性

【本章提要】

听力障碍儿童自我意识的特点：其产生晚于健听儿童，自我意识的独立性不强；自我评价的抽象概括水平较低，不适当地自尊或自卑；自我调控能力较弱，抱负水平不高。

听力障碍儿童自我意识的培养从几方面着手：强化自尊心，防止产生自卑感；培养自知之明，克服自尊的盲目性；提高语言能力，增加交往机会；营造有利于听力障碍儿童自我意识培养的社会生态环境。

对于听力障碍儿童个性特征的塑造，既要统一要求，体现时代和社会的期望，又要因材施教，体现鲜明而独特的个人特色。

考察听力障碍儿童的个性，似乎有一个问题在开始就不可回避，即如何看待听力障碍者的个性问题。是他们具有与健听者不同的个性，还是他们的个性与健听者没有不同呢？如果说他们与健听者没有什么不同，那是不是这个问题就没有讨论的必要了？如果说他们与健听者有不同的个性，那么什么是“聋人的个性”呢？

其实，对任何类型的残疾者而言，考察他们的个性都会碰到这个问题。在此，我们引用日本一学者在综合多项视觉障碍儿童人格特性研究结果时所强调的一个观点：“这些资料（指以往的研究结果——引者注）只是盲童群与明眼儿童在平均上的比较而已，因此不能说所有的盲童都如此。也就是说，我们只能认为盲童在那一方面有较重的倾向，或其所显示之比率比明眼儿童或多或少而已。”“并非所有的盲童都具有相同的性格特性。有的会受视力障碍之程度或其他种种因素之影响而形成其独特的人格。因此不能认为其视觉障碍与性格特性间有直接的关系，但是有某种因素影响着其人格则是事实。”

我们认为,上述观点普遍适用于所有类别的残疾人。就是说,盲童也好,其他的残疾者也好,他们并没有独有的个性类型,也没有与众不同的个性特征。凡残疾人身上所具有的个性心理特征,在健全人身上都存在,只不过某些特征表现的程度,或沾染的人数比率有所不同而已。这就是我们看待"听力障碍儿童个性"问题的理论基点。

个性心理是一个具有多层次、多侧面的复杂的完整体。中国心理学界一般把个性结构区分为个性倾向(包括需要、动机、兴趣和理想等)、个性特征(包括气质、性格和能力等)与自我意识(包括自我认识、自我评价、自我体验和自我控制等)三部分。

关于听力障碍儿童的个性特点,由于他们的表达能力所限,实施个性测验有其特殊困难,所以系统研究不多,看法也比较零散。下面的论述,主要是基于广大聋教育工作者的实践经验的概括,力图将这些在教育实践中观察所得的零散看法,做出条理性的理论说明。

第一节　听力障碍儿童的自我意识

自我意识是意识的一种形式,指主体对其自身的意识。自我意识包括对自己机体及其状态的意识,对自己肢体活动状态的意识,对自己的思维、情感、意志等心理活动的意识等。自我意识是人的个性结构的重要组成部分,是个性结构中的自我调节系统。自我意识不仅包含着认识成分,而且还有情感、意志的因素。自我观念、自我知觉、自我评价等属于认识的范畴;自我体验、自尊心、自卑感、自豪感等属于情感的范畴;而自我监督、自我调节、自我控制等则属于意志的范畴。

成熟的自我意识具有以下三个特征:①能意识到自己的身体及生理状况;②能认识并体验到内心进行的心理活动;③能认识并感受到自己在社会和集体中的地位与作用。

一、听力障碍儿童自我意识的特点

自我意识的产生和发展与个体的生理、心理特点以及社会环境的影响有着密切的联系。听力障碍儿童由于听觉的丧失以及由此而引起的语言发展的迟滞,造成他们知识经验贫乏,思维概括水平低下,所有这些对其自我意识的形成和发展均产生了十分明显的消极影响,表现在以下几个方面。

(一)自我意识的产生晚于健听儿童

由于语言发展迟缓,听力障碍儿童自我意识的产生受到严重的障碍。直到入学前(6~8岁),他们的自我意识仍停留在区分主体和动作及知晓自己名字的阶段,即使他们掌握了一定的手势语,对于我、你、他关系的理解仍未摆脱那种简单、具体而固定的联系。如果你问他:“你几岁了?”他不是回答“我6岁了”,而是说“你6岁了”。这表明他们这时尚未实现从把自己当作客体到把自己当作主体的转变。只有当他们入学以后,在教师的帮助下,才逐步掌握代词我、你、他,真正意义的自我意识才得以形成。这较正常儿童来说,已经晚了3~4年。

(二)自我意识的独立性不强

我国有人用《卡特尔十六项个性因素量表(中国修订版)》对24名15~17岁的聋校初中学生进行了测量,在独立性这项上得低分,低分得分占63%,高分得分仅4%。这说明听力障碍儿童“独立性较差,缺乏独立见解,依赖性较强,易于附和他人”(余敦清,1992)。他们对自己或别人的评价往往只是成人(家长、教师等)评价的简单重复,而且对于教师的言论常常采取不假思索接受的态度。

案例分享

(三)自我评价的抽象概括水平较低

自我评价是自我意识的组成部分,是自我对自己行为、个性等方面进行的评价。小学低年级儿童的自我评价主要以具体的、外部的行为表现为依据,他对自己或别人的评价总是比较具体的。约从中年级起,特别是到高年级,儿童才逐步学会从道德原则上来评价人的行为。研究指出,一年级儿童一般认为“好学生”就是“学习好”“不调皮”“听老师的话”的学生。随着年级的增高,他们的评价中就逐渐出现一些新的成分。二三年级的儿童认为,“好学生”就是“能帮助大家”“不欺负人”“能和大家一块行动和游戏”的学生。约从四年级起,才明显地看到他们开始从道德原则上来评价自己或别人的行为。例如,他们认为,“好学生”应当是“公正的”“勇敢的”“行为正确的”“永远不欺骗人的”“和大家同甘共苦”的学生。由于语言发展的迟缓,思维的概括性较低,听力障碍儿童的自我评价能力形成较晚,即使到高年级,仍带有很大的具体性,抽象概括水平不高。

(四)不适当的自尊和自卑

自尊心与自卑感是自我评价所引起的两种相对的情感体验。在一定条件下,两者可以相互转化。或许有人认为,听力障碍儿童普遍比较自卑。这是没有根据的，关于听力障碍儿童是否普遍自卑的问题不能一概而论，必须具体分析。

1. **生理缺陷本身并不会使听力障碍儿童自卑**　刚入学的低年级听力障碍儿童由于尚未掌握语言，自我意识尚未分化，在此以前，他们主要是随外界的刺激而反应，通过身体和动作去了解世界，所以他们对世界的认识和情感总是以自己的身体和动作为中心的。入学以后，虽然逐渐掌握了语言，有了自我意识，但他们往往从自己的经验出发去认识事物。这样，他们在评价自己或别人时，往往缺乏批判性。一方面他们容易看到自己的优点而看不到自己的缺点；另一方面他们往往喜欢评价他人而不习惯评价自己。因此，他们对自己的生理缺陷并没有什么异常的体会。他们表现得很容易和一般孩子接近、相处，一同玩耍（年龄越小，这一点表现得越明显）。他们很少有孤独、自卑、消极、离群等缺陷心理特征，相反，他们往往“少有顾虑，冒险敢为”。

2. **听力障碍儿童的自尊具有一定的盲目性**　妄自尊大是他们盲目自尊的主要特征。建立在自我中心基础上的听力障碍儿童的自尊，往往由于知识经验的贫乏而带有很大的盲目性，如果谁触犯了他的自尊心，他便会暴跳如雷。

案例分享

3. **听力障碍儿童自尊的脆弱性**　与盲目性相伴而生的便是脆弱性。随着年龄的增长，听力障碍儿童一方面逐渐利用语言调节和指导自己的行动，但另一方面客观环境也向他们提出了一系列的要求，迫使他们经常按照这些要求来对照检查自己的行为，老师和同学也经常用这些要求来评价他们的行为。在这些经常性的评价过程中，就可能对一部分学生形成不利的评价，如果连续几次评价不利，他们的自尊就会遭到挫伤甚至摧毁。这时候，自卑感便乘虚而入，对自己做出“不如他人”或“低人一等”的评价。

由此可见，听力障碍儿童和听力正常儿童一样，有自尊也有自卑。所不同的是听力障碍儿童的自尊心和自卑感都带有某些盲目性和脆弱性的特点。既不能说他们普遍自卑，也不能说他们都盲目自大。他们的自卑感既不是天生的，也不是听力障碍的必然结果。只要教师积极引导，就能克服其自尊的盲目性和脆弱性，防止自卑感的产生。

（五）自我调控能力较弱

自我调控能力是指善于支配和控制自己的能力，是一种优秀的意志品质。自我调控能力的强弱，主要取决于个体的认识水平和情感体验。听力障碍儿童由于认识水平的局限，加之他们的自尊有着盲目性和脆弱性的弱点，对形成良好的自我调控能力极为不利。他们不善于控制自己的情绪，往往表现出固执、任性和冲动，或者懦弱、畏缩、自暴自弃。

(六)抱负水平不高

抱负水平是指人们对自己所能达到的成就目标的估计。抱负水平的建立,由两个因素决定,①根据个人以往成败经验对自我能力所作的实际估计;②个人的成就动机,既干就干好,胜过他人。听力障碍儿童由于知识水平的限制,再加上学习过程中自尊容易受到挫伤,甚至产生了自卑心理,他们的抱负水平一般较低。

二、听力障碍儿童自我意识的培养

听力障碍儿童自我意识的上述特点严重影响到他们的学习态度和效果,影响到教育的质量,这是一个值得广大聋教育工作者高度重视的问题。自尊心是解决这一问题的关键。自尊心基于自我认识而产生,又能促进自我认识的不断提高,同时它也是增进自我约束、提高自制力的内部动力。因此,只要我们抓住了这只"牛鼻子",一方面引导学生正确认识自己,树立自尊;另一方面帮助他们克服自尊的盲目性,预防其自尊脆弱性的发生,提高其自我意识的难题就能迎刃而解。我们不妨从以下几个方面着手。

(一)强化自尊心,防止产生自卑感

1. **肯定学生的每一个细小的进步** 特殊教育的特殊性之一体现在评价方式上不同于普通教育,它不是以学生在班级中的名次为依据,即主要不应以学生与其他学生做横向比较为依据,而是以自己的进步幅度为标准,用自己的今天和自己的昨天相比,这就要求教师必须尊重每个学生的个性,维护他们的自尊。要善于发现学生的优点,及时鼓励他们每一个细小的进步。同时还要引导他们发现自己的优点和进步,让他们体验成功的喜悦。即使是一个屡犯错误或学习很差的学生,只要他做了一件好事或有了一点点进步,老师也应该及时地给予肯定和表扬,这样他的自尊心就会得以强化,以后他便会更加自尊自爱,反之则会自暴自弃。

2. **要对学生充满信心** 教师采取积极的态度对听力障碍儿童自我意识的发展将产生良好的影响。如果教师对学生充满信心,那么学生一定能取得好成绩,产生"皮格马利翁效应"。他们是有一定潜能的,教师的任务是使他们的潜能得到最大限度的发挥。相反,如果教师对学生估计过低,则会挫伤他们的自尊心,导致他们进步缓慢。

案例分享

3. **引导学生正确认识自己的缺陷** 教育他们自尊、自信、自强、自立。首先,教师要引导学生逐步认识到缺陷是可以补偿的。某些适合他们的特殊课程和教学,如看话等,可以补偿他们认识活动中的某些缺陷,使他们朝着听力正常同龄儿童发

展方向，最大限度地接近或赶上听力正常同龄儿童的发展。其次，教师要用典型生动的事例，如著名盲聋女作家海伦·凯勒的故事等，激发他们自尊、自信、自强。美国聋教育界很提倡发挥成功的成年聋人对聋童的榜样作用就是这个道理。

（二）培养自知之明，克服自尊的盲目性

1. **正确认识个人与集体的关系** 教师要有意识地开展多种活动，如外出参观、做游戏等，开阔学生的视野，丰富他们的生活经验，让他们在五彩缤纷的大千世界和复杂变幻的社会现实面前认识到个人力量的局限，正确认识个人在集体、社会中的位置和作用。

2. **取人之长，补己之短** 在各种活动中，教师还要引导学生多看别人的优点和长处，多想自己的缺点和不足，从而懂得“寸有所长，尺有所短”的道理，让他们在学习和生活中互相学习，取长补短。

3. **激发学生不断进取** 在学习和生活中，听力障碍儿童往往因为取得一点小小的成绩而沾沾自喜，容易产生自满和骄傲情绪。教师要在肯定学生成绩的同时，鼓励他们不断进取，使他们懂得“欲穷千里目，更上一层楼”的道理，从而树立较高层次的人生理想。

（三）提高语言能力，增加交往机会

语言是自我意识产生的基础，语言能力差是听力障碍儿童自我意识产生晚、水平低的主要原因。因此聋校教师必须积极地为学生创造语言实践的机会，形成和发展学生的语言能力，为提高学生自我意识水平打下坚实的基础。因为通过语言实践，一方面使听力障碍学生与正常人交往的机会增多，丰富了学生的生活阅历，文化知识水平、抽象思维水平也逐步得到提高；另一方面听力障碍学生的语言能力不断得到提高，使之与听力正常人的交往更加方便、自如；这将使他们的自尊心大大地增强，从而使他们对自己做出新的认识、新的评价，自我意识便得到新的发展。

（四）营造有利于听力障碍儿童自我意识培养的社会生态环境

社会对听力障碍儿童的偏见也是挫伤他们自尊心、形成自卑感的重要原因。如果这一外部大环境不加以改善，学生就只能“躲”在校园里“自尊自爱”了。因此，除了政府教育、宣传部门必须大力宣传，呼吁全社会端正认识，形成正确的社会舆论外，提高全民素质，尽可能让更多健听人了解聋人也很重要。因为偏见常常是出自互不了解。一位聋人大学生对此很有感触，她这样描述自己的经历。“我和一个健全人初次见面，他总是显得很迟疑的样子，犹豫了半天终于问：‘我说话你能听

懂吗?’一句话,将我原来的热情一扫而光。”“类似的故事,不断在我身上重演,使我深感当今社会对聋人还有一种偏见。”①可见良好的社会生态环境是形成听力障碍者正确的自我意识的重要条件。下面的观点是特殊教育学者一向十分强调的:“障碍的严重性固然与伤残或缺陷有关,不过障碍也决定于个人对此等缺陷的接受程度、抱负水准和生活目标,同时也因环境的接受程度而异。”(徐享良,1997)②

第二节　听力障碍儿童的个性倾向

一、听力障碍儿童的个性倾向

(一)听力障碍儿童的需要

听力障碍儿童的需要在其入学后在广度、深度上都有了新的发展,具体表现在以下几个方面。

1. **由个体需要向社会需要的发展**　听力障碍儿童入学前主要生活在家庭这一狭小的甚至是封闭的环境下,缺乏与外部世界的联系。这时他们的需要主要是对于饥、渴等生理方面的以及对自身安全及母爱的需要,从其性质来说,基本上属于维持个体生命安全及基本情感等方面的个体需要,其需要的社会性成分尚未得到充分的展现。而当他们入学以后,首先,他们生活的环境发生了变化,出现了新的人际关系。他们离开了父母来到学校,成为一个班级的一员,与他产生联系的不再是父母兄弟,而是老师同学。其次,他们生活的内容也发生了重大的变化,学习成为他们生活中最重要的内容。这一新环境具有更多的社会性,他们的需要在新环境的刺激下有了新的发展,除了个体需要之外,老师的关怀、同学的友爱,对知识的渴求以及对班集体荣誉的需要等,所有这些具有鲜明社会意义的内容都成为他们需要的新内容。

2. **由物质需要向精神需要的发展**　随着生活环境和生活内容的改变,在听力障碍儿童的各种需要中,物质需要的比重逐渐下降,而对于精神方面的需要则逐步发展并占有越来越重要的地位。他们不再以食饱为满足,开始有了新的生活目标。他们努力学习,积极上进;他们意识到建立新型人际关系的重要性,他们渴望老师

---

① 周婷婷:《聋人如何适应主流社会》,《大众心理学》,2001 年第 1 期。

② 王文科:《特殊教育导论》,心理出版社,1997 年版,第 9 页。

的爱与关怀，他们需要同学的友爱和帮助，他们也希望得到社会的理解和支持；价值观也在逐渐形成，他们渴望老师的表扬、同学的认可，他们希望得到锻炼和施展才华的机会；到高年级，他们把为社会做贡献，成为自食其力、身残志坚的劳动者作为自己的人生需要。

3. **好奇心的发展** 听力障碍儿童的好奇心在入学后也得到了发展。好奇心是人类探究世界、了解世界的内部倾向性和动力。一方面它与个体的气质、智力、感官优势、知识经验等密切相关，另一方面它又与客观刺激物的特点有关。

4. **求知欲的发展** 随着听力障碍儿童社会性需要、精神需要和好奇心的逐步发展，学习在他们生活中所占的比重越来越大，他们愈来愈意识到自己知识的贫乏和掌握知识的重要性。到中高年级，对知识的追求成为他们主要的需要。这时他们不再需要老师强迫性地布置作业，也不需要老师特地表扬，而能够主动地、自觉地学习，特别是对自己感兴趣的科目或内容更是如此。但是，他们的这种主动性和自觉性仍不稳定，当他们在学习过程中遇到困难、挫折和失败时，往往容易产生动摇。因此教师必须了解学生的实际情况，积极引导，及时鼓励，增强他们知难而进的勇气。

案例分享

（二）听力障碍儿童的学习兴趣

在学校教育条件下，听力障碍儿童的学习兴趣较之刚入学时的那种原始而未分化的、狭窄而低效能的兴趣有了长足的发展，表现出下面几个特点。

1. **游戏在其学习兴趣的发展中起着重要的作用** 目前我国多数听力障碍儿童缺少学前教育，听力正常儿童由学龄前期向学龄期过渡转化的任务，他们只能在入学初来完成了。游戏这一具体、形象、生动、活泼的过渡教学手段，对于低年级学生有着极大的吸引力。即使到中高年级，学生仍希望老师的教学活动中带有一定的游戏成分，如直观演示、角色扮演等。游戏成分的作用：①它使学生对其生动活泼的形式产生好奇；②引导好奇心的进一步发展，使学生对游戏内容产生浓厚兴趣；③引导兴趣的进一步发展，使学生实现由游戏向学习的过渡，对于学习内容产生强烈的兴趣。这样，通过游戏或教学中的游戏成分，便逐渐将学生的好奇心引导、发展成为学习兴趣。由此可见，游戏的作用是不可低估的。

2. **由外部活动向学习内容的发展** 刚入学时，听力障碍儿童对学习的兴趣不在于学习内容，而在于学习活动和学习过程本身。因为对他们来说，学校的学习生活的任何形式都是新奇的，如班级的组织形式、课堂的组织形式以及读书、写字、游戏等。在教师正确的教育影响下，学生开始对学习的内容发生了兴趣，这时他们不仅想要识字. 而且要求了解课文的内容；不仅要计算，而且想理解和运用解题的方法。这样,学习的兴趣就向前发展了一大步。

3. **学习兴趣开始出现分化** 听力障碍儿童的学习兴趣最初是不分化的,缺少明显的倾向性。他们对读、写、算、画等活动大体上有着同样的兴趣。在整个低年级阶段,作为个人独特爱好的分化性的学科兴趣一般还没有出现。中年级学生可能对所学课程表现出爱好上的差异,但这在很大程度上取决于学习成绩的好坏。很多学生由于学习成绩良好,就体验着一种愉快的情感。反之,有些学生因学习成绩不好而体验着一种痛苦的情感,因而就影响着他们对学科的兴趣。因此,这时的学习兴趣是不稳定的、容易变化的,还不能看作是兴趣的分化。到高年级,随着学生知识、能力的发展,特别是教师的影响,对学科本身初步的分化性的兴趣才开始产生。如偏爱学美术、手工、舞蹈,或偏爱于算术、语文等。应该指出,听力障碍儿童的兴趣虽有了一定的发展,但是在兴趣的广度、深度、效能等方面,特别是对抽象材料的学习兴趣,还有待于进一步发展。

(三)听力障碍儿童的学习动机

学习动机是直接推动学生进行学习活动的内部动力,它是在学生学习需要的基础上产生的。我们可以通过听力障碍儿童学习活动的外部表现来推知他们的学习动机。例如,可以通过阅读学生的作品(作业、作文、日记等),或通过与学生谈话,或通过观察他们学习时的情绪状态、克服困难的意志力、学习成绩等方面,并将其综合起来进行考察,就能了解到听力障碍儿童学习动机的基本情况。

听力障碍儿童的学习动机

(四)听力障碍儿童的理想

理想在心理现象的分类中属于想象的一种,属于积极的幻想。定义为“凡是符合事物发展规律经过努力可以实现的幻想,称为积极幻想,即理想”。

理想的形成与个体的知识经验、环境熏陶及经常性的情感体验密切相关。听力障碍儿童的理想是在学校教育条件下形成的,它经历了一个从无到有、由低级到高级、从具体到概括的过程。入学前他们的生活经历社会性成分较少,不可能形成较高层次的理想。入学后,他们所学的知识、接受的教育以及那种充满着平等、友爱的环境,有利于他们理想的形成。低中年级听力障碍儿童的理想往往脱离实际,到高年级,随着知识经验不断积累,他们的理想能较切实际地反映现实生活。

案例分享

二、引导学生发展积极的个性倾向

从上面分析中可以看出,听力障碍儿童的个性倾向性在需要、兴趣、动机和理想等方面的发展尚不成熟,有待进一步提高。为此在教育过程中,应当积极引导,为学生的个性发展创造有利条件。建议从以下几个方面开展工作。

(一)丰富学生生活,激励学生需要

需要是在活动中不断产生和发展的。听力障碍儿童入学前的需要之所以单调、贫乏,就是因为他们的活动范围狭窄,活动的内容单调,因而不能刺激新的需要产生。入学以后,生活环境和内容都发生了巨大的变化,新的环境、新的活动刺激了他们新的需要,于是他们的需要就向前发展了一大步。因此,必须抓住这一转机,最大可能地、充分地发展他们的需要。一方面要丰富校园生活,使他们的学习生活丰富多彩、生动活泼;另一方面有意识、有计划地组织学生走出校门,直接接触社会实际。只有这样,学生的需要才能充分发展起来,才能与整个社会的发展相协调,而不致使个人的需要脱离社会现实。特教界越来越反对将学生长期禁锢在学校狭小的天地里,与主流社会隔离开来。因为那样势必会使学生孤陋寡闻,见识短浅,他们的需要也就不可能得到充分的发展。

(二)积极引导,培养学生学习兴趣

1. **充分利用学生的好奇心** 通过直观、形象、生动、活泼的教学形式,如游戏、角色扮演、直观演示、现场操作等,吸引学生的注意力和好奇心,使学生对学习活动产生兴趣。

2. **激发学生的求知欲** 在好奇心的驱使下,学生不仅令对学习活动的形式产生兴趣,而且也开始对学习内容发生兴趣。如他们不仅想要识字而且想读故事。因此,教师要及时地鼓励学生的好奇心,向他们提出一些新颖的、有一定难度的问题,引导他们开动脑筋、独立思考,进一步激发他们的求知欲。

3. **用连续的、积极的刺激强化学生的学习兴趣** 听力障碍儿童的兴趣往往不稳定、容易变化,这在很大程度上是受学习成绩好坏的影响。因此,在教学过程中对他们所取得的成绩教师必须适时地予以评价,并设法使他们能有获得良好成绩的机会,以保持和强化他们已形成的学习兴趣。

4. **引导分化性兴趣的发展** 分化性兴趣是开发学生潜力、形成特长的重要心理条件,教师对学生分化性兴趣的产生起着重要的作用。教师要了解学生的情况,及时地发现学生分化性兴趣的初步表现,给予富有针对性的指导,从而引导其学习兴趣进一步的深化。

(三)明确学习目的,激发学习动机

培养和激发学生的学习动机,就是把社会和学校提出的客观要求和期望变为

学生自己的内在学习需要,并把这种学习需要调动起来以提高学习的积极性。

1. 明确学习的目的性和社会意义 这是学习过程中极为重要的一环。对听力障碍儿童进行学习目的性教育,要采用适合他们心理特点的方式,如看电影、参观、主题班会、团队活动等;要避免空洞的说教,把学习目的和生活目的教育有机结合起来,使他们正确认识学习的社会意义,认识到学习对他们自强、自立、平等参与社会生活的重要性,从而提高学习的自觉性。

2. 利用学习动机的迁移 在他们学习目的尚不明确、缺乏学习动力的情况下,教师可以把他们对游戏或实际操作等活动的原有动机和当前的学习联系起来,因势利导地把这些活动动机迁移到学习上来。特别是对那些学习成绩落后的学生,他们可能由于对学习的目的认识不足,或是基础差、学习能力不强等,因而学习的积极性不高。但他们也有各自的优点或特点,如有的劳动积极,有的爱好文艺,有的有体育专长等。有经验的教师善于充分发挥他们的长处,帮助他们总结经验,并逐步向他们提出学习上的要求,有计划、有步骤地把学生的活动动机迁移到学习上来。这种做法在听力障碍儿童身上更具有可行性和有效性。

3. 激发学习动机 要使学生已经形成的学习动机由潜伏状态转入实际上起作用的活跃状态,还必须利用一定的诱因,采取相应的措施进行激发。学习动机的激发是在学习过程中进行的。它主要依赖于教师的教学内容、教学方法以及对教学活动的组织。教师应讲究教学内容的实用性、适切性和直观生动性,教学方法的多样性、新颖性,创设一定的情景,启发学生积极思维,也可以适当地开展一些学习竞赛,激发学生的学习动机。如能采取个别化教学,对激发学习动机更为有效。

(四)高瞻远瞩,树立理想

应有计划、有步骤地对听力障碍儿童进行理想教育,切记空洞的说教,在内容上、形式上都必须符合他们的知识水平和心理特点。在内容上,应切合学生实际,具有鲜明的针对性,通过解剖典型事例,看清纷繁复杂的社会现象的本质和主流;要循序渐进,不能急于求成;在形式上,则要具体、形象、生动、活泼。理想教育不是立竿见影的事情,教师必须持之以恒,把理想教育落实到教育教学的每一个环节上。此外,对他们进行理想教育,还应注意身教重于言教,让学生在耳濡目染和潜移默化中受到教育。

第三节　听力障碍儿童的个性特征

一、听力障碍儿童的个性特征

（一）听力障碍儿童的能力

能力、性格和气质都是一个人的个性特征，它们都会影响到人的活动效率，但只有能力能直接影响人的活动效率，并是使活动的任务得以顺利完成的最必需的个性心理特征。

对能力有多种分类，最一般的分法是把能力分为一般能力和特殊能力。一般能力是指在各种活动中都有表现并为各种活动所必备的能力。特殊能力是指某种活动所需要的专门能力。这两类能力在一个人身上不是互相独立的，任何一种活动的顺利进行，都需要以一般能力和特殊能力的完美结合为条件。另外，在谈论能力时，必然会涉及“智力”这个概念。智力属于能力范畴，是指个体认识方面的各种能力的综合。因此，智力与能力并没有实质的区别。下面我们就依照心理学界的这一理解来阐释听力障碍儿童的能力问题。

听力障碍儿童入学后，随着学习活动的日益扩展，个体知识经验的不断丰富，他们的能力无论在量的方面还是在质的方面，较之入学前都有了显著的发展。

1. 适应环境能力的发展　早期有关智力的定义中，大都包含了对环境的适应，这一点现在也是心理学家的共识：各类残疾儿童的成长都必须有社会适应的要求。因此，这里首先来考察听力障碍儿童适应环境能力的发展。

2. 学习能力的发展　听力障碍儿童在整个学习期间，其学业成就低下已是不争的事实。至于低的程度，“大致说来，平均要比同年龄的普通儿童低三到四个年级不等。”①以前，我国聋校的学制，曾经规定八年读完普通小学六年的课程，也是大体估算到听力障碍学生的学力要比健听学生低两个年级。

我国学者银春铭用“学习接受能力”这一概念对听力障碍儿童所作的评价为：“我国大陆聋校实行九年义务教育，在文化知识方面的目标是达到小学毕业的水平。实践证明，就是这样一个不算高的目标，绝大部分聋生都达不到。主要的原因

① 王文科：《特殊教育导论》，（台）心理出版社，1997 年再版，第 120 页。

就在于听障学生的学习接受能力差、学习速度慢、学习效果不佳。”①

国外有人采用标准化的成就测验，所得结果也显示了聋生学习能力不强：18岁的聋生可能具有四五年级学生的阅读能力、具有七年级学生的数学计算能力（Moores&Moores，1988）。

3. 语言能力的发展 语言能力的发展是听力障碍儿童能力发展的又一重要标志。大多数听力障碍儿童在入学前没有任何有声语言的知识和沟通能力，他们仅会一些简单的手势，根本无法与听力正常人进行交往。入学以后，经过老师的教育，他们的语言能力有了明显的提高，具体地说在书面语和口语方面都有了较大的提高，其中书面语尤为显著。这使他们一方面能与听力正常人进行交往，沟通思想，交流感情；另一方面能够进一步自学，获得新的知识和技能，促进社会化的进程。早期语言训练对发展听力障碍儿童的语言能力至关重要，应力求做到早发现、早治疗、早教育，逐步运用现代化教学设备和手段对他们实施语言训练，尽可能多地为他们提供和创造语言实践的机会，他们的语言能力将会提高得更快。

4. 特殊能力的发展 一说起特殊能力，人们就立即会想到，一是特殊能力属于某一种专门能力；二是这种专门能力应是比较高超的，而非平凡的。如果一个人能随手画几笔，我们不会认为他具有绘画能力。所以说，特殊能力必定是某种高超的专门能力。因此，说到听力障碍儿童特殊能力的发展，在许多人看来是不可能的，但事实证明，这种看法是不正确的。听力障碍儿童同样能够发展特殊能力，只不过这种发展过程更为艰辛，需付出更多的心血和汗水。此外，听力障碍儿童特殊能力的发展有其局限性，表现在两个方面，一是他们中具有特殊能力的人的比例较正常儿童要低，这主要还是受他们语言能力的限制；二是他们的特殊才能的发展领域比正常儿童要窄，他们成才的领域一般是绘画、工艺美术、造型艺术及操作技能等。随着社会的发展，他们成才的领域也逐渐在扩大。例如，在西方一些发达国家中，听力残疾者也能成为企业家、电脑专家、电气工程师等。

诚然，从总体上看，在现有的教育条件下，听力障碍儿童的能力发展水平还较低，有待进一步提高，但他们能力发展的可能性和前景是不可限量的。这既给我们留下了探索的课题，又给有志探索者留下了施展才华的用武之地。

（二）听力障碍儿童的性格

性格是一种很复杂的心理现象，研究手段又欠完善，因而研究成果很受限制，由此做出的理论说明就难以统一。就连“性格”这个名词，在含义上也远非单一。

---

① 汤盛钦：《特殊教育概论》，上海教育出版社，1998年版，第248页。

如有在“性格”一词后用括号注上人格、个性,并用 personality 与之对应,表明三个术语是同一概念;也有对“个性”一词做这样的说明:“有时它也用作人格的同义语。如果作深入的分析,个性与人格应该有所区别”,并用 individuality 与“个性”对应;用 personality 与“人格”对应。① 还有人认为:“不少心理学家实际上把性格视同个性。”②列举以上的观点,目的在于明确我们的论述处在何种理论背景下。

按照中国心理学家的定义:性格表现为人对现实的稳定态度和与之相应的习以为常的行为方式的个性特征。对性格的了解,一方面可以对性格特征进行分析(分解);另一方面可以从性格特征在人身上的独特结合所构成的性格类型这两方面入手。可是,当前我们对听力障碍儿童性格的了解,还达不到这一程度。从研究手段来看,“在总体上还停留在以观察为基础的经验性描述上。”③不仅对听力障碍儿童如此,对健听儿童大都也在这一水平上。“为教师者对学生性格的了解,都是经由对学生外显行为的观察所见,从而推知学生性格的。”④因此,在这里只能讲道有关听力障碍儿童性格特征的局部问题,并侧重来自教学实践中教师们的总结。

一般讨论儿童性格的问题,总以“发展”为线索,考察其在不同年龄阶段的表现。我们的论述仅以听力障碍儿童入学做端点,大体到青年初期(十四五至十八岁)结束。

1. 对集体态度的发展 人对集体的态度是人对现实的态度中极为重要的方面。这方面的性格特征决定着人对其他事物的态度。初入学的听力障碍儿童相互之间的关系还不具有“集体”的性质,而常常是由一些偶然因素决定的,例如坐同一个课桌,住同一个宿舍等。一般说来,刚入学的听力障碍儿童相聚在一起只是为班集体的形成奠定了初步的基础,班集体仅是他们认识交往、展开共同活动的一个圈子而已。在教师的影响和引导下,到中年级逐渐形成了以教师为中心的集体,但此时学生的集体意识还不强。他们虽能积极参加班集体活动,有时甚至为班级、小组争光而付出很大的力气,但他们还是缺乏一种自觉性。他们还不能自觉地、主动地提出集体的共同任务并组织起来实现这一任务。只有到了高年级,自觉的、有组织的班集体才真正形成,他们开始意识到班集体是大家共同生活、学习的场所,个人言行的好坏会影响到集体的荣誉,因而他们不仅自己能自觉参加班级活动,而且还注意帮助他人。同时他们也不再时时处处依赖教师、事事完全以教师的评价为

① 荆其诚:《简明心理学百科全书》,湖南教育出版社,1991 年版,第 153 页。
② 郭亨杰:《心理学教程》,南京师范大学出版社,1995 年版,第 226 页。
③ 王甦:《中国心理科学》,吉林教育出版社,1997 年版,第 846 页。
④ 张春兴:《教育心理学》,浙江教育出版社,1998 年版,第 393 页。

转移。一部分学生还能将这种集体意识扩大到更大的范围,如学校、国家等。

2. 性格的情绪特征 情绪特征中最突出的是情绪的稳定性。考察一个人的情绪成熟度与效能,侧重看其情绪的稳定性。

听力障碍儿童由于知识经验的贫乏,对事物的认识肤浅,情感体验不深,在性格上表现出易受暗示、易改变主张,缺乏情绪的稳定性。当然这种特点并非听力障碍儿童天生就具有的,实际上这正是他们在其独特的生活环境(缺乏语言交流)影响下形成的。入学后,随着知识经验的丰富、语言能力的提高,他们对事物的认识和情感体验都在逐步加深,从而逐步克服其性格中依赖和易变的一面;到高年级,开始形成自己较为稳定而独立的性格。

3. 性格的意志特征 如果说听力障碍儿童知识经验的贫乏,导致了其性格情绪特征方面的易受暗示性、易变性的话,那么在性格的意志特征方面则表现为盲目、冒失和执拗。随着年级的增高,他们性格中的盲目、冒失和执拗的成分在逐渐减少,或者说受到了一定程度的抑制,取而代之的是更为自觉的、理智的行为,这正是他们性格的意志特征在自觉性上的发展。一般地说,到高年级,他们变得较为沉着,甚至老练而有主见。

4. 性格的不定型性 在校期间,听力障碍儿童的性格还处在未定型的阶段。他们的生活阅历浅,还没有形成对现实的稳固的态度和习惯性的行为方式。他们的模仿性和受暗示性还很强,因而无论好事还是坏事都可能对他们产生影响,具有很大的可塑性。这一特点,大致可延续到青年初期,甚至相随终生。从这一层意义上看,也许听力障碍者的缺乏主见(不定型性),可看作是一种“群体性”的特征。一些成年聋人在某些场合下的行为表现就让人做出这种“认定”。有些聋教育工作者在遇到这种情形时,不无感慨地说:“聋人到底还是聋人。”

当然,在多大比例上代表了“群体性”,需要做若干更细化的标准化测验方能给出较确定的量化值。

(三)听力障碍儿童的气质

在人的个性特征中,气质是个体心理活动的动力特征。所谓动力特征是指心理活动产生的快慢(速度)、进行的强弱(强度)、表现的隐显(指向性)以及转换的难易(灵活性)。

听力障碍儿童的气质特点是他们个性中很突出的一个特点。因为这方面的特点较为显露,所以许多对听力障碍儿童个性特征的描述都是有关气质方面的。如有一处关于听力障碍儿童个性特征的描述,总共不过50个字,其中有20多个字用于描写他们的气质特点:“他们的感情明显、强烈,感情外露而直接、易产生爆发性的冲突事件。”①那么听力障碍儿童是否具有某些有别于健听儿童的气质特点呢?我们不妨先来看一下目前一些研究者的论述。海外有的研究者认为,聋童因为不会说话,在生活上发生矛盾与乏味的感触,精神苦闷,无以发泄,所以待人礼貌方面往往不周。又因缺乏判断力,如有人在说笑,他便猜疑在讥笑他,因此常有误会及暴躁行为。② 日本的大桥正夫则认为:“听力障碍儿童在思维交流上有困难,社会经验狭窄。因此,他们在社会的、情绪的各个侧面的行为特征,……主要表现为畏首畏尾,过分盲从等。”③台湾学者何华国也认为:“如果学生无法听,他的人格与行为问题便可能随之而生。他可能为追求补偿而显得特别浮动。有的学生也会经常表现退缩、固执或害羞的行为。”④“我国一些从事聋教育工作的学者也有类似的描述。如有人认为,聋童生活圈子窄,所以养成孤僻、自高自大或自卑、性情急躁、主观片面、猜疑心重、自私等。”⑤以上这些论述显然已不限于气质范围。但我们可以从中看到气质对一个人的整个个性所染上的浓重色彩。

二、听力障碍儿童个性特征的塑造

个性总是一定的时代、社会环境的产物。听力障碍儿童的个性的时代性和社会性,主要是通过学校教育而赋予的,他们的个性还处在未定型的阶段,具有极大的可塑性。我们应不失时机地培养和发展他们的优良个性,既要统一要求,体现时代和社会的期望,又要因材施教,体现鲜明而独特的个人特色。

(一)抓住关键,协调发展

1. **切实提高语言能力** 就听力障碍儿童的发展,台湾学者林宝贵讲过一段很深刻的话:“要解决听觉障碍者的问题,最根本的方法就是要为他们解决语言沟通的问题。语言沟通的问题解决了,其他的教育问题、学力问题、情绪问题、社会适应问题、就业问题等自然迎刃而解。”⑥语言能力自然也是听力障碍儿童个性发展的关键。它不仅影响着他们的认知活动,而且还影响到他们的情感和意志过程。它制约着他们各种能力的发展。例如只有语言能力发展了,他们的抽象思维能力才能发展起来,他们的想象也才能“插上翅膀”;如果语言能力不提高,他们的观察就

① 奚从清:《残疾人工作概论》,杭州大学出版社,1990 年版,第 49 页。
② 费海瑾:《特殊儿童教育》,(台)正中书局,1977 年版,第 59 页。
③ 中国教育学会特殊教育研究会筹备组编:《特殊教育资料选编》第 2 辑,第 107 页。
④ 何华国:《特殊教育》,(台)五南图书出版公司,1982 年版,第 51 页。
⑤ 朴永馨:《聋童教育概论》,安徽教育出版社,1992 年版,第 59 页。
⑥ 林宝贵:《听觉障碍教育与扶健》,(台)五南图书出版公司,1994 年版,第 141 页。

克服不了孤立、片面和盲目的毛病，他们的记忆也就无法避免“记得慢、忘得快”的弱点。同样，语言能力也影响着他们的情感、意志的发展。没有语言能力，道德理论的情感体验就成为无源之水；没有语言能力，自觉、果断而坚定的意志行动就只能是“空中楼阁”。因此，要发展听力障碍儿童的个性，首先就得解决语言这一特殊而又关键的问题。

2. **培养学生良好的道德品质** 个性结构中最能够鲜明地表现个性、代表个性的部分是性格，而道德品质是性格结构中态度特征的主要成分。因此，要发展听力障碍儿童的个性，对学生道德品质的培养十分重要。抓住这一点，不仅可以带动性格的其他方面的发展，而且能强有力地促进个性的其他方面，如能力、气质、兴趣等方面的发展。相反，忽视思想品质的教育，则会使学生放松思想要求，容易受到社会上一些不良倾向和思潮的影响，而且也易使学生形成很不正确的学习态度，从而在某种程度上影响学生个性的发展。

（二）扬长避短，因势利导

听力障碍儿童的个性差异在气质、能力、性格方面都能表现出来，但每个学生都有自己的长处和短处。因此，教师应当经常地、详细而全面地了解学生的个性差异，分析成因，区别对待，提出适合每个学生特点的要求，有的放矢地发展学生的个性。在能力发展方面，教师应注意以下三点：

①面向全体。教师必须把发展全体学生的能力放在首位，培养他们的基本生活能力、学习能力和社会适应能力。如生活自理能力、观察力、注意力、记忆力、想象力、思维能力、语言交际能力等。②抓好两头。教师要针对学生能力发展水平的差异，加强个别指导，既给尖子“开小灶”，促其发展；也让差生走小步，循序渐进。教师绝不能歧视、冷落差生，而应深入研究他们的实际情况，对症下药，耐心辅导，及时鼓励。③创造条件，发展专长。教师应特别注意从学生身上挖掘有利因素，寻找和发现他们特殊的兴趣和爱好，选择适合其能力发展的最佳途径和方法，充分发挥和发展他们的专长。

在性格培养方面，教师既要坚持原则，又要针对学生的性格特点，灵活机智地采取适当的方法，因势利导，克服学生不良的性格，健全其良好的性格。

（三）广辟渠道，综合培养

案例分享

个性是在个体的实践活动中形成的，因此，我们必须广辟渠道，通过各种各样的活动来培养和发展听力障碍儿童的个性。

能力主要是在教学活动中培养起来的，因此教师必须充分利用教学过程中的每一个环节、每一条渠道,综合地发展学生的能力。首先,要将能力的培养贯穿于课堂教学的感知教材、理解教材、知识巩固相知识运用的各个环节中。教师应克服“满堂灌”“死记硬背”等做法,注意直观形象,质疑问难,启发思维,调动学生多种感官参与学习活动等。其次,应将课堂教学、课外活动和校外活动有机结合起来。如果一所学校囿于课堂教学,学生的能力就不可能得到充分地发展,听力障碍儿童尤其如此。因此,教师应根据不同年级学生的实际,有意识、有计划地开展形式多样、生动活泼的课外或校外活动,以促进学生增长知识、开阔视野和提高能力。如各种游戏和竞赛活动、兴趣小组、电影、电视、春游、秋游、参观、文艺会演、书画展览等等。

性格主要是在学校集体活动和学生生活中培养起来的。通过集体力量培养学生优良的性格、医治不良的行为,是最重要最有效的教育途径和手段。当然,教师是集体的核心,在集体的形成中起着极为重要的作用。为此,教师(尤其是班主任)除了为人师表、以身作则外,还要做好以下工作:制订合理的集体活动计划,及时地向学生提出明确的要求、目标和任务,抓住苗头,因势利导,果断有力,合理公正;培养一支学生信赖的、有能力、品质好的学生干部队伍;经常开展丰富多彩、切实有效的班队活动;制定合理的班级制度;引导良好的班级舆论导向,形成文明进取的班风。良好的班集体的标志是:共同的奋斗目标,正确的集体舆论,坚强的领导骨干,严格的组织纪律,相互团结的集体气氛。这样的集体一旦形成,它不仅使学生在耳濡目染中形成许多良好的性格品质,如义务感、责任感、荣誉感、纪律性、互相谦让以及活泼开朗、坦率真诚等,而且也发展了学生彼此相容的各种个人独特的性格特征。这样能使性格的培养达到事半功倍的效果。

当然,学校教育不是万能的。学生除了在学校生活学习外,还有自己的家庭和社会生活因素,这远比学校环境复杂。听力障碍儿童的性格尚未定型,很容易受其中的不良因素的冲击和感染。因此,要培养学生健康而稳定的性格,就必须将学校、家庭、社会三方面的教育力量统一起来。

【思考题】

1. 应该用什么样的基本观点来看待“听力障碍儿童的个性”问题?
2. 听力障碍儿童的自我意识有哪些特点?并用自己收集的例子说明。
3. 你对“聋人除了不能听,什么都能做”这句话怎样评价?
4. 你对营造有利于听力障碍儿童自我意识培养的社会生态环境有何建议?
5. 尽可能多地列举听力障碍儿童性格上的优点和弱点。

第五章

听力障碍儿童的品德心理

【本章提要】

作为儿童群体中的一部分,听力障碍儿童在品德形成方面有着与听力正常儿童相同的规律。然而,听力受损又使得听力障碍儿童与听力正常儿童有所区别,会在品德形成及德育工作方面出现一些带有特殊性的问题。

品德的心理结构包含道德认知、道德情感、道德意志和道德行为。

道德认识是从道德知识的掌握开始,通过道德信念的树立和道德评价能力的发展和提高逐渐形成的。

道德知识的掌握是听力障碍儿童良好品德形成过程的重要基础和前提。

听力障碍儿童会因“意义障碍”的产生,影响对道德知识的掌握和理解。听力障碍儿童的道德信念不稳定,道德评价更加注重行为的结果而忽视行为的动机。听力障碍儿童的道德感与听力正常儿童一样有三种表现形式:直觉性的道德感、具体、形象的道德感和理性的道德感。受道德认识特点的制约,听力障碍儿童的道德感在表现形式上的突出特点是,比较多地以直觉的情感体验和与具体的道德形象相联系的情感体验两种形式表现出来,而建立在理性基础上的道德情感发展速度相对缓慢。

听力障碍儿童道德意志表现出的几个特点:道德意志的自觉性、自制性、坚持性比较差。

听力障碍儿童道德行为表现出的两个明显特点:行为与已掌握到的知识相脱节;行为冲动,缺乏理智。这是与他们的道德认识和道德意志的发展程度相关的。

根据听力障碍儿童身心发展的规律和特点,在对他们进行品德培养时应注意:注重道德知识的传授;充分利用直观性原则,以形象生动的良好的道德典范感染听力障碍儿童;注重实践,加强听力障碍儿童道德情感的体验;提高道德评价能力与发展语言能力要双管齐下;以道德行为训练为突破口,使他们形成良好的道德行为习惯。

第一节　听力障碍儿童的品德形成

品德即道德品质,是人们根据一定的社会道德原则和规范的要求所表现出来的某些稳固的倾向和特征,是个性中具有道德评价意义的核心部分。

品德与道德是两个既有区别又有联系的概念。道德是人们在社会中应遵守的行为规范和准则的总和,是社会现象;而品德是社会道德的内容在个人身上的具体表现,是个体现象。离开了社会道德就无从谈个人品德。

品德的心理结构包括道德认识、道德情感、道德意志和道德行为四种心理成分,因此,一个人品德的形成,也就具体地表现在这四个方面。

听力障碍儿童作为儿童群体中的一部分,他们在品德的形成与发展方面有着与听力正常儿童相同的规律。然而,听力受损使得他们与听力正常儿童又有所区别,会在品德形成及德育工作方面产生一些带有特殊性的问题,这是我们研究听力障碍儿童品德心理的一个基本出发点。听力障碍会对他们品德心理的形成造成什么影响?这些影响会有哪些表现?如何针对听力障碍儿童身心发展的特点开展道德教育?这些都是听力障碍儿童教育学和心理学要认真研究的问题。

一、听力障碍儿童的道德认识

道德认识即道德观念,是人们对一定社会的道德行为准则及其意义的认识。一个人的道德认识是从掌握道德知识开始,并通过道德信念的树立、道德评价能力的发展和提高而逐渐形成的,它也是产生道德情感、道德意志和道德行为的前提。

(一)道德知识的掌握

听力障碍儿童道德知识的掌握

道德知识是指具体的道德内容,它包括一定社会道德规范、道德准则和道德要求及执行的意义。掌握道德知识是形成道德认识的重要环节之一,它又对一个人的行为有着重要的指导和约束作用。即一个人只有在知道应当怎样做及为什么这样做之后,才有可能产生相应的行为,并使之形成习惯。

（二）道德信念的形成

道德知识的掌握是形成道德认识的第一步。在听力障碍儿童掌握道德知识过程中，就应当要求他们将已掌握的道德知识转化为稳定的认识，进而成为他们自觉遵守的道德信念。换言之，当人们相信自己所掌握的道德知识是正确的并能将其作为个人行动的指南、自觉地指导自己的行动时，我们就可以说道德知识已经转化为道德信念。道德信念是人们行动的原则和指南，是在拥有道德知识的基础上进一步发展的结果，它能够使个人的行为符合社会道德要求，进而表现出坚定性和一致性。因此形成道德信念在人们道德品质形成过程中是很关键的环节。

听力障碍儿童道德信念形成的特点

（三）听力障碍儿童道德评价能力的发展

道德评价就是运用已有的道德知识对自己或别人发生的行为进行善恶、是非的分析和判断的过程。道德评价也称为道德判断，它是一种心智活动。经常地进行道德评价可以提高人们分析具体问题、确定合理行为的能力，可以帮助他们巩固与扩充道德经验，加深对道德知识及执行意义的理解，也可以促使人们将道德知识转化为组织个人合理的行为的力量。

正常儿童的道德评价能力是逐渐发展起来的。起初是模仿成人的道德评价，发展到自发的道德评价，但带有很大程度的片面性，常常是就事论事地进行表面的、肤浅的道德评价；随着他们道德知识的丰富，逐渐能够独立地、全面地、较为深刻地对行为进行道德评价。

听力障碍儿童道德评价能力发展的特点

二、听力障碍儿童的道德情感及其培养

（一）听力障碍儿童的道德情感

道德情感是一个人对自己或他人的行为是否符合道德要求时而产生的内心体验。它是在道德认识的基础上产生的。只有掌握了丰富的道德知识，才能够形成稳定的符合社会要求的道德信念，进而对自己或他人的行为做出正确的道德评价，在此基础上才能产生正确的道德情感，或满意、高兴，或憎恨、愤怒，或内疚、惭愧，反过来，正确道德情感的产生将有助于形成获得道德知识的极大兴趣并对之得以进一步深刻的理解，使道德认识得以丰富。总之，道德认识与道德情感是相互促进、相得益彰的。

听力障碍儿童的道德情感的表现形式

三、听力障碍儿童的道德意志及其培养

当道德认识及在此基础上产生的道德情感结合起来，成为一种内在动力去推

动人们产生符合道德规范的行为时，这种内在的动力就是道德动机。将道德动机与道德行为方式之间加以沟通，并付诸实现的心理因素就是道德意志。它是人们在行为过程中自觉地克服困难，产生道德行为时所表现出来的心理过程。因此它总是和人们在行动中克服内外困难、抵抗各种诱惑相联系的。

（一）听力障碍儿童的道德意志的特点

听力障碍儿童语言发展的不完善，使得他们的道德意志发展总的来说比较薄弱，主要表现在：

1. **道德意志的自觉性和自制性比较差** 听力障碍儿童在按照道德要求行动过程，对于环境中消极因素的影响及他人的诱惑，缺乏抵抗能力，极易受暗示而动摇，使得道德认识、道德信念对行为的控制、约束能力降低，这样他们常常会因此而放弃原则，丧失立场，而不能按道德要求采取行动。

2. **道德意志的坚持性差** 听力障碍儿童在按照道德要求行动过程中，对遇到的各种困难，由于克服的信心和勇气不足而容易出现动摇，改变起初的行为计划，或常常自我原谅，使道德行为的实现遇到障碍。对已有的道德行为缺乏韧性，不能坚持，表现出意志的脆弱性。

（二）听力障碍儿童道德意志的培养

针对听力障碍儿童道德意志发展过程中的特点，教师对他们进行思想品德教育时应采取一定的措施，采用有效的途径，对他们的道德意志进行培养和锻炼，使他们的行为在道德知识和良好的道德意志制约下，符合道德准则和道德要求。

1. **丰富道德知识，坚定听力障碍儿童的道德信念** 道德意志与道德信念之间有一定的内在联系。人们只有树立了稳固、正确的道德信念，这种道德信念就会指引人们在行动中自觉地抵抗各种诱惑和欲望，克服各种困难，实现道德行为。而道德信念的树立，又是以道德知识的获得以及进一步丰富为前提和基础的。由此可知，人们只有在掌握道德知识并对执行的意义有明确的认识和深刻的理解之后，产生的信念才是既正确又坚定，也不容易动摇。而在此基础上形成的道德意志及其品质才能对行为符合道德规范起有效的制约作用。

2. **为听力障碍儿童提供表率和榜样** 听力障碍儿童的思维是以具体形象思维为主，因此对他们进行道德意志的培养，应当充分利用他们思维的这一特点：教师传授道德知识应当借助直观具体的榜样和表率，帮助他们理解道德知识并深深印入他们的脑海。这样他们处在特定的、具体的环境中的时候，脑中的榜样、表率很自然地变成他们模仿的对象，从而增强他们克服困难的信心、勇气及抵抗各种诱惑的能力。

3. **从小事开始注重对他们严格要求，使他们形成良好的意志品质** 良好的意志品质不是与生俱来的，也并非一朝一夕形成的，而是在长期的生活实践中经过培养、教育和自身的努力而形成的。对于听力障碍儿童也不例外。因此聋校教师对他们道德意志的培养，应从生活小事入手，提出明确的目标并严格要求，在达到之后再提出较高的目标，循序渐进，逐步培养。这样可使他们为达到一系列的中间目标而始终保持足够的信心。每实现一个中间目标，就是向良好意志品质的形成前进了一步。而他们在小步子的教育训练中不断地看到自己的成绩，这也能进一步激发他们的信心和勇气。如果教师提出的目标，要求脱离听力障碍儿童的实际，好高骛远，经过长期努力而达不到，他们就会丧失信心，这不利于对听力障碍儿童道德意志的培养，甚至导致他们前功尽弃，半途而废。

四、听力障碍儿童的道德行为及其训练

（一）听力障碍儿童的道德行为及其特点

道德行为是指在道德动机驱使下，经过意志努力而做出的符合道德规范的行动。道德行为是一个人品德的具体体现，是一个人品德形成的客观标志。

听力障碍儿童在道德认识的形成和道德意志的发展过程中表现出的特点，必然会对他们的行为有一定有影响。

1. **道德认识与其指导下的行为之间常有脱节现象** 听力障碍儿童对道德知识掌握在很大程度上停留在具体、直观、形象的水平上，因此在此基础上形成的道德信念也很不稳固，已有的道德知识、道德信念对他们行为的约束力差。有的时候他们的行为符合道德知识和道德信念，而有些情况下他们的行为则违背之，出现脱节现象，当然这种脱节现象并非仅仅是由于他们对道德知识掌握得不深刻或道德信念尚未稳固形成所致。还因为他们的意志力薄弱，行为常常为某些诱惑所驱使，使得他们已有的道德知识、道德信念失去了对其行为的制约所致。

这种脱节现象在听力障碍儿童中存在比较普遍，但在不同的年龄阶段表现各有其特点。在低年级阶段，他们的行为简单，外露性强，脱节现象容易为教师所觉察，在教师正确引导下其行为也容易规范化。但这一年龄阶段他们的自我约束力差，容易出现“旧病复发”的情况，再加上他们对道德知识的理解具有情境性的特点，因此使他们规范的行为得到持续，教师必须特别重视对他们进行常规教育并经常监督、检查。在中年级阶段，他们对道德知识的理解是具有被动和服从的特点，尚未转化为自觉主动性，因此形成的道德信念也不稳定，脱节现象依旧存在，但有

一定的掩蔽性尤其在学校。这一阶段教师应加强教育,促使他们形成自觉的、稳定的、对行为起持续制约作用的道德信念。到高年级阶段,他们的道德信念有了一定的稳固性,行为与道德知识、道德信念之间的脱节现象减少,但脱节的掩蔽程度更高,不易被发现。因此这一阶段对他们进行品德教育的难度最大。

2. 听力障碍儿童的行为缺乏理智成分 正常儿童在做事之前都进行慎重考虑,努力做到三思而后行。而对于听力障碍儿童,在行为上易冲动,很少甚至不考虑行为的手段和后果。这样使得本来出自良好动机的行为,因在手段、方式上欠考虑而事与愿违,如打抱不平等。而对于有些行为因缺乏思维和理智而显得无知和愚昧,如受人唆使做坏事、自己的东西被偷之后而以偷别人的东西作为报复等。

随着他们年龄的增长,思维水平的提高及社会环境的影响,到了中高年级,他们易冲动、欠考虑、缺乏理智的行为明显减少,取而代之的是在行为上带有世故、圆滑的色彩,但这并非教育者所希望的。因此教师必须加强对他们进行教育,使他们在遵循道德规范、主持正义和公道的前提下,对行为的方式做出慎重的选择。

(二)听力障碍儿童道德行为的训练

道德行为的形成,单凭道德知识的获得、道德认识的提高是远远不够的,还必须有不间断的行为训练。道德行为训练就是通过实际操作使一个人形成道德行为或将无意识的、偶然的道德行为转化为经常的、习惯性道德行为的过程。这是一个人道德品质形成的主要途径。

听力障碍儿童进行道德行为训练的注意事项

对于听力障碍儿童,虽然他们的行为在不同年龄阶段表现的特点不同,但在合适的教育方式、训练方法被运用的前提下,完全可以使他们的行为按照要求健康的发展,因此对他们进行道德行为训练的意义尤为重要。只有经常对他们进行实际训练,他们才能够将道德知识、道德信念及行为实践统一起来,形成稳定、自觉的道德行为习惯。向听力障碍儿童传授知识,进行思想品德教育的目的也在于此。

当然,对听力障碍儿童良好品德的培养,也不必机械地按照这一顺序进行,而应当根据听力障碍儿童的具体情况和实际特点,有针对性地选择最佳突破口进行。

第二节 听力障碍儿童不良行为

一、概述

(一)听力障碍儿童的不良行为及其表现

不符合社会道德规范和道德要求的行为我们称为不良行为。

听力障碍儿童由于身心发展上的特点、在家庭中受到的不公正待遇,再加上某些社会不良因素的影响以及学校教育在某些方面的疏漏,致使在他们身上存在一些不良行为,如打架、说谎、欺负同学、爱占便宜、拿别人东西、偷偷摸摸等。

这些不良行为在听力障碍儿童发展的各个时期表现出各自的特点和气质:在入学前由于缺乏正规的家庭管教,容易形成任性、自私和散漫等不良习气;入学后虽置身于集体之中,受到学校纪律的约束和经常性的品德教育,但由于形成的道德认识肤浅、意志力薄弱、对自己行为的约束能力差,致使错误行为如违反校纪、校规、打架、斗殴等小是小非经常发生。到了中年级,他们虽然对一般的善恶、是非有了一定的分辨能力,但由于思维水平低和语言发展不完善,这种分辨趋于表面化和片面化。又由于社会不良因素对他们的影响及自身模仿性强等原因,致使他们的不良行为的表现趋于严重,比如不遵守纪律、撒谎等;到了高年级,掌握了一定的道德认识,但由于身心发展的不平衡及学校教育在某些方面的偏差和疏漏,旧有的一些不良行为可能还保留,并且会形成一些新的不良行为。有些不良行为趋于顽固,其危害程度较前两个阶段更为严重,如谈恋爱、好冒险,甚至还会出现偷窃、两性问题及恶性凶杀等行为。他们的这些不良行为一方面会影响他们身心的发展和文化知识的学习,另一方面还会严重扰乱社会秩序,影响两个文明建设,其危害并不次于正常儿童的不良行为。

(二)听力障碍儿童不良行为产生的原因

与正常儿童一样,听力障碍儿童的不良行为也是在各种客观条件影响下,通过他们主观判断而形成的。分析他们不良行为产生的原因,有助于为聋校教育工作者提供预防的措施和矫正的方法。

1. 听力障碍儿童不良行为产生的客观原因 主要包括生理、家庭、学校教育及社会环境等几个方面。

(1)生理因素。听力障碍儿童在生理上最明显的表现是听不到或听不清环境中的各种声音。这种生理缺陷一方面使他们的视觉得以不同寻常的发展以补偿之,另一方面其认识水平,尤其是思维因受其影响而发展缓慢,长期停留在较低水平。这样他们不能够对所观察到的视觉信息做进一步的分析和认识,结果会使他们形成一些不良行为。

听力障碍儿童其生理成熟的年龄、程度与正常儿童基本一致,没有什么差别,但他们因听力障碍而使得心理发展水平低,心理成熟比同龄正常儿童晚得多。由于他们这种身心发展的差异,再加上他们好奇、模仿等特点,会使他们形成一些不良行为,如过早地接触异性,谈恋爱甚至犯两性错误等。

(2)家庭因素。当家长觉察到自己的孩子有听力障碍时,一般情况下的表现是不知所措。在如何对待和教育孩子的问题上显得格外困惑。主要有两种倾向:其一是溺爱和放纵,家长感到内疚,对不起孩子,处处宽容、娇惯和溺爱他们,一味地满足他们的要求,而忽视对他们的教育和管束,使他们的行为变得无拘无束、放纵任性,这样在入学前就已形成了各种不良习惯和行为,如不讲礼貌等。其二是冷酷型。家长感到"丢人",于是对孩子不闻不问,过分严厉苛刻,甚至冷酷粗暴,这使得他们在家中得不到父母的爱与温暖,养成孤僻、冷酷的性格特点,对家长、旁人产生敌意。到社会上伺机报复,易形成或产生偷窃、斗殴,甚至凶杀等不良行为或违法行为。

上述两种对待听力障碍儿童不正确的态度,使他们在家庭受到不合理的教育,为他们不良行为的产生在客观上创造了条件。为此,家长应以正确的态度对待他们,既不过分溺爱娇惯,也不过分严厉冷酷,而应及早施加教育与康复以补偿缺陷,尤其是在思想品德的教育和行为的要求上,决不能因为他们有缺陷而一味地迁就,降低要求,而应是高标准严要求。只有家长对他们采取了正确的态度和措施,才会使不良行为产生的途径被堵住。

(3)学校教育因素。听力障碍儿童在入学前,各自经历不同,所受教育的方式、种类、程度也不同,因此形成的行为方式和习惯也不同。入学后如果学校教育出现漏洞,比如不能做到针对他们各自的特点采用相应的手段和方法进行教育,不能与听力障碍儿童在情感上交流等,这些会使他们对学校教育产生抵触情绪。这样,学校教育不但不能纠正他们已有的不良行为,反而还会使他们产生新的不良行为。

(4)社会环境因素。社会环境与学校教育对听力障碍儿童所产生影响的区别在于:学校教育的影响是积极的,系统的,有选择性的,其选择性表现在当社会环境与学校教育的要求相一致时,两者可共同配合发挥作用,教育听力障碍儿童。当社会环境表现出消极作用而与学校教育的要求相矛盾时,学校教育就要采取措施以抵制社会环境的消极影响。而社会环境是五彩斑斓的,对人的影响不一致,有消极的成分,也有积极的成分。听力障碍儿童在与社会环境接触过程中,不可避免受到消极因素的影响,但他们认知能力肤浅,辨别是非能力差,意志力薄弱,好奇心和模仿心强,所以很容易受人唆使和引诱,导致不良行为的产生。

2. 听力障碍儿童不良行为产生的主观原因

(1)道德知识贫乏。听力障碍儿童由于听觉缺陷和语言缺陷,使得他们认知能力的发展比同龄正常儿童差,这会导致他们在对道德知识的掌握上有一定的困难,表现出明显的肤浅性和片面性,使得他们不能够准确地区分是非曲直,很容易为一些欲望、引诱所驱使,从而产生违背道德要求的行为。如偷窃等,他们许多不良行为都是由于道德上的无知所造成。

(2)道德意志的薄弱。由于听力障碍儿童道德知识的贫乏,对按道德规范行动的意义认识不足,使得他们形成的道德信念不稳定,不能够制约自己的行为,也不能克服在行为中遇到的各种困难、抵抗各种干扰和诱惑,常常做出不符合道德要求的行为。似乎是"明知故犯",而实际上是因他们的意志薄弱所致。

案例分享

(3)听力障碍儿童偶然的错误行为。听力障碍儿童偶然会因各种原因而产生一些错误的行为方式来满足自己的欲望。但在侥幸得逞而无任何人觉察到的情况下,他们就会很自然地在遇到类似的情境时采用相似的行动,以满足自己的需要。随着他们满意舒适的内部体验的满足,这种错误行为就日益根深蒂固。由初次时的偶然性发展成为习惯性。如小偷小摸的形成。不少案例表明:听力障碍儿童有些不良行为起初时是偶然的,满足了自己的某种需要,由于得不到及时的制止,便逐渐形成了不良行为习惯。这种不良行为习惯越牢固,教育和矫正的难度就越大。因此聋校教师对听力障碍儿童一定要严格要求,发现问题要及时教育,防微杜渐,遏止偶然性的错误行为潜滋暗长,成为习惯。

(4)听力障碍儿童的好奇、模仿。听力障碍儿童认识能力和辨别是非的能力差,但他们视觉观察力强,好奇性强,对社会上的一些消极现象,包括意识形态中违反道德要求的行为现象,会进行模仿。一旦获得满意的内部体验便重复之,以至于发展成为不良行为习惯。这种不良行为习惯形成后常常是一发而不可收。如偷窃、过早谈恋爱等。因此家长、教师在听力障碍儿童面前要注意自己的举止,还应当选择一些内容健康的影视片、小说等组织他们欣赏或阅读,避免不良的因素和环境对他们的消极影响。当他们道德知识丰富、道德观念稳定、辨别是非能力增强之后,方可向他们提供反面事例,帮助他们以借鉴或吸取教训。

如何正确看待听力障碍儿童的不良行为

二、听力障碍儿童不良行为的矫正

有不良行为的听力障碍儿童，并非品德败坏，他们仅仅是在成长过程中受到不良影响的人，也不是不可救药的。我们聋校教育工作者，不要歧视他们，并且应当关心他们，挽救他们，对他们的不良行为进行矫正。聋校教育实践表明：对有不良行为的听力障碍儿童运用适当的方法进行教育或矫正，他们完全可以克服缺点和不良行为，成为遵纪守法的新人。

对听力障碍儿童的不良行为进行矫正就是指将社会主义的道德规范转化为听力障碍儿童自身自觉的需要，使他们改正由于各种原因已形成的违背社会主义道德规范的行为，形成道德行为的过程。从本质上讲，矫正是一个破除旧的动力定型，重新建立新的动力定型的过程。听力障碍教育工作者经验表明：矫正听力障碍儿童的不良行为，必须采取有效措施，防微杜渐。抓紧（及时）；抓早（超前预防）；抓细、抓彻底（严格要求）。具体地在对听力障碍儿童进行不良行为矫正过程中，教师应当注意以下几个方面的问题。

（一）提高听力障碍儿童的道德认识

听力障碍儿童出现不良行为的现象，道德知识贫乏是其主要原因之一。针对他们已有的不良行为，教师应当从根本抓起，以传授道德知识的方式对他们进行耐心的教育，要晓之以理，动之以情，而不能粗暴、生硬地对待他们。只有他们的道德知识丰富了，道德认识提高了，才能正确、深刻地认识到不良行为的危害和严重后果，从而克服之。

教师对听力障碍儿童的教育是否奏效，关键在于教师的威信、教育方法及双方的态度。教师一方面应树立并充分利用自己的威信，另一方面还应接近并且从生活上关心他们，以消除他们的疑惧感和对立情绪，使他们相信你的真心和善意，把你真正当成他们的良师益友。这样教师的思想品德教育就容易被听力障碍儿童接受了。

（二）利用集体和榜样的力量

听力障碍儿童在学校处在各种集体和组织中。集体和组织及其荣誉在他们心目中有一定的位置。因此针对听力障碍儿童的不良行为，教师要充分利用集体，通过让他们参加集体活动，使他们认识到自己与集体的关系，自己的表现对集体荣誉的影响，从而进一步认识到自己的不良行为将会给集体造成多大的影响。要维护集体荣誉，必须应当坚决克服缺点和不良行为，积极参与集体活动，遵纪守法。

对听力障碍儿童不良行为矫正还应当利用榜样的力量，榜样的力量是无穷的。只要在听力障碍儿童心目中树立了具体的榜样，他们在行为上就有了模仿的楷模。这样的榜样，对于他们来说，真实性强，可信度高，更易于模仿。

（三）充分利用听力障碍儿童的兴趣特点

听力障碍儿童在兴趣的形成和发展上，有易转移的特点。在矫正他们的不良行为时，应充分利用这一特点。

听力障碍儿童由于自身的特点，很少参与校内外活动，而使得兴趣狭窄，生活单调，这样往往会使他们无事生非。有些不良行为的形成，比如谈恋爱，除了模仿、好奇、身心发展失调等原因之外，这也是其原因之一。因此学校、教师应当有计划有选择地组织听力障碍儿童参与各种有益活动，以转移他们的兴趣和注意，使他们在紧张而丰富的学校生活中感到充实，从主观上不给不良行为提供繁衍的土壤。

（四）坚持正面引导，正确运用强化机制

听力障碍儿童认知能力发展水平低，辨别是非能力差，因此在对他们的不良行为矫正过程中，尤其是在低、中年级，更多的应当实施正面教育，而从反面事例中让他们吸取教训、引以为戒，必要时可在高年级运用；在对他们在行为上提出要求并让他们努力达到时，强化手段的运用是不可缺少的。强化是通过刺激来增强或减少机体某种行为出现的频率的过程，包括正强化和负强化，精神强化和物质强化，对听力障碍儿童应当注重正强化和精神强化的运用。

（五）矫正听力障碍儿童的不良行为，应及时、及早要有超前意识

对听力障碍儿童的不良行为进行矫正不仅仅要对他们已形成的行为习惯进行矫正，更应对处于朦胧状态的不良行为采用有效手段进行矫正，努力将之消灭在萌芽状态。因为萌芽状态的不良行为，尚不形成习惯，若及时矫正，则比较容易。一旦成为恶习再着手矫正，那就很难了。

听力障碍教育工作者还应对听力障碍儿童不良行为的矫正有超前意识。对于他们可能出现但尚未形成的不良行为，应当及早采取措施进行预防。比如听力障碍儿童到中、高年级将可能出现早恋现象。教师应在此不良行为尚未普遍形成之前，及早向听力障碍儿童（尤其是女生）进行生理卫生及卫生保健方面的教育，使他们能够正视自己的生理变化，提高辨别是非的能力，正确处理与同学（尤其是异性同学）之间的关系。

尽管教师在矫正听力障碍儿童不良行为的问题上注意了上述问题，但由于听

力障碍儿童自身的特点及教育在一定程度上的局限性,因此有些不良行为在矫正之后还有可能复燃或重犯,但原因不一。因此教师应进行具体分析,善于利用他们在其他方面的闪光点,抓住最佳时机,及时引导教育,使他们彻底消除不良行为,形成道德行为,最终以新的面貌出现在社会环境中。

【思考题】

1. 如何理解道德认识的掌握在听力障碍儿童品德形成过程中的作用?如何有效地向听力障碍儿童传授知识?

2. 听力障碍儿童的道德感在表现形式上的突出特点是什么?

3. 听力障碍儿童的道德意志表现有哪些特点?

4. 分析听力障碍儿童行为与已形成的道德认识之间认识相脱节的特点。

5. 听力障碍儿童品德不良行为产生的因素有哪些?如何看待听力障碍儿童的不良行为?

6. 如何矫正听力障碍儿童的不良行为?

第六章

听力障碍儿童的社会适应

【本章提要】

听力障碍儿童社会适应能力的发展包括：听力障碍儿童社会认知的发展，社会态度的发展，社会动机的发展，社交能力的发展。

对听力障碍儿童进行社会适应教育，其必要性体现在教育意义和社会意义两方面。

影响听力障碍儿童社会适应能力发展的因素有：沟通剥夺、家庭因素、学校因素以及儿童自身因素。

对听力障碍儿童进行社会适应教育的内容有：增加听力障碍儿童的社会信息量，深化听力障碍儿童的社会体验，发展他们对情感词汇的理解与表达、培养他们的社交能力。

对听力障碍儿童进行社会适应教育的途径有：开设专门课程，平时有意识地加强社会适应这方面教育，在各科教学中渗透社会适应教育的内容。

第一节　听力障碍儿童社会适应的概述

一、社会适应的概述

人类存在和发展的一个显著特征，就是人类的社会性。简单地说，人类的生存不是以个体的状态，而是以群体的状态，即组成人类社会的方式而存在的。所以每一个个体都需要学习和适应社会生活。

(一)社会适应的概念

适应,原本是一个生物学概念。在朱智贤主编的《心理学大辞典》中对适应是这样解释的:“适应是来源于生物学的一个名词,用来表示能增加有机体生存机会的那些身体上和行为上的改变。心理学中用来表示对环境变化做出的反应。如对光的变化的适应和人的社会行为的变化等。[①]”在心理学范畴里使用适应概念通常有三个层次:①生物学意义上的适应,即生理适应,在生物学中,适应是指个体为求得自身生存而在生理功能和心理结构方面的发展与完善,所有的器官都是用进废退的。②是心理上的适应,心理适应性,或称心理适应能力,是人的一种综合性心理特征,指个体在社会组织系统、群体或文化经济因素的变化中,其生存功能、发展和目标的实现相应的变化的能力。③是对社会生活环境的适应,包括为了生存而使自己的行为符合社会要求的适应和努力改变环境以使自己能够获得更好发展的适应,即社会适应[②]。

目前对社会适应的定义非常多,但尚没有形成明确的定义。例如:汤盛钦将社会适应定义为个体逐步接受现存社会的生活方式、道德规范和行为准则的过程。它对个体生存具有重要意义[③]。王永丽、林崇德认为社会适应是个体与周围环境和谐发展的能力[④]。杨彦平在其博士论文中提出:社会适应是个体对外在环境变化的一种应对,表现为行为适应和心理适应,核心是人格适应[⑤]。分析这些不同的定义,可以归纳出个体社会适应的三个方面的特点:

1. **社会适应** 是指个体对其所处的社会环境的适应。不同的人群结成不同的社会组织,小到一个班级、一个学校,大到一个民族、一个国家。不同的社会群体之间有不同的群体规范和群体文化。比如学校中的校园文化和校园规范与社会上的世俗文化和世俗规范有着极显著的不同;再比如在中国待人接物的礼仪规范和在美国的待人接物的礼仪规范也极为不同。个体对其所处社会的适应是最重要的适应,个体对其所属社会文化的认同、所属社会文化对个体的接纳,给个体以归属感和安全感。诚然,一个社会适应能力很强的人,能够很快适应多种文化、多种社会,但对其所属的社会和文化的适应是最基本的。

2. **个体对社会的适应** 分为对社会生活行为的表层适应和对社会文化的深层

---

① 朱智贤:《心理学大辞典》,北京师范大学出版社,1989 年版,第 617 页。

② 杨彦平:中学生社会适应量表的编制.上海:华东师范大学,博士学位论文,2007。

③ 汤盛钦:《教育听力学》,华东师范大学出版社,2000 年版,第 163 页。

④ 王永丽,林崇德等:《儿童社会生活适应量表的编制与应用》.心理发展与教育,2005,1:110—114。

⑤ 杨彦平:中学生社会适应量表的编制:(博士学位论文).上海:华东师范大学,2007。

适应。例如,中外人士在打招呼上的不同,中国人习惯问“吃了吗”,英美人则习惯问“你好”,这只是表层社会生活方式上的差异,而更深层的是中外社会的价值信念、人际关系的差异。一个人对一个不属于自己的社会可能能达到表面上的适应,但在深层次上的价值观念、心理氛围及人际期望方面可能难以适应。比如一个中国人移居外国,可能事业很成功,日常生活也应付得很好,但他的内心会很孤独,对周围的文化氛围和人群有一种融入不进去的局外人的感觉。这就是对他种文化及社会深层次的不适应。个体长期生活在这种状态中,极易产生失落感和孤独感。

3. **个体对社会环境的适应** 社会是发展和变化的,所以社会适应不是一次完成的一种静止的状态,而是一种人与环境不断调整相互关系的动态过程。相对于过去的传统社会,现代社会的变化发展迅速而复杂。过去相对平静的传统社会中,个体较容易做到社会适应,但在现代复杂多变的社会里,个体适应社会则要困难得多。社会对个体提出的适应要求日益提高,因此个体在成长的过程中,社会适应的学习和教育更显得必不可少。

以上三点可以帮助我们更具体地理解社会适应的特质。不过,个体的社会适应不仅仅表现为个体被动地接受社会文化和规范的塑造;还应进一步指出的是,在个体的社会适应中,个体处于主体性的地位,还表现为对社会文化和规则的发展、改造和创新。这是个体对社会的积极的、创造性的适应。

(二)个体社会适应与个体社会化

人类个体在刚出生时仅是生物学意义上的,并不具备作为人类所具有的本质特征,如语言、态度、社会意识、道德行为等,只具有发展这些特征的潜在可能性。这些本质特征是在个体出生后,与周围社会环境的相互作用中产生和发展的。比如对个体语言的掌握,婴儿出生时并没有特定语言的遗传倾向,后天生长在什么语言环境中,便就会形成和发展该种语言能力。个体的态度、价值取向、行为模式等个性特征,无不是受到社会的制约和影响而获得的。也可以说,个体成长后所发展的个性特征都具有社会的意义。这种从自然人向社会人转变的过程就是个体社会化的过程。有关个体社会化的含义有许多种表述,如周晓虹在其《现代社会心理学》中如此表述:“社会化就是人的社会行为的模塑过程。”其中心意思是说,社会化就是指个体在特定的社会与文化中,个体学习和掌握该社会所规定的行为规则,形成适应该社会与文化的人格或个性的过程。

从以上的分析可以看出,个体社会适应的能力是个体社会化的结果,也就是说个体社会化的深度与广度直接决定着个体对社会生活的适应水平。比如一个人在复杂的社会环境中,他必须学会辨别各种社会情景,辨别不同社会情景中的人、他们的行为及人际关系，这样的辨别正是个体社会化过程的一个重要内容。显而易见，这样的辨别对个体在如此复杂的社会情景中做出恰当的行为反应是必不可少的。所以，要提高个体的社会适应水平，必须要从全面提高个体的社会化水平着手，具体地说就是提高个体的社会适应能力。

（三）个体社会适应能力的构成

人的社会适应是对社会环境的适应。社会环境中有多种因素，各种因素中最重要的因素就是人，所以社会适应最重要的就是对人的适应。那么如何认识社会中的人、如何认识人与人之间的社会关系、如何看待自己在社会中的地位等，直接影响了个体的社会适应。所以，人的适应能力主要决定于个体的社会心理特质，即人的社会认知、社会态度、社会动机以及社会交往能力。

从个体社会心理发展的角度来看，社会适应能力主要是由社会认知、社会态度、社会动机和社会交往能力构成。关于社会适应能力的内容以及听力障碍儿童社会适应能力的发展将在下一节中详细阐述。

二、听力障碍儿童的社会适应

听力障碍儿童的社会适应是否会和健听儿童的社会适应达到同样的高度呢？也就是说，听力障碍儿童经过教育是否最终也能和健听儿童一样在社会中独立生活呢？这里所说的社会，对聋人来说就是以健听人为主体的社会，即指主流社会。

聋教育初期的教育目的是让上流社会的聋人子女学会说话和交流，并继承财产，获得有地位的生活，后来发展成为 19 世纪北美聋教育的一种教育理念。美国著名的克拉克学校以培养学生直接进入社会为教育目标，他们以中产阶级的生活习惯和道德准则来教育聋童的是非与善恶观念，在该校开创的“家庭教育”模式的教学指导下，以中产阶级良好的家庭氛围代替学校的气氛。为了使聋童将来能在正常社会中交际、工作、生活，克拉克学校采取口语教学。到了 20 世纪 60 至 70 年代，在整个特殊教育界展开的一体化教育和回归主流运动，强调了要让特殊儿童在较少受限制的环境中接受普通教育，要使障碍者的生活尽可能安置在主流社会。如此，经过教育后聋儿将全面融入主流社会便不仅是家长的迫切愿望，也是实践中检验聋教育是否成功的标志（通常这一标志是聋儿能否用口语和看话来与人交流）。

但是需要清醒地认识到，有时理想和现实相差太远，因为理想的实现应有现实的基础。比如，聋儿的家长和口语派的倡导者都希望经过完善的口语训练，聋儿最终会用口语和看话与人交流，但英美的研究表明，即使是经过了最好的口语训练，很遗憾的是大部分聋童毕业离校时口语仍不清楚(至少对陌生人来说是如此),读话能力甚差,不足以应付日常交流。

那么,在社会适应方面,聋儿能完全融入主流社会么?以什么方式才能使聋人进入社会和参与社会生活?如何保证聋人在社会生活中感到有尊严、安全、幸福?这些问题都不能不涉及对聋人社会和聋人文化的认识,而如何理解“聋”以及“聋人”是回答这些问题的基础。

(一)对“聋”及“聋人”的两种不同理解

从临床医学上来说,耳聋的确与健听人的正常听力不同,大多数人都对耳聋持一种负面的态度,并且认为如果耳聋的话会丧失很多体验,如不能欣赏美妙的音乐,听不到鸟鸣,听不到风声,因此多数人会认为健听要比耳聋好。但是,看问题可以有多种视角,“聋”是必须要弥补的缺陷,还是人与人之间存在的客观差异?聋人是与正常人不同的残障者,还是人与人之间仅在语言、心理上存在着差异?如何理解“聋”和“聋人”,这一问题看似简单,但它是理解聋人心理、聋人个体、聋人社会和文化以及对听力障碍儿童进行教育的起点。目前,国外对“聋”有两种截然不同的理解,一种是临床医学角度的理解,另一种是社会文化角度的理解。对“聋人”的理解是和对“聋”的理解联系在一起的。

从临床医学角度来看,人具有听力是正常的,而聋是非正常的,不好的;有声语言才是人的自然语言,手势语是原始落后的语言;正常幸福的生活应该是在正常健听人的社会中的生活。耳聋是一种障碍,是需要通过手术或助听器矫正和治疗的病理状态。这种模式即为医学/障碍模式。这种认识是一种传统的认识。在我国,学术界、家长和聋教育者大都还是从这一角度看待“聋”。从临床医学角度来看,所以,聋人应该将成为健听人作为自己的目标。对听力障碍儿童的教育必须采用口语,必须要让他们学会用口语和读唇来与其他人交流,最后达到与主流社会的完全融合,这才是听力障碍儿童教育成功的目标。其社会学含义是:聋人必须改善或弥补听力不好的状况以便与周围听人更好地交流,聋人需要适应听人社会。在这种模式的影响下,大多数人期望通过说话训练、读唇或佩戴助听器、植入电子耳蜗来改善聋人的听力状况,从而学会口语,融入听人社会中。然而这些方式是否真的能促进聋人的发展仍然存在争议,尤其是植入电子耳蜗。有观点认为植入电子耳蜗并不能让聋人融入听人社会,因为植入电子耳蜗的儿童听力损失仍然严重,需要长期理疗,聋儿最后仍不能和听人有效交流,从而错过语言发展的关键期。在医学/障碍模式下,对聋人的称呼往往带有以下术语:听觉障碍、残障的或有缺陷的、听觉损伤的、听力障碍的、听力缺陷的、有听力损失,这些词只关注于障碍本身,暗示耳聋是一种需要矫正或修复的状况。

经常有这样的情况，两位聋生听力状况（包括康复状况）相似，但是参与社会的能力和水平却大不一样，造成他们之间差别的原因就是他们社会化的程度不同。从这一现象中可以看出，单从临床医学角度来看“聋”以及“聋人”是有极大局限的，所以应该更多地从社会文化的角度来理解“聋”。

国外的研究者比较普遍地认识到了从社会文化的角度来理解“聋”的重要性。Higgins 认为：聋人是“听觉世界的局外人”①，他们有自己的感受、价值和经验：他们有自己的语言；Peter V. PaUl&Dorothy W. Ja ckson 认为：聋不仅仅是一种听力状况条件，更重要的是一种社会文化条件，是一种身份②。从社会文化的角度来看，聋人和健听人之间的差别只是文化上的差异和语言的差异，聋人不必要以健听人的生活为理想的标准，他们有权利选择适合自己生理特点的生活方式。从社会文化的角度来看“聋”及“聋人”，那么对听力障碍儿童教育的最终目标是无论说话的清楚程度如何，听力障碍儿童都具有与正常孩子相同的机会，充分感觉到自己的价值、尊严和被人承认，打下坚实的语言基础，掌握有益的语文知识（包括口语能力）和与人交往所必需的社交技巧，能够轻松地与亲人、朋友进行交流，表达自己的思想和情感，建立与他人密切的情感联系，能够适应主流社会的生活，但没必要完全融入。这一目标是基于聋人个性的全面发展，这对于大多数聋人的自尊、自信以及健康幸福都是有利的。

以上介绍了两种视角下对“聋”及“聋人”的理解，社会文化视角下的观点无论其理论能否为我们所接受，了解并做一番思考会有助于我们推动聋教育的发展。

（二）聋人社会和聋人文化

所谓“社会”是人与人交互作用的产物，是由在共同的物质生产活动的基础上相互联系的人们组成的群体。而“文化”是在特定群体和社会的生活中形成的，并为其成员所共有的生存方式的总和。社会是由具有共同的心理感受、共同的生活经验、共同的生活方式的人群而组成的。“社会”和“文化”是相互区别的概念，但是它们又是密切联系在一起的，具有共同生活活动的人群组成了一个社会，这一社会中社会成员的生活方式即表现为文化。所以我们在行文中并列或混同使用了

---

① Mccay Vernon & Jean F. Andrews, The Psychology of Deafness, Longman New York & London, 1990, P. 4.

② Peter V. Paul & Dorothy W. Jackson, Toward a Psychology of Deafness: Theoretical and Empitical Perspectives, Allyn and Bacon, 1993, P. 26.

"社会"和"文化"这两个概念。值得指出的是,从"社会"和"文化"的概念中可以看出,某种社会和文化的存在是不以人的意志为转移的,只要条件具备,即具有共同生活方式的人群存在,他们组成社会、形成文化就是必然的、客观的。那么,聋人社会和聋人文化是否是客观的呢?

由于聋人共同的听力障碍,他们对外界的经验感受、认识都有共同性,并在适应社会的过程中形成了共同的需要、情感,尤其是聋人由于听力的障碍自然形成了他们共同的语言——手语。语言的不同,使聋人和健听人之间难以沟通,造成了两个分隔的世界,这些现实的因素自然形成了与健听人社会即主流社会相对的聋人社会和聋人文化。

美国将生理上的聋人和文化上的聋人做了区分。The deaf(此处 deaf 用小写的"d")一词指生理上的聋人,表示无论是否使用听觉扩音辅具,都因为有听力损失而无法单靠听的方式来理解言语的人。而 The Deaf(此处 Deaf 用大写的"D")一词专指文化上的聋人,是指在听力损失者群体内使用美国手语、分享共同信念、价值观、习俗和经验的人。在我国,聋人更多的是指生理上的聋人,即无法通过听来理解言语、进行交流活动的人。

世界性的聋人回归主流的教育运动中,为了使聋人真正能在社会生活中实现最大的参与,聋教育较为先进的发达国家,如英国和美国,已经开展了对聋人社会和聋人文化的研究,尽管"对聋人身份认同的研究仍处于初级阶段,对聋人的身份认同的认识大多是出于实践、个案分析和经验总结,深入的理论阐述也还很少[①]",但也取得了一些成果。"国外聋人的差异涉及许多层面:身份、年龄、听力损失程度、听力障碍原因、性别、居住地区、诞生的国家、偏好的沟通模式、语言的使用、视力的使用、科技的使用、教育程度、职业以及社会背景等。最重要的是,很多聋人有其独特的聋人观点[②]"。因此,国外对聋人身份认同也没有形成统一认识,其中很多人的观点是矛盾的。对聋人身份认同研究的切入点和视角也是多种多样的,而关于聋文化以及和聋文化密切相关的聋人身份认同的研究则是其中重要的一部分。这些研究涉及以下几个方面:①文化意义上的聋被普遍认同。②对耳蜗移植的争论——聋人是否需要进行耳蜗移植手术各方持矛盾意见。③聋人身份认同与自尊等的关系,及其在教育上的积极意义。④聋人文化的标准都有哪些。国内聋人身份认同的研究也越来越多了。主要集中在以下几个方面:①手语语言学研究,

---

① 胡雅梅:《聋人大学生身份认同的研究》(博士学位论文).大连:辽宁师范大学,2005。

② Jean F. Andrews,Irene W. Leigh Mary T. Weiner.失聪者.陈小娟,邢敏华译.台北:台湾心理出版社,2007

证明了中国手语是一门独立的语言，是聋人文化的核心内容。②聋人社会和聋人文化是客观存在的。③聋人文化意义上的身份认同与自尊、社会适应、语言教育方式等内容的关系。④如何让聋童更好地发展身份认同。⑤对国外聋人身份认同研究的述评。

需要指出的是，国外有人用民族学的理论来解释聋人群体这一现象，认为聋人是少数民族。这种看法国内学者并不赞同。我国常用的说法是“聋人群体”“聋人族群”。

虽然聋人社会和聋人文化是客观存在的，但它并不是脱离主流社会而独立存在的，它是相对于主流文化而言的亚文化群体，是存在于主流文化之中的。从现实来看，聋人社会和聋人文化是聋人与主流社会交流的结果。所以从一定意义上来说，聋人社会和聋人文化是聋人适应社会的方式。聋人群体在与健听人的沟通中，聋人社会和聋人文化是聋人群体共同要求和情感的表达，是聋人群体积极的社会适应的表达，并不是消极的自我表现。事实上，聋人以群体的方式对其个体的社会适应更为有利。比如聋人进入社会后，通常需要很长时间来适应周围的工作环境。但一般来讲，工作中聋人小团体的人数越多，个体的社会适应能力越强。反之，聋人人数越少的地方，个体社会适应的能力就越差。

（三）聋人社会适应的模式

对聋人现实的生活和发展来说，比较恰当的社会适应的模式是建立对聋人社会的归属，同时适应主流社会的生活。

从对聋人社会和聋人文化的客观存在的阐述中，我们可以看到聋人社会和聋人文化对聋人的健康发展、自尊自信以及合适的社会适应是极为重要的。

一个听力障碍儿童对聋人社会与聋人文化的认同会受到多种因素的影响，国外的研究认为以下四个因素是最为重要的：①在态度上对自己的听力障碍接受和认同。②手语的使用。③聋人之间的共同经验。④聋人之间的联合。

聋人虽然有自己的语言和文化，但事实上聋人是在主流社会中生活和发展的，他们不可能不受主流社会文化的影响或脱离主流社会而生活。聋人和健听人虽然在空间上生活在一起，但在心理上、文化上的分隔是客观存在的。单纯强调“完全地回归主流”是片面的，也不符合实际。所以我们认为，聋人适应社会的另一个主要的方面是对主流社会生活的适应，也是对主流社会的部分融入。

第二节 听力障碍儿童社会适应能力的发展

人的社会适应需要依赖于沟通，听力障碍儿童由于听力受损，致使其难以完整地接受和认识社会环境的信息，尤其是语言能力不足使其与外界的交流受到阻碍，因为语言的交流承载着大部分的社会知识，社会的影响也是通过语言的交流作用于聋儿，所以这对听力障碍儿童心理及社会适应能力的发展都是极大的障碍，但是这一障碍并不是绝对不可弥补的。通过改善社会化的条件也可以使听力障碍儿童不利的交流模式得到改善。这些社会化条件包括听力障碍儿童父母、教师、同辈人和他人与听力障碍儿童的交往方法以及对他们的态度。这些影响因素将在第三节中详细阐述。总之，听力障碍儿童所处的社会化的条件形成了他们与社会适应有关的特有社会心理特点。

一、听力障碍儿童社会认知的发展

(一)社会认知的概述

在心理学中，认知是指人认识理解事物和现象并运用知识、经验解决问题能力的总和，它包括所有与认识活动有关的能力，比如感觉、知觉、注意、记忆、表象、想象和思维等。根据认知对象的不同，人的认知可以分为两种：一种是物理认知，指对物或非人的对象的认知；一种是社会认知，仅指对人、人的行为以及人际关系的认知。社会认知是社会心理学中一个重要的概念。社会心理学研究社会认知的目的是为了了解人们在社会生活中是如何认识自己与他人、如何理解人的行为、并根据这些理解做出恰当的行为反应的。社会认知是社会行为的基础，所以，它是社会适应能力的基础。

1. **社会认知的概念** 社会认知是指个体在生活实践中对别人、对群体以及对自己的认知，是根据外观行为或外部资料，推测与判断社会对象的心理状态、动机、意向和人格特征等方面的过程。社会认知包括社会印象、社会性比较和归因等过程，它们是对社会对象的感知、判断、推测和评价各种心理活动的综合，而不仅仅局限或等同于其中的某一过程。这几个过程互相联系、同时进行，组成了完整复杂的社会认知活动。社会认知的复杂性还表现在认知者和被认知者之间的互动影响上，即认知者会受到被认知者的行为表现的影响，而被认知者的行为活动也会受到认知者行为表现的影响。

2. 社会认知的分类 根据认知对象的不同，社会认知可以分为以下三种：

（1）自我认知。这是个体在社会生活中对自己的心理、行为以及角色的认知。自我认知就是自己既是认知者，又是被认知者，但是自我认知并不能因为自己容易观察自己、容易掌握自己的信息，便更容易真正了解自己和评价自己。形成客观的自我认知需要客观地观察自己、剖析自己，并善于"以人为镜"，正确地与他人比较。

（2）对他人的认知。个体在社会交往中，通过与他人的接触，感知他人的外部特征，认识他人的社会地位和活动，了解他人的心理世界，从而形成对他人的认知。

（3）对社会关系的认知。在群体社会中，人和人之间组成了复杂的社会关系。对在生活实践中人与人之间的相互联系、彼此作用的认知就是对社会关系的认知。这具体表现在两个方面：一方面是对个体自己与他人相互关系和作用的认知；另一方面是对他人与他人的相互联系和作用的认知。

（二）听力障碍儿童社会认知的发展特点

1. 听力障碍儿童的自我认知 根据儿童发展心理学的研究，儿童的自我认知是随着自我意识的发展而发展起来的。随着儿童自我意识的觉醒，具有了想要清楚地了解自己和评价自己的动机和行为。一般儿童在3岁左右能用人称代词"我""你""他"来指称自己和他人时，儿童的自我意识就已明确地建立，在此基础上儿童开始把自己当作客体转变为把自己当作主体来认知。由于听觉受损和语言发展的迟缓，听力障碍儿童自我意识的产生受到严重的阻碍。直到入学前（6～8岁），他们的自我意识仍停留在区分主体和动作及知晓自己名字的阶段，即使他们掌握了一定的手势语，对于我、你、他关系的理解仍未摆脱那种简单、具体而固定的联系。由此可见，听力障碍儿童还没把自己从客体中区分出来，还没有开始有真正意义上的自我意识。因此可以说，听力障碍儿童的自我认知的发展是迟缓的。只有当他们进入学校后，与其他听力障碍儿童的交往增加和在教师的帮助下，听力障碍儿童逐步掌握代词我、你、他，真正的自我意识才得以形成，真正的自我认知才开始发展。

听力障碍儿童的自我认知很重要的一点是对自己耳聋这一身份的认知。听力障碍儿童在入学前，普遍对自己的耳聋知之甚少，对自己的耳聋也甚少有情感反应。这和听力障碍儿童的接触和交往的人很少有关，也和他们的自我意识水平非常低有关。进入学校后，随着与他人交往的增多和教师的教育，听力障碍儿童逐渐产生对耳聋的意识，并不断强化，这种意识逐渐清晰。但是，听力障碍儿童对自己耳聋的认知存在着个体间差异。Weinberg 和 Sterritt1986 年的报告说，聋生对自己耳聋的看法有三种：①耳聋不是障碍，自己是完全健全的，能干所有的事。②自己生来就是耳聋的，有很多事情干不了。③持双重看法，自己一方面耳聋，另一方面有时是健全的，能干许多事。一般来说，持双重看法的聋生比另外两种类型的聋生更能适应社会。

在听力障碍儿童自我认知的发展中还有一个重要的表现是其自我评价的发展。一些有关对听力障碍儿童自我评价的研究表明，与健听儿童相比，他们对自己有较多的否定、消极的评价。国外的研究结果表明，父母是聋人的与父母是健听人的聋童在这两组中，自我形象得分最高的是来自家庭氛围最好的聋童；自我形象得分最差的是来自家庭氛围最差的聋童；家庭氛围居中的聋童自我形象得分也居中。然而，在父母是健听人的那组聋童中，家庭氛围居中的聋童自我形象得分最高。对这一结果的一种可能的解释是，家庭氛围最好的健听父母对聋童的口语水平和学习成绩期望过高，聋童难以实现，从而产生了较低的自我评价。从社会认知的角度来看，还可以解释为，聋生较差的自我评价源自于不恰当的社会比较。所谓社会比较是个体在不能运用客观标准时为进行自我认知和自我评价而做出的自己与他人的比较。健听父母对其听力障碍孩子的高期望是来自健听儿童的标准，这一比较的标准也内化为聋生的社会比较标准，在这种不对等的社会比较中，大多数聋生很难对自己产生积极的评价。

2. 听力障碍儿童对他人的认知 听力障碍儿童对他人的认知被研究较多的是对他人情感的认知和对他人态度的认知。听力障碍儿童对他人情感的认知有两个主要特点：①听力障碍儿童对他人情感的了解主要是通过视觉信息感知他人表情来进行的。虽然他们对他人面部表情能了解得细致，但是他们缺乏相应的语言词汇给予抽象概括，所以听力障碍儿童对他人细腻、深刻的情感反应通常难以理解，容易给人留下对他人漠不关心的印象。②与健听儿童相比，听力障碍儿童对情感的理解比较肤浅、延迟。国外的研究认为，聋人对他人情感的理解与自身的听力损失程度以及与其父母的社会地位没有多大关系，而与他们的一般认知能力以及他们所掌握的情感词汇有重要关系。

3. 听力障碍儿童对社会关系的认知 听力障碍儿童对人与人的社会关系的认知存在很大的局限性，这突出体现在对社会道德的认知上。社会道德是指调整社会中人与人之间以及个人与社会之间相互关系的行为准则和规范的总和。

听力障碍儿童的道德认知分为感性和理性两个阶段。在这两个阶段听力障碍儿童都存在着社会化的不足。在感性阶段，由于听力障碍儿童观察道德现象，了解道德关系时缺少听觉的参与，缺乏社会舆论的体验，这使他们获得的感性的道德认知往往是不完全、不丰富的。在理性阶段，社会道德的抽象关系和内容通常是由语言来承载和传达，对其理解需要运用抽象概念做推理、判断，而听力障碍儿童的社会认知发展从总体上看,有两大特点。①听力障碍儿童在社会认知中有较强的自我中心倾向,这一倾向影响了听力障碍儿童的观点采择能力的发展。所谓观点采择是指个体能区分自己与他人的观点,进而根据当前和先前的有关信息对他人观点(或视角)做出准确判断的能力①。与观点采择相对的是个体的自我中心倾向。国外学者曾对9~14岁的聋童的角色采择能力进行调查研究,发现与健听儿童相比,聋童的角色采择能力发展延缓了4~5年,并且表现出更多的自我中心倾向。他们较难区分自己和他人的观点,常以自己看问题的角度代替他人看问题的角度。听力障碍儿童的自我中心倾向妨碍了对社会情景中他人和自我的区分,会影响他们对自己聋人身份的认知,也影响他们对自己做出准确的评价。②听力障碍儿童对外认知过程即归因过程中有明显的外归因特点。大体来说诱发人的行为的因素有两类:一类是行为者自身内部属性的因素,如行为者的人格、能力、动机和努力;另一类是来自行为者之外的他人或周围环境的外力影响因素,如各种外界环境因素、机遇等。对应这两种因素,对人的行为的归因也可分为内归因和外归因。上述因素还可因其可控制性分为可控因素和不可控因素。个体在自我归因中常做内归因者,即把自己的行为归结于自己的内部可控因素,如自己的动机、努力等因素,表明个体对自己的行为有较高的可控性和预见性;常做外归因者,即把自己的行为原因归结为外界条件或运气,表明个体无法把握自己的生活和行为,他们更多地接受外部力量控制。

二、听力障碍儿童社会态度的发展

(一)社会态度的概述

1. 社会态度的概念 在社会心理学领域,社会态度是最基本的研究范畴,对社会态度的定义也是多种多样的。心理学家一般认为,态度是对待他人、观念或事物的一种心理倾向。它包括认知、情感和行为三种成分。

态度具有以下四个基本特征。①态度的社会性:人的态度都是社会态度,都是主体在长期的社会生活中通过与社会环境的相互作用,受到各种社会因素的影响而逐渐形成的。②态度的对象性:个体所持有的任何态度都是指向某一具体对象的,脱离了具体对象,则态度本身也不存在。③态度的内在性:从态度的定义中可以看到,态度是个体对特定对象的一种内在心理倾向,它仅是行为的准备状态。态度不能被直接观察到,但可以通过一个人的言语表达、表情和行为间接地分析和推

① 张文新:《儿童社会性发展》,北京师范大学出版社,1999年版,第237页。

断。④态度的持久性:态度是个体在后天生活中形成的,一般来说一旦形成某一态度,便具有相对的稳定性,成为个体人格的组成部分。但态度的持久性并不意味着不可更改,形成的态度也可以改变,只是改变态度相对要困难一些。

2. **态度的形成和改变** 态度的形成和改变是社会心理学中态度研究的重要内容。心理学家认为,个体态度的形成和改变都是个体社会化的结果,个体在社会生活中的经验以及与这些经验相联系的情感体验,直接导致了个体态度的产生和发展;通过改变个体的经验以及相联系的情感体验也可以改变个体的态度。

(二)听力障碍儿童社会态度的发展特点

1. **听力障碍儿童社会态度的特点** 首先,听力障碍儿童的社会态度中有较多的负面态度。无论是对自己或对他人的态度,都有体现。有的听力障碍学生在表述自己时说:"我不仅丑,而且笨。"他们认为自己做不了大事。许多听力障碍儿童和成人认为社会上健听人嘲弄他们、可怜他们、对他们偏见太深、歧视和"主宰"他们,认为健听人不可靠;有些聋生甚至对自己的老师也不信任。国外的调查显示,有很多聋生反映说,教师对他们有负面的、家长式的、专制主义的态度。甚至很大一部分聋生对教师有敌意,采取抵制、不合作的态度。

其次,听力障碍儿童的社会态度一般都比较鲜明。他们不大去掩饰自己对他人的态度,好就是好,不好就是不好;他们也不大掩饰自己,对自己可能直接用"我自私,我笨"来表述。

再次,听力障碍儿童的态度相对较为固定,不易改变。一般来说,听力障碍儿童想法简单,特别固执的特点给人留下很深刻的印象。他们的态度固执主要表现为态度的难以转变,即使是社会环境已经变化了,对象也已经变化了,但他们原先所持有的态度依然如故。

2. **听力障碍儿童社会态度的形成** 与健听儿童社会态度的形成一样,听力障碍儿童社会态度的形成也是社会化的结果。在社会化过程中,听力障碍儿童社会态度的形成一方面要受到自身的认知水平影响,比如听力障碍儿童态度的固执与他们获取社会信息较少,以及对信息的理解、处理能力差有直接的关系;另一方面,社会上对待聋人的态度、聋人在社会中的生活体验则是听力障碍儿童社会态度形成的更重要的影响因素。

听力障碍儿童在主流社会上与健听人交往中处于劣势,是弱者,孤独感、挫败感和失落感是他们极易产生的负面情绪。如果把这些负面情绪和由此产生的负面态度都归因于听力障碍儿童的听觉障碍本身,这是不全面的。听觉障碍本身令听力障碍儿童痛苦,但更令人痛苦的是社会对他们的负面态度。事实上,社会对听力障碍者确实普遍存在负面态度,比如过度地同情和可怜他们,对听力障碍者能力和个性抱有偏见甚至敌意。社会对听力障碍者的这些负面态度很大程度上决定了听力障碍者面对自己和他人的态度。听力障碍者对健听人对待他们的评价和态度通常十分敏感,甚至表现出多疑的心理,这可以说是听力障碍者对健听人对待他们的态度所做出的现实反应。

不过,听力障碍者对他人态度过分敏感和多疑,容易使他们对他人态度的认知发生偏差。

三、听力障碍儿童社会动机的发展

(一)社会动机的概述

人的行为从外在形式来看,总是与行为目标和方向相联系,而从其内在起因来看,它总是由一种或多种动力所推动或驱使。这种推动个体行为的动力就是人的动机,动机力量的直接来源就是人的需要。

所谓需要,是指人的生理或心理状态由于某种不足或过剩,失去了原来的平衡而趋向不平衡状态,从而产生的一种生理和心理的紧张状态,以及个体追求缓解紧张、恢复平衡的心理冲动。需要分为生理和社会的两个基本层次的需要。

个体的动机有两个功能:①活动性。有动机的个体比没有动机的个体有较高的活动性,能推动其行为发生。②选择性。具有某种动机的人,他的行为总是指向某一目的,相应忽视其他方面,表现出明显的选择性。

个体的社会动机与其社会适应行为有十分密切的关系。我们知道,社会需要是个体活动的动力源泉。当个体有了某种社会需要,就会选择和采取相应的社会行为,通过社会活动使自己的需要得以满足。可以说,社会动机是社会适应行为的动力。

人的社会行为纷繁复杂,具有典型代表性的和在社会心理学中研究较多的是人的学习行为、追求主体价值的行为、亲和行为、侵犯行为等。与这些行为相对应的人的需要和动机就是学习需要和动机,成就需要和动机、亲和需要动机以及侵犯动机。

(二)听力障碍儿童社会动机的发展特点

听力障碍儿童的社会动机源自于他们独特的社会需要,这些需要是听力障碍儿童在社会化过程中形成的,具有一定的共同性,它们包括消除孤独,接近主流社会的需要;学业上表现自我,争取获得教师、同学承认的需要;充实自我,以实现自我价值的需要;缓减社会压力、弥补自卑缺陷以达到自我保护的需要;等。他们特有的需要使他们社会动机的发展呈现出特有的特点。我们从学习动机、成就动机、亲和动机和侵犯动机来讨论听力障碍儿童社会动机的发展。

1. **听力障碍儿童的学习动机** 听力障碍儿童在学校的主要任务是学习。但每一个听力障碍儿童的学习动机的性质和强度个体差异较大。总的来说,随着年龄增长,听力障碍学生学习动机中的社会性逐渐增多,同时他们学习动机中还具有较明显的具体性;自觉性和稳定性还有待于提高。

2. **听力障碍儿童的成就动机** 成就动机是指个体努力追求自己设置的目标和追求成功的动机。在具体的生活学习活动中表现为尽可能快、尽可能好地做事的愿望或倾向。从总体上来说,听力障碍儿童的成就动机不是很高。原因有以下三点:①较高的成就动机与成功紧密相关。而听力障碍儿童在学习、交往中的困难远远大于健听儿童,他们失败的体验大大超过成功的体验,由此导致他们降低自己所能达到的成就动机水平;②父母、教师对他们的成就期望不高,也影响他们对自己的成就期望;③在学习过程中经常性的挫折使他们的自尊心容易受到伤害,甚至产生自卑心理。

较低的成就动机水平,容易产生对自己能力估计偏低,难以完全展现自己的能力,因而造成社会适应水平也偏低。但是,我们不能排除部分听力障碍儿童有强烈的社会成就动机,他们的自我意识和社会意识也特别强烈,他们取得的社会成就也较大。

3. **听力障碍儿童的亲和动机** 在社会生活中,每一个人都有归属的需要都有要和他人在一起、成群结伴、结成亲密关系的需要,这是人最基本的需要,在这些需要的基础上产生的动机称为亲和动机。听力障碍儿童在亲和需要的满足上要比健听儿童有更多的障碍。

亲和需要的满足和获得社会归属感对听力障碍儿童离开学校、进入社会生活非常重要,这意味着他们能否适应他们将要进入的社会生活,建立何种社会归属感。每个听力障碍儿童可根据自己的需要、环境条件等具体情况,做出具体的选择。

4. **听力障碍儿童的侵犯动机** 美国社会心理学家多拉德和米勒等人所建立的挫折—侵犯理论认为,侵犯始终是挫折的一种后果,侵犯行为的发生总是以挫折的存在为先决条件,而挫折的存在也必然会导致某种形式的侵犯。这一理论强调了挫折与侵犯之间的因果关系,并且有相当多的实证研究证明了这一理论是基本成立的。

听力障碍儿童和成人在生活学习中所感受到的挫折比健听人要多得多,而且普遍还感受到来自家庭、学校和社会的压力。挫折与社会压力如果得不到缓解,极容易导致听力障碍儿童的社会侵犯动机。由于听力和沟通的障碍,使得他们不良的情绪难以宣泄,而导致出现社会侵犯行为。比如听力障碍学生的冲动性普遍偏高,老师批评两句,与同学口角等都容易使他激动、愤怒,甚至有砸破玻璃、跳楼等过激行为。从一定意义上来看,侵犯行为是听力障碍学生释放社会压力、缓解挫折焦虑的一种途径。侵犯行为如果不能够得到正当的、及时的解决,听力障碍儿童或成人不但普遍容易产生侵犯动机,而且容易形成小集团,共同做出对抗和侵犯社会的行为。

四、听力障碍儿童社会交往能力的发展

(一)社会交往能力的概念

善于和人交往是一个人社会适应的重要方面。与他人交往和建立人际关系是每一个人都要面对的问题。人际交往是指人与人之间动态地建立和形成情感关系的过程。人际交往是人际关系建立的基础。情感成分是人际关系的主要特征,所以,人与人之间的情感关系是最具普遍性的联系。人际交往和人际关系对一个人生活和发展、个性形成以及社会适应都有着根本性的影响,社会交往能力是人在社会中一种基本的生存技能。个体与他人建立和保持恰当的人际关系,体现为个体的社会交往能力。社会交往能力以包括社会知觉、社会态度,社会动机等各种社会心理能力为基础,是个体理解、处理和解决社会情景中人际关系的技巧、技能,它是个体综合能力的体现。交流能力、自我控制能力、解决问题能力、应对挫折能力、角色扮演能力等,在处理人际关系中都是非常重要的。

(二)听力障碍儿童社会交往能力的发展特点

社会交往能力旨在建立和维持人际交往和人际关系,是建立在社会认知、社会态度以及社会动机等社会心理发展基础上的多种能力的综合。在此主要讨论听力障碍儿童的交流能力和自我调节能力的发展。

1. 听力障碍儿童交流能力的发展 交流能力是人际交往的基础。这种能力主要体现为语言交流能力,因为语言是社会交往的主要工具。非语言交流在人际交往中当然也占有重要地位,但此处所要讨论的听力障碍儿童的交流能力问题,主要是语言交流能力的发展,因为语言交流能力是听力障碍儿童最缺乏、最需要提高的一种能力。

首先,掌握语言是听力障碍儿童进行语言交流必须具备的一种最基本的条件。

对健听儿童来说，语言交流主要是指口语交流，而对听力障碍儿童来讲，语言交流不单指口语交流，而且主要也不是指口语交流，还包括用手语（手势语、手指语）和书面语交流。

其次，无论是对健听儿童还是听力障碍儿童，用语言进行交流时还必须具备调节交流的能力。调节交流的节奏、协调交流的气氛等是语言交流顺利进行的保证。对听力障碍人来说还包括选用合适的交流手段。听力障碍儿童在掌握口语、手语和书面语的基础上，他的语言交流手段大致有：用说话和看话与人交流；用手语与人交流；用笔谈与人交流；口、手、笔谈并用与人交流等。面对不同的交往对象和不同的交往情景，听力障碍儿童必须学会选择最合适的语言交流手段，以达到最佳的交流效果。另外与健听人进行语言交流时，常常会出现交流气氛不佳的情况，如相互的误解、因笔谈烦琐而不耐烦等，这就要求听力障碍学生要掌握调节交流气氛的能力。

2. 听力障碍儿童自我控制能力的发展 自我控制能力是人主动调节自我，以协调人与人之间关系、减少人际摩擦、适应社会环境变化为重要前提。它是指善于支配和控制自我的能力。与善于自我控制相对的是冲动性。冲动的人往往内部控制自我的力量薄弱，行为常常出于自发而欠考虑、感情用事。个体的冲动行为是建立良好人际交往和人际关系的障碍。

听力障碍儿童的自我控制能力发展明显落后，表现为他们行为的冲动性较高。不成熟、遇事冲动、容易受环境影响、为感情左右等是对听力障碍儿童的普遍描述。特别是在遭遇挫折时，他们的情绪变化异常强烈，更加难以控制。听力障碍儿童这样一味地依自己的感情冲动行事，在人际交往中极容易伤害他人的感情，破坏友好、融洽的人际关系，使他们在社会适应方面遭遇更多的困难。所以，提高听力障碍儿童自我控制能力非常重要。

第三节 听力障碍儿童的社会适应教育

我们根据国内外的调查研究描述分析了听力障碍儿童的社会适应心理的发展。从中可以看出，听力障碍儿童的社会心理素质与健听儿童相比存在很大差距，发展相对迟缓。他们的社会适应能力严重阻碍了个性发展的进一步完善，也不利于在社会上独立生活。所以，有针对性地实施听力障碍儿童社会适应的教育，切实提高听力障碍儿童的社会适应水平，是完全必要的。

一、听力障碍儿童社会适应教育的必要性

对听力障碍儿童实施社会适应教育是听力障碍儿童素质全面发展的要求，也是全社会和谐发展的要求，体现了教育和社会两方面的意义。

（一）听力障碍儿童社会适应教育的教育意义

我国教育的目的就是让学生的各方面素质获得全面发展，不仅要进行文化知识的学习，更重要的是发展和完善健全的个性，要把学生塑造成一个合格的社会成员。社会适应教育是学生个性社会化的重要内容，实施社会适应教育有助于每一个学生的个性成熟和成为一个合格的社会成员。

在2016年颁布的《聋校义务教育课程设置实验方案》中对聋生的培养目标中提到：“（使聋生）具有生活自理能力、社会适应能力和就业能力。”

听力障碍儿童社会适应心理发展的特点和局限性，并不是由其听力障碍决定，只是由于听力障碍引起的交流障碍以及社会环境等方面的影响而被耽搁和延缓，并不是不能发展。通过合适的教育，听力障碍儿童的社会适应能力是完全可以发展起来的。

（二）听力障碍儿童社会适应教育的社会意义

社会整体的和谐发展有赖于全体社会成员的共同发展。听力障碍者作为有特殊需要的一个残疾人社会群体，理应在教育、就业以及其他社会生活等方面，在道德和法律的范围内给予必要的关心、扶持和切实的帮助。但是如果有关人员不了解听力障碍者的社会适应心理特点，其关心、扶持和帮助也就无法真正为聋人接受，从而无法真正落到实处。此外，聋人的社会适应发展如果不太好，与之相关的社会人际关系也不会健康发展，容易引发各种社会矛盾，社会安定团结的局面也会受到影响。因此，从全社会发展的角度看，对在校听力障碍学生进行社会适应教育，有利于全社会健康、有序、和谐地发展。

二、影响听力障碍儿童社会适应能力发展的因素

个体的社会化和社会适应都是终身的过程。在这一过程中，要受到诸多社会因素的影响。在影响听力障碍儿童社会适应的众多因素中，不能一一谈到，下面就这些因素中最为重要的因素给予讨论。

（一）沟通剥夺

所谓沟通剥夺是指被人为隔离而丧失了与他人沟通的条件。沟通剥夺是听力

障碍儿童社会适应发展迟缓的关键因素。对听力障碍儿童来说,与外界进行沟通的机会存在着丧失的危险,表现出很大程度的沟通剥夺。由于他们听力受损,致使他们与他人以及周围环境的信息沟通通常不完整,因为语言承载着大多数的社会信息,社会影响也是通过语言沟通来实现的[①]。格雷戈里指出:"根据我们的调查,聋童在一定程度上生活在一个分割开的世界里,发生的事缺少连贯性,……因为他没有沟通交流的语言,这不仅给他的当前的行为,而且给他预见未来的能力打下深深的烙印。"毫无疑问,听力障碍儿童面临的最严重的障碍不是听力丧失,而是在发展一种适当的交流手段的过程中所遇到的障碍。

听力障碍儿童的沟通剥夺体现在以下三个方面。

1. 缺乏与人沟通的共同语言 在日常生活中,沟通大多是以语言形式来进行的。由于语言是最为规范化的符号系统,在同一种语言背景下,不同的人对以一定声、形、符号为载体的字词所建立起来的概念或理解是高度接近的。语言的这种特点,客观地决定了人们在日常社会生活中大部分沟通都借助于语言来实现。同时,运用不同语言的人客观地存在难以沟通的状况。

对于听力障碍儿童来说,发展语言能力及发展何种语言能力对其交流都是意义重大的。健听家长和聋教育工作者的愿望是希望听力障碍儿童学会使用口语来与人交流,但实际上,多数听力障碍儿童不大可能学好清晰的口语,并以此来进行交流和表达自己。听力的损失也使听力障碍儿童在口语交流中处于被动的地位。比如,健听母亲在和聋儿早期的交往中,由于没有共同理解和使用的语言,使得母亲对聋儿的行为指导只能采用命令性、而非解释性的方式,这极容易造成聋儿过于依赖母亲或外界的外控倾向,也妨碍了聋儿自主性、自信心的发展[②],因此听不见别人的言语和自己不清晰的口语容易造成听力障碍儿童与外界的双向交流丧失的危险局面。

2. 早期沟通的缺乏 从儿童早期教育的角度来看,早期的有意义的交流对每一个儿童一生的发展都是至关重要的。比如亲子之间的交流是从孩子出生之后就开始的,它奠定了孩子个性发展的基础。虽然刚出生的孩子并没有掌握语言,但语言的刺激是从出生就有的。它是孩子发展语言、思维以及个性不可缺少的。但听力障碍儿童接收不到有声语言的刺激,也无从反应,而健听人父母无法用听力障碍儿童可以接受的交流方式与他们沟通。比如我们在聋校听到这样的事:一个聋儿

---

① 黄丽娇. 义务教育阶段聋校中的不平等现象研究. 博士论文,大连:辽宁师范大学,2014。

② 桑迪·尼尔曼,德沃尔·格林斯坦,达琳·戴维著,吴安安译. 聋童早期教育指南[M]. 江苏教育出版社,2009。

向家长提出要求,要吃某一种小食品,但家长无法搞清楚他要什么,双方在沟通中都已筋疲力尽,只有相对哭泣。这就是孩子与家长之间缺乏共同的交流手段和语言所造成的。如果说等孩子学好口语之后再谈沟通,那时为时已晚。因为早期的沟通机会已丧失,对听力障碍儿童的发展来说,是难以弥补的损失。

3. **丧失沟通的自然性** 听力障碍儿童学会用口语交流是非自然的,必须通过他人有意识地传授,因而儿童本身必须具有一定的理解水平才能接受语言的学习。而且在聋儿运用口语进行交流时,对口语使用正确与否的关注似乎超过了对交流本身的关注。

健听儿童交流时更多关注的是交流的内容而不是交流的形式,他们通过语言这一沟通工具,学习大量的知识,但对听力障碍儿童来说,无论是在家庭还是在学校,说话方式本身远比说话的内容更重要。当健听儿童通过交流已受到大量的社会影响、发展自我时,听力障碍儿童仍在为他们能达到流畅地说话、正确的口语表达而努力,而这一目标又是大多数聋童难以达到的。而从这种机械刻板的语言训练中他们通过能获得的知识很有限。

由以上分析可见,沟通的剥夺是听力障碍儿童社会化和社会适应发展迟缓的关键因素,无论是在家庭、学校还是其他社会场合,沟通剥夺的情况都是普遍存在的。从各种沟通剥夺的情况中我们得出采用何种语言是发展听力障碍儿童社会适应的一个关键因素。在此我们并不讨论口语和手语之争,以及手势语是不是语言的问题。我们必须要重视的是:听力障碍儿童必须从小发展和掌握一套可靠的、容易接受和使用的、富于表达性的符号体系。他可以学会随意运用这些符号表达他内心的思想感受,也可以轻松、自然地与人交流。对听力障碍儿童的发展来说,发展沟通能力是最重要的,其他的都应退居其次。

(二)家庭

家庭是儿童出生后接触的第一个社会环境,在家庭里儿童经过了最基础的社会化的发展过程。家庭中诸多因素影响了儿童社会化和社会适应的发展,对听力障碍儿童来说,家庭中的因素又有其特别意义和特别的影响作用。在诸多的家庭因素中,我们只讨论与听力障碍儿童关系特别密切的三个因素,它们是早期诊断、早期干预和父母的教养。

1. **早期诊断** 在我国目前已经对新生儿进行听力筛查,但由于经济条件、健康意识以及父母的态度等原因,还是会有一些婴幼儿延迟耳聋的确诊,有时候到了三四岁才发现听力有问题。对耳聋不能及早、明确地诊断,影响了对听力障碍儿童的早期教育。对孩子的社会性发展而言,早期诊断有利于亲子之间建立更适当的良好关系，有利于孩子的社会化发展。Hovind 和 Parving 的研究发现，对聋童的早期诊断和早期干预能防止家庭成员的相互隔离。

2. **早期干预** 听力障碍儿童的语言发展需要早期干预，一种干预手段是开发和利用残余听力，进行有声语言的训练。另外，接受了训练而又达到训练目的的更是少数。也就是说，即使听力障碍儿童很小就带上助听器，他所听到的声音能否达到语音的理解而起到沟通的作用，仍是悬而未决的问题。总之，在对听力障碍儿童早期语言交流的认识态度上应明确的是，无论采用何种语言，及早开展听力障碍儿童有意义的早期交流是明智之举。

3. **父母教养** 90%的听力障碍儿童的父母是健听人，他们对自己的孩子有听力障碍这一点普遍无法接受。这使他们在教养孩子的态度和行为上容易出现不利于听力障碍儿童发展的情况。比如父母不愿意承认其孩子的耳聋、对治愈耳聋抱有不切实际的幻想，致使耳聋的确诊被不必要地延误，继而延误了对他们的早期干预。另外父母对孩子耳聋的负面态度常常伴有悔恨、失望、内疚、无助、焦虑等负面情绪，这些负面情绪直接影响听力障碍儿童，引起他们的自卑、反抗、灰心丧气等心理状态。还有，父母关于聋人的知识知之很少，他们对听力障碍儿童的说话和融入主流生活的期望有时是不切实际的，这也给听力障碍儿童增加了心理压力；还有的父母由于歉疚心理而过分保护、迁就听力障碍孩子，阻碍了他们独立、健康人格的发展。

总之，在听力障碍儿童早期社会化和社会适应的发展中，无论是交流、语言还是情感的发展，父母都是最重要的因素，世界上任何专业人员都无法代替。听力障碍儿童的耳聋绝大多数是不能治愈的，对他们的未来和发展，父母需要有更成熟的态度和知识。

（三）学校

学校对听力障碍儿童的社会化和社会适应的发展意义重大。因为学校不仅是听力障碍儿童学习文化知识的场所，而且是他们系统获得社会知识、社会经验的主要场所。健听儿童对大量的情感的理解和认识，对人与人关系和交往规则的了解，大多数是在自然的、不经意的日常交流中学习获得的，是属于无意识的经验学习。但由于听力受损，听力障碍儿童的这种无意识的经验学习基本上被剥夺，他们不能自然地感知、了解外部世界，包括家里发生了什么情况和怎么发生的；他们也不能自然地学会在外部世界的变化中自己该如何反应。因此，造成听力障碍儿童早期社会化的严重不足。这必须在学校教育中给予补充和加强，通过学校有系统的教育方式给予有意识、有计划、有目的的传授。

学校中包含众多的因素,主要有物理因素,如自然环境、教学设施等;人的因素,包括教职工和同学;教学因素,包括教育方法、教材等。在这里,主要讨论教师、同学和语言教学法对听力障碍儿童社会化和社会适应发展的影响。

1. **教师的因素**　聋校教师在听力障碍儿童社会化和社会适应的发展中扮演着重要而独特的角色。一方面作为教师,他们要传授文化知识,另一方面由于他们与听力障碍儿童更易沟通,这使得他们在一定程度上起着家长的作用。在聋校中,我们了解到学生产生心理问题时,首先愿意和同学谈,其次是和老师,最后是和家长,因为大多数家长不懂手语。学生生活、情绪上发生的问题,都希望从老师那里获得帮助和解答。教师必须弥补听力障碍学生早期社会化的不足,还必须帮助听力障碍学生在学校阶段的社会化进行得更充分、彻底,使他们发展独立的自我意识,以更成熟的姿态走向社会。与父母作用类似之处还在于,聋校老师对听力障碍学生的态度、期望等对听力障碍学生的学习和日常行为表现有着直接的影响作用。

2. **同学的因素**　在聋校中,听力障碍学生之间由于共同的障碍,有共同的生活体验,更重要的有共同理解和使用的语言,使同学之间的交流最为密切和重要。在聋校中得到共同认可的事是,聋校中同学间的交流和相互影响甚至超过了教师。这种相互影响既有利于听力障碍学生社会化发展的一面,也有不利于甚至有害于听力障碍学生社会化发展的一面。

听力障碍同学或同伴间的相互影响实际上体现了听力障碍儿童对聋人群体的归属和认同,在这一点上是有利于他们的社会适应的。具体表现为:①促进社会文化的交流和学习。听力障碍同伴间的交往是在轻松的氛围中进行的,他们在谈天、闲聊、嬉笑、打闹中相互学习,他们没有与健听人交往时的社会孤独感,他们可以充分、自由地以彼此可以接受的方式表达自己的情感,更积极主动地去获取和接受社会文化信息。②促进正面自我概念发展。听力障碍儿童在与健听人交往中,自我感受和形成的自我形象往往消极的方面多一些。但在与同伴的交往中,不再担心、在乎自己的耳聋,减缓甚至消除了这种消极的自我认识。这有利于他们积极地、健康地认同自己的聋人身份和认识自己的价值,有利于他们积极参与社会交流。③充满情感的联系,形成他们之间的依恋感、归属感、同盟感,促进他们之间建立起友谊。他们相互支持、相互依赖,以群体的方式去适应主流社会。

另一方面,听力障碍同伴间强烈的影响也会导致不良的社会适应。他们在分享经验和建立亲密关系的过程中,容易产生小团体的意识,并以排斥异类、对抗外界姿态的出现。这种小集团成员之间相互诱导又共同具有认知水平低和社会经验少的特点,很容易在思想上偏离社会基本规则,甚至在行为上干出违法乱纪的事,这是在学校教育中应该注意和防止的。

3. **语言教学的因素** 语言教学是聋校中教学的主要内容。我国聋校现行的教学大纲将发展听力障碍学生的语言摆到非常重要的位置。自1956年我国召开了全国“口语教学实验工作汇报会”后，开始在全国范围内推广口语教学。长期以来，我国聋校的语言教学是遵照“以口语为主，手势语、手指语和书面语恰当运用的原则”进行课堂教学的。这一原则虽是一项语言教学原则，但是它必然会影响聋童的社会化和社会适应的发展。有一种观点认为听力障碍儿童进入社会后最佳的社会适应是既不脱离对聋人社会的归属，又适应主流社会的生活。这客观上要求听力障碍学生既要掌握手语又要掌握主流语言。因此，在他们看来，对口语的偏重容易使听力障碍学生对手语的轻视，不利于他们的健康发展。

自20世纪80年代以来，从欧美等国家逐渐盛行起来的“双语教学”对听力障碍者社会适应的发展更具现实的意义。“双语”是指同时使用两种语言——手语和书面语，从社会意义上来说，它鼓励了两种文化模式——聋文化和健听文化的共存，有利于听力障碍者对两种文化的掌握和适应。Kannapell指出，持双语（指ASL和英语）的聋人能够流畅地运用ASL和英语来表达自己，也能平衡地运用两种语言去理解事物。Kannapell还指出，使用双语鼓励了聋人社会异质性的存在。

以上探讨的是听力障碍学生在特殊学校中所受到的影响，对纳入普通学校“随班就读”的听力障碍学生的社会化和社会适应发展，普通学校能给予什么样的影响也是需要研究讨论的课题。

（四）听力障碍儿童个体的因素

在听力障碍儿童社会化和社会适应的过程中，他们一直发挥着主体的影响作用。听力障碍儿童的个性一方面是在其社会化过程中形成和发展的，另一方面，作为主体因素又始终影响着听力障碍儿童的社会化和社会适应的发展，听力障碍儿童的主体因素主要体现在接受的社会信息少和抽象思维能力差。

由于社会信息大部分由语言来承载，交流的缺乏和困难使得听力障碍儿童获得语言社会信息极为有限。造成听力障碍儿童接受社会信息少的另一个原因是，听力障碍儿童的生活学习范围一般要比健听儿童小。在校的听力障碍儿童是生活在由家长和老师提供的保护区域内，生活简单，与外界社会的事务大都由家长和老师来解决。在这一生活模式下，听力障碍学生获得直接社会经验的机会更少了，也使他们抗挫折的心理变得更为脆弱。另外，听力障碍儿童的思维发展的具体形象性较强，抽象思维能力较差。不仅学习语言较为困难，对包含在语言中的抽象社会意义也较难理解。因此，听力障碍儿童的社会心理发展极易出现片面和肤浅的表现。

三、听力障碍儿童社会适应教育的内容和途径

对听力障碍儿童实施社会适应的教育是十分必要的。由于学校对听力障碍学生的发展具有的特别重要的意义,在此项教育中学校承担着其他社会因素无可比拟的作用。我国聋校中对听力障碍学生进行有系统的社会适应教育基本上还是一个空白,学校没有设置专门课程对他们进行社会适应教育,也很少组织活动或讲座来讲授社会适应的内容。这种现状与听力障碍儿童对社会适应教育的迫切需求是极不协调的。聋校教育中,有必要增设听力障碍学生社会适应教育的内容和课程。

(一)听力障碍学生社会适应教育的内容

由于听力障碍而导致的交往的缺乏和肤浅化,是听力障碍儿童社会适应心理发展滞后的根本原因。围绕改善听力障碍儿童社会交往的这一中心问题,对他们实施社会适应教育。至于具体的的教育内容,在国内外的教育实践中已积累了许多经验,在此做一介绍。

1. 增加听力障碍儿童的社会信息量 听力障碍儿童获得的社会信息太少,是导致他们产生社会认知和社会态度偏差的重要原因。肖阳梅认为聋生社会认知片面的原因是聋生接受社会信息少并且缺乏抽象思维能力,因此提高聋生社会认知应从增加聋生社会信息量和提高聋生抽象思维能力入手①。

利用课程教学有目的地、集中地向听力障碍学生传授他们难以获得的社会信息,也是增加他们社会信息量的可行办法。比如听力障碍儿童认为健听人对他们的负面态度比健听人实际上对他们的负面态度要大这一认知偏差,造成的原因之一是他们难以认识和获得健听人真实的心里想法。在课堂上社会知识的传授中,教师可以给听力障碍学生阐明一些道理,诸如:①健听人并不是以耳聋来评价听力障碍者,而是看重和关注听力障碍人对社会所做出的贡献。听力障碍者和健听人一样,通过努力工作会换来他人的尊重;②大多数健听人并不是看不起听力障碍者,而是由于聋健交往中客观存在的一些困难,如健听人觉得自己不会手语,跟听力障碍人说不清楚,又觉得纸、笔麻烦,从而造成了聋健之间的距离;③健听人对听力障碍者的负面态度一部分也来自听力障碍者自身的行为,这些行为是听力障碍人自己难以知晓的,比如听力障碍学生由于自己听不到,常常不自觉地发出许多令健听人无法忍受的噪声。比如:咀嚼声、磨牙声、摔门声、喉咙里不断发出的冲动性声音等。④社会上也确实有些健听人对听力障碍者存在偏见,甚至是迷信的观念,

---

① 肖阳梅:《聋生的社会认知及其培养》,《中国特殊教育》. 2001,3。

但这些人是少数，而且他们的迷信偏见是来自他们错误的认识，对此要引导听力障碍学生学会宽容他人。

2. **深化听力障碍儿童的社会体验** 听力障碍儿童社会交往缺乏的一个方面是他们在社会交往的实践中缺乏深刻的体会，社会的作用在他们心理上的影响很浅，这是造成听力障碍儿童只凭自己意愿、而不顾社会后果行为的一个原因。比如听力障碍儿童的过于冲动行为和一些小偷小摸的行为，大多数并不是听力障碍学生的明知故犯，而是因为他们对社会行为规范缺乏了解，以及对自己的错误行为所引起的他人和社会的反馈缺乏情感性的体验，如羞耻感、后悔、内疚等。他人和社会的反馈通常是以社会舆论的方式表现出来，这是听力障碍儿童难以自然体验到的，加上外界对他们的过分保护和宽容，使得他们生活在保护圈内，难以获得真实的社会体验。

香港地区部分聋校在发现听力障碍儿童违反社会道德之后的教育方法非常值得我们借鉴。他们的做法是：听力障碍学生在超市等地有偷窃行为被发现后，要学生在全校做检讨，家长和学生一起到超市承认错误，并交罚款。这一方法看似简单且不顾学生的面子，但实际上深化了听力障碍学生的社会道德体验，使其社会道德认知更为牢固，对其社会行为更具指导意义。对听力障碍学生爱护是应当的，但过于保护和宽容他们的错误行为则是害了他们。他们应当在真实的社会生活中获得真实的社会体验。

3. **发展听力障碍儿童对情感词汇的理解与表达** 由于听力障碍儿童对语言中抽象的社会内涵缺乏理解，导致了他们社会认知和社会态度的肤浅，以及缺乏社会性的行为动机。在学校的语言教学中，要结合听力障碍学生的生活实际，创设各种具体的社会环境以揭示语言的抽象含义，促进他们的深刻领会。

4. **培养听力障碍儿童社会交往的能力** 聋健沟通是听力障碍儿童适应主流社会的具体行为，在聋校教育中注意传授和培养听力障碍儿童与听人沟通的能力和技巧是特别有实用价值的。

首先，要注意培养学生的语言沟通能力。在与健听人的沟通中，听力障碍儿童可根据不同的沟通对象和内容采用不同的沟通语言。应传授他们的口语、手语、口手并用、书面语（笔谈）的沟通技巧。其中与健听人沟通中运用最多的方式是笔谈，虽然聋校语文教学中有作文课，但笔谈和作文还有所区别。笔谈作为听力障碍学生的特有的语言交流方式，对笔谈能力和技巧的培养尤其应引起重视。其次，培养听力障碍学生保持有效沟通的技巧，包括选择和采用何种语言形式交流，如何协调交流的气氛，如何“倾听”对方的陈述和自己如何合适地反应等，这些沟通的技巧有助于弥补听觉障碍所带来的沟通困难，使听力障碍学生最大限度地获取社会信息。

自我控制是人与人交往必备的能力之一，培养听力障碍儿童自我控制能力，对于他们的社会适应性非常重要。

（二）听力障碍儿童社会适应教育的具体途径

聋校实施听力障碍儿童社会适应教育主要有以下三条途径：

1. **开设专门的社会适应心理教育课程**　针对不同年级、不同学生的特点，制定相应的教学内容和教学方法，并将其编入课程计划中。现在聋校普遍有社会常识课和社会活动课，社会适应的教育内容可以先考虑结合在这样的课程中，待条件成熟，再作为一门专门课程开设。

2. **有意识地在学生平时的生活中加强社会适应的教育**　比如，注意总结学生在学校中师生交往、同学交往以及在社会生活中与他人交往的典型经验，随时随地、潜移默化地培养他们的社会适应心理。

3. **将社会适应的教育寓于各学科的教学过程中**　例如，语文教学课上语言能力的培养本身就是聋校社会适应教育的一个重要内容；社会课上可以向学生传递大量社会信息；数学课上可以将数学知识在社会生活中的运用充分体现出来。

【思考题】

1. 简述临床医学观点和社会文化观点中关于耳聋的看法。
2. 你认为聋人社会及聋人文化对听力障碍儿童的成长发展有何意义？
3. 你认为听力障碍儿童应该发展何种模式的社会适应？
4. 请分别阐述听力障碍儿童社会认知、社会态度、社会动机及社会交往能力的发展特点及对其社会适应的意义。
5. 用你在教学实践中的具体事例来说明对听力障碍儿童进行社会适应教育的必要性。
6. 听力障碍儿童的社会适应发展受哪些因素影响？
7. 试述学校教育在培养听力障碍儿童的社会适应中的作用。
8. 对听力障碍儿童进行社会适应教育的内容有哪些？
9. 对听力障碍儿童进行社会适应教育的途径有哪些？
10. 调查几例健听父母的聋儿与耳聋父母的聋儿在社会适应能力发展上存在的差异，并写出报告。

第七章

聋教育的发展和我国聋校教育制度的确立

【本章提要】

16 世纪西班牙的庞塞被认为是人类历史上第一个真正意义上的聋教育者。1760 年世界上第一所聋校在法国巴黎建立,创办人是德·莱佩。

1887 年,美国传教士米尔斯夫妇在山东登州创建了我国第一所聋校——启喑学馆,并编写出我国第一本聋校教材《启哑初阶》。

我国聋校的教育制度,大多数聋校实施的是义务教育阶段的教育,即九年义务教育,少数为中技、中专类职业学校。除聋校外,还有聋童特殊班和在普通学校随班就读两种形式。

我国聋校的教育系统,其一是教育行政系统,我国在中央一级是教育部基础教育司特殊教育处。在省(直辖市)一级教育厅(局),以及地(市)级、直到县级教育局,没有单设专门的行政部门,只有分管的领导及办事人员。其二是学校教育系统。从隶属关系看,我国现有的听力障碍儿童学校网络结构分属教育系统、民政系统、卫生系统和残联系统。绝大多数隶属于教育系统。

此外,也有一定量的民间兴办听力障碍儿童教育机构。

从听力障碍儿童学校教育层次来看,分为学前教育、基础教育、中等教育和高等教育四级。目前尚无单设的成人教育机构。

第一节 听力障碍儿童教育的发展

一、听力障碍儿童教育的产生

据有的学者的看法,认为各类身心障碍者的特殊教育发展顺序,大致依障碍特征的明显程度而定,愈具明显障碍特征者,教育的起源亦愈早。其中听力障碍者,以其明显障碍特征与“可教育性”,是特殊教育起源最早的障碍类别(胡永崇,1997)。

自有人类社会,就有听力障碍等各种残疾现象存在。但是,为听力障碍儿童提供学校形式的教育,迄今仅有两百多年的历史。与普通教育相比,听力障碍儿童的教育还相当年轻。尽管如此,听力障碍儿童学校教育的产生和发展,是人类科学地、正确地认识自身存在的缺陷,认识教育对残疾人康复所起的重要作用的一个标志。包括听力障碍儿童教育在内的整个特殊教育之所以产生得晚,除社会政治、经济条件的原因外,还有一个重要原因,就是人们对特殊儿童该不该受教育、能不能受教育,经历了一个长期的认知过程,才得到了肯定的答案。

(一)外国听力障碍儿童教育的产生

听力障碍儿童教育的产生与实施听力障碍儿童教育的学校产生不是同步的。但是,由于学校的产生这种行动具有社会性,容易被人知晓并引起较强的社会反响,因此也容易记载进文献之中,所以,便常以聋校的产生作为听力障碍儿童教育产生的标志。实际上,聋教育的实际起始年代要早于聋校的建立,这在中外聋教育史上都是如此。在聋校产生以前,对听力障碍儿童进行的教育活动,多半是属于一些分散的、零星的个人行为,但由于其性质带有慈善或探索的特点,因此备受社会关注而被载入史册,作为史料得以保存下来。

从现有文献记载,西班牙的庞塞(1520—1584)被认定是从事聋人教育的第一人。周仁来在他的《听力障碍儿童诊断与康复》一书中引用美国学者 Page long 的讲座材料,称“第一个真正从事聋人教育研究的人是西班牙的 Pedro Ponce de leon”。张福娟主编的《特殊教育史》在记叙这一段史实时说庞塞“是第一个肯定了残疾人具有学习更多知识的能力,是第一个成功的特殊教育者”,并认为“人类在1578 年(在这年的一份法律文件中庞塞叙述了他教育聋童的经历——引者注)开始了真正意义上的残疾人教育”[1]。林宝贵在其论述听障者沟通法的专著中也讲到这段历史，她写道：“实际上从事听力障碍者教育成绩卓著并影响后世听力障碍教育至巨者却是16世纪中叶的西班牙的修道僧雷昂。”[2]（注：此处雷昂与庞塞都是音译，指同一人）关于庞塞的聋教育实践，据传他教的聋童能学会流利地说话，“庞塞首先教孩子写字，然后指出书写的字母所代表的物体，最后将书写与发音联系起来，让孩子不断地进行发音练习。”

对于庞塞在世界聋教史上的地位，有这样的一些评论：“在此之前，听力障碍者在世界上完全处于被放弃或无教育的状态。”[3]“在他死后的30年中，是聋教育史的空白时期。”[4]“16世纪的庞塞是人类第一个真正意义上的聋教育专家。”[5]

在庞塞之后，至18世纪中叶世界上第一所聋校的创立，期间还有过许多有建树的听力障碍教育的仁人志士。鉴于学科的性质，更多史料性的知识就不在本书中列举了。

国外听力障碍儿童教育的发展

（二）我国听力障碍儿童教育的产生

我国有五千多年的文明史，中华民族对包括特殊教育在内的整个世界的残疾人事业做出了自己的贡献。

二千多年前，当古希腊、古罗马社会对残疾人采取遗弃、灭绝的做法时，我国儒学思想家在《礼记·礼运篇》中提出“大道之行也，天下为公，选贤与能，进信修睦。故人不能独亲其亲，不能独子其子；使老有所终，壮有所用，幼有所长，鳏寡孤独废疾者皆有所养”的大同思想。这一具有人道主义的进步思想观点，至今为世界各国所称道。

中国听力障碍儿童教育的发展

（三）新中国的听力障碍儿童教育

1949年以后，特殊教育被纳入了整个国民教育体系。1951年10月，周恩来总理签署《关于改革学制的决定》，提出，“各级人民政府应设立聋哑、盲目等特种学校，对生理上有缺陷的儿童、青年和成人施以教育”。新中国成立初期，尽管国民经

① 张福娟：《特殊教育史》，华东师范大学出版社，2000年版，第23页、第34页。

② 林宝贵：《听觉障碍儿童语言沟通法和语文教学法之研究》，台湾地区教育行政部门教育计划小组编，1994年，第6页。

③ 林宝贵：《听觉障碍儿童语言沟通法和语文教学法之研究》，台湾地区教育行政部门教育计划小组编，1994年，第6页

④ 周仁来：《听觉障碍儿童诊断与康复教程》，延边教育出版社，2000年版，第108页。

⑤ 张福娟：《特殊教育史》，华东师范大学出版社，2000年版，第23页、第34页。

济处于恢复时期，百废待举，但特殊教育（当时主要是聋教育）还是得到了应有的振兴和发展。1953 年，国家教育部设立盲聋哑教育处专门管理特殊教育事务。我国听力障碍教育在教学方法选择、教师培养及职业教育等方面也取得了长足进步。在教学方法上表现为，1954 年 8 月，国家教育部在北京召开了全国聋哑学校语文教学座谈会，会议确定推行口语教学是我国聋哑教育改革的方向，并于 1955 年组织教育专家为口语教学实验班编写一、二年级课本。1956 年，国家教育部先后颁布文件，明确了聋哑学校的基本任务、办学方针和领导隶属关系、师资进修等政策。在《关于聋哑学校使用手势教学的班级的学制和教学计划问题的指示》《关于聋哑学校口语教学班级教学计划（草案）的通知》和《办好盲童学校、聋哑学校的几点指示》等文件中不仅规定了手势教学班和口语教学班各自的教学计划并附有各学科教学的简要说明。此外，文件也对聋校的基本任务、教学特点、学制、学生入学年龄、班级人数以及教学改革等内容进行具体的规定。在《关于盲童学校、聋哑学校经费问题的通知》中指出，“盲童学校、聋哑学校是一种特殊学校，应当规定适合于特殊学校需要的经费标准”。该《通知》对盲聋学校的教学行政费、一般设备费、教学设备费、技术实习费和人民助学金都提出了非常具体的意见。1956 年，上海聋哑青年技术学校正式成立，该校为中国第一所聋哑青年中等职业技术学校，面向全国招生。1958 年 11 月，由中国聋哑人福利会举办的中国聋哑教育师资讲习所开学，意在一面提高在职聋校教师的素质，一面培训新的聋校教师。

20 世纪 50 年代和 60 年代前半期，我国的政治经济虽然发生过几次较大的变革，但对特殊教育的影响不大，没有引起大的波动，特殊教育的发展基本上处于相对平稳的渐进时期。

至 1965 年止，全国（除港澳台外）已有盲聋学校 266 所，在校学生 23000 人，教职工 4000 人，其中专任教师 3000 人。

自 1966 年起，10 年间，政治上的剧烈动荡，给中国的教育造成了巨大的创伤。特殊教育丝毫也未因其“特殊”而幸免，几乎所有的特殊教育学校都被迫停课，即使上课，也不正规。师生无一例外地被卷入“大革命”的浪潮之中。

据《中国百科年鉴 1980》的统计，至 1976 年这场“大革命”结束时，全国的盲聋学校 269 所，在校学生 29000 人，10 年间几乎没有增长。

20 世纪下半叶与聋教育有关的大事件

20 个世纪 80 年代以来，中国特殊教育犹如绝路逢生。由于改革开放的方针，使中华大地春意盎然。随着经济的发展，人民生活水平及社会文明程度都有了很大的提高。20 世纪末的 20 年间，中国特殊教育进入了一个蓬勃发展的新时期。邓朴方在 1993 年召开的中国残疾人联合会第二次全国代表大会上的报告中，对 1988 年中国残疾人联合会第一次全国代表大会以来的我国特殊教育发展的成就做了一个宏观的评价。他说:“五年的发展,超过了我国自有特殊教育以来百余年的总和。”

二、港、澳、台地区听力障碍儿童教育

(一)香港的听力障碍儿童教育

听力障碍在香港称作听觉障碍,对听力丧失的评估采取世界卫生组织1980年的鉴定标准。另外,香港从教育方面将听力障碍者分为两大类。①聋童:凡儿童有听觉障碍并且没有自发语言能力而需要特殊教育者;②弱听:凡儿童有听觉障碍但有常童的语言发展,只需要特别的安排措施而不需要聋童的一切教育方法者。

香港聋教育发展

香港的聋童教育有诸多特色。如:规范性管理服务制度,聋教育体系完整,重视早期教育,注重发挥残余听力和助听器在语言学习中的作用,提倡全面参与及机会均等,充分发挥聋童的天赋和才能,为聋童家长开设资源中心。积极倡导融合教育,教育管理和教学手段现代化。其中重视师资训练的做法很值得借鉴,主要做法:

第一,学校非常重视师资训练,为教师进修提供各种机会。

第二,聋童教育必须具备的师资训练包括普通教育师资训练和聋童教育师资训练。聋童教育师资训练由香港教育学院为非学位教师提供两年在职教师特殊教育课程。

香港聋教育近期发展

第三,在训练方法上,第一年全部时间到教育学院学习理论,第二年返回原校实习,并要写出实习报告。

第四,聋童学校自行主办长期性的每星期一次的聋童教师训练研讨。

上述训练为非学位性的。此外,香港大学还设有特殊教育学位及硕士课程。

(二)台湾的听力障碍儿童教育

有人曾对我国听力障碍、智力残疾和视力残疾三类特殊教育的起源做过查证,从现有文献记载看,我国的这三类特殊教育都是由大陆开始兴办的(张宁生,1995)。

台湾地区的听力障碍者教育始于何年呢?据台湾彰化师范大学特殊教育系教授王文科主编的《特殊教育导论》(1997年版)上所说:“民国前22年,英国传教士甘雨霖在台南教堂内设立训盲院,招收盲人,教以圣经、点字、手艺等。至民国前

12 年,改由台南慈惠院接办,增设聋哑教育部,是为台湾地区聋教育之始。"①然而,林宝贵在其宏著《听觉障碍教育与复健》(1994 年版)中则说:"……自民国前 22 年英籍牧师甘雨霖在台南教会内设立训盲院后,……民国四年增设聋哑教育部,开始对听觉障碍儿童实施教育,这就是现在的省立台南启聪学校的前身。"②两说不一。又,林宝山在其《特殊教育导论》(1992 年版)中的记载与林宝贵的相符。2012 年台南启聪学校改制为台南大学附属启聪学校,首任校长由台南大学行政副校长林瑞荣兼任,台南大学附属启聪学校成了第一所附属大学的特殊教育学校。

与祖国大陆的情况一样,早期台湾地区的听障教育也取盲聋合校的形式设立。不过台湾的盲聋合校最终走向独立设校。至 1968 年这种合校的形态结束。而祖国大陆,就局部来看,有些合校后来分开了,但仍有相当数量的合校一直相伴为生。这种由合而分的经历被台湾专业人士看作是"盲聋教育史上的一件大事,使得盲聋教育更专精化"。③

台湾地区的盲聋教育学校,早先合校时称"盲哑学校",后来改称"盲聋学校"。后来分开设校,盲校改为"启明学校",聋校改为"启聪学校",几乎全岛统一叫法。截至 2015 年特殊教育统计年报显示台湾有启聪学校 3 所,均为公立,即台北市启聪学校(1917 年创校)、台中启聪学校(1956 年创校)、台南大学附属启聪学校。三所公立学校都设有幼儿部、小学部、初中部和职高部。随着融合教育的推进,普通中小学开始筹办启聪班,提倡聋生就近入学接受教育。导致听力障碍学生在特殊教育学校就读人数大幅下降。为适应形势变化,启聪学校除招收听力障碍学生外,还招收其他残疾类别的学生。根据统计年报显示,除了三所启聪学校之外,高雄市立楠梓特殊学校(前身为启英学校)也招收部分听力障碍学生,4 所学校中听力障碍学生总数为 362 人。

在教学上,三所学校在早期采用手语教学法,至 20 世纪 60 年代以后才逐渐加入口语,进而采用综合沟通法。而设于中小学中的启聪班则大都采用口语法教学(林宝山,1992;林宝贵,1994)。在口语训练的成效上,"有的听障儿童已不再完全依靠手语与笔谈来沟通,大部分的听障生(55%)已学会读唇与说话,虽然发音不准确,但可让人听懂者达 23%。"④如能保持这个势头,实在令人惊羡不已了。

在设科上,除比照一般小学、初中、职高的课程外,幼稚部与小学部着重沟通训

---

① 王文科:《特殊教育导论》,心理出版社,1997 年再版,第 112 页。

② 林宝贵:《听力障碍教育与复健》,(台)五南图书出版社公司,1994 年版,第 90 页。

③ 林宝山:《特殊教育导论》,(台)五南图书出版社公司,1992 年版,第 65 页。

④ 林宝贵:《听力障碍教育与复健》,(台)五南图书出版社公司,1994 年版,第 90 页。

练（语言训练）与生活教育。沟通训练包括听能训练、读话训练、说话训练、笔谈、阅读训练，这是听力障碍者教育的重点。到初中阶段，加强社会适应能力之培养，并开始职业陶冶。职高部则着重职业训练。职业种类较广，有 10 多门，多数与大陆相同。少数几门或许略显特色，如摄影、烘焙、广告、陶瓷等。

至 1994 年止，依林宝贵所做的归纳，台湾地区在启聪教育发展的道路上，有几项事实被认作是一种进步：①盲聋分校；②更改校名；③启聪学校人数减少，启聪班人数增加；④公布课程纲要，确定教育目标；⑤改进课程内容；⑥改进教育方法；⑦编辑启聪教育专用教材；⑧统一手语；⑨加强了听障生升学辅导及修订了相关制度，使听障者接受高等教育的机会增加。

手语与台湾听障教育：过去研究启示与展望

（三）澳门的听力障碍儿童教育[1]

虽然内地的人经常把"港澳"连在一起称之，但对澳门的了解较之香港则少之又少。对澳门特殊教育包括听障者教育的了解更是不甚了了。

澳门的聋童教育早见于 20 世纪 60 年代，当时路德会主办澳门路德会聋哑夜校，学校附属于澳门路德会圣保罗学校，为弱听、弱言儿童提供夜校教育。1973 年，学校增办日校，至 1978 年，命名为澳门路德会圣保罗聋哑学校。1988 年，美国路德会牧师谢士柏博士筹募经费，学校重新注册，易名为协同特殊教育学校，现隶属于澳门协同福利教育总会。数十年间，校舍经历数次搬迁，2000 年 7 月迁至教育局批予使用的新校舍。学校的教育目标包括基础教育、沟通技巧、属灵增长（即宗教教育）、科技应用及延续教育等方面。学校提供愉快的学习环境，帮助学生掌握一般生活所需的技能并建立正确的人生观。关于聋校教学的传统是用手语法还是口语法的问题，由于澳门的聋童教育和香港的发展一样，协同特殊教育学校明确地致力推行口语教学、语言训练，尤其是在小学阶段，让学生在有限条件下尽量发展语言能力，掌握沟通技巧，融入社群。不过，学生于中学阶段时，也会接触手语，增强学习能力与人际沟通。此外，通过科技教学及应用，除为学生于学习中提高知识、技能外，更为他们的沟通能力及将来的职业奠定了基础。学校也为毕业生提供最少两年的升学及就业辅导的延续学习课程。

从 1991 年开始，澳门政府就在公立学校推行融合教育，2006 年更是以法律的形式强调特殊教育应优先发展融合教育。随着融合教育的推进，更多特殊儿童有机会进入普通学校就读。根据澳门特别行政区政府教育暨青年局 2015 年公布数

---

① 这部分其中有些内容特邀请香港教育学院冼权锋博士撰写，因此在用词上与全书略有所不同。特做此说明。

据显示，协同特殊教育学校目前有28个班，150名学生，39名教职工。

三、听力障碍儿童教育的发展趋势

研究者和实际教育工作者以及家长都一致关心聋人教育的前景，这是很自然的。在美国有“特殊教育之父”之称的柯克曾发问道：“耳聋学生的前景如何呢?”“能出现振奋人心的技术突破来帮助他们跨越耳聋障碍吗?”“能有医学上的突破去打破被堵塞的交际渠道吗?”

就这些问题，普里克特和亨特(1977)询问了50多位聋人问题的专家，请他们指出将来的聋人工作领域中最可能发生的令人向往的变化。根据收集的各种回答，最后依次列出了10项变化。

1. 学前教育和家长教育将成为聋教育中的标准做法。
2. 聋人的学业成就和社会顺应将有改善。
3. 职业教育和职业需求将越来越受重视。
4. 在家长和婴儿训练方面将需要更多的专业人员。
5. 学校里将增加家庭生活和性教育的内容。
6. 为多重残疾聋人的教育计划将日益增加。
7. 更多地利用电视之类的手段为聋人编制节目。
8. 向聋人提供的翻译服务将持续扩大。
9. 继续改进助听器技术。
10. 需要更多的教师向多重残疾聋入施加有效的影响。

(资料来源:《特殊儿童的心理与教育》，天津教育出版社，1989年版)

在所列举的这些“变化”中，专家们预言，学前教育和职业教育将愈来愈受关注。它们将为聋人架起学校通往工作世界的桥梁。同时，除了希望改进助听器技术和多功能电视之外，并没有把技术作为最可能发生的令人向往的事情排在首位，并且对于出现新突破不能太乐观。当然，自普里克特和亨特的调查以来，又过去了近三分之一世纪，高新技术的发展突飞猛进，这似乎给了人们更广阔的想象空间。那么，今天展示在人们面前的前景又怎么样了呢?

在世纪之交召开的“21世纪中国聋教育改革与发展研讨会”，对进入21世纪的中国聋教育改革与发展的基本问题提出了10项建议。这10项建议在一定程度上表达了中国聋教界对未来聋教育发展趋势的展望。这10项建议的主要内容是：

1. 面临竞争与挑战，要努力提高办学质量，逐步建立起从学前教育到高等教育及终身学习的教育体系。

2. 高新技术的发展与进步，在聋教育中得到广泛应用，并使世界聋教育的观念发生了重大的改变,聋教育工作者要加紧学习,更新观念。

3. 聋教育实行改革的目的在于培养学生全面发展,使之能更好地适应未来社会。

4. 强调计算机的重要作用,要培养学生这方面的兴趣和能力,也要培养教师学会运用。

5. 发展学生听力语言能力是我国聋教育亟须重视的问题,学校应当制订相应制度及评估方法以促进其落实。

6. 聋校应争取各方支持,添置设备,鼓励和指导学生使用助听器;对人工耳蜗手术后的学生进行康复指导。

7. 倡导发展“校本课程”。因人而异,灵活采用教材、教法;研制综合评价学生素质的方案。

8. 推进随班就读,扩展聋校职能,建立相应的现代管理体系。

9. 改变单一教师编制的现状,组成学科教师、语训教师、随班就读指导教师及专用设备人员等的教师队伍。

10. 呼吁教育行政给予改革以更大力度的支持;呼吁完善聋教育的师范专业,增设如听力学、言语训练等相关专业。①

这10项建议是建立在对未来听障者教育发展趋势之上的若干构想,有人对这些建议提出了一些不同的看法.认为《建议》在口语和听觉训练方面强调有加,但“如果也给予其他形态的教学方法一定的环转余地,相信内容会更为完整和合乎眼下内地聋教育的发展总体状况”②此外,林宝贵依据台湾地区听障教育过去的发展轨迹,也对今后启聪教育的发展趋势做了展望,归纳成几项课题,对我们很有启示。简要介绍如下:

1. 在教育对象方面,由于轻度听障生“回归”普通班,预测进入启聪学校或启聪班的学生,其障碍程度会愈来愈重,同时要为在普通班就读的轻度听障生提供特殊教育服务。

2. 教育安置形态方面,预测今后在家长、学校、行政、医疗、福利各方面更加支持与配合的情况下,听障学生当能接受更确实的鉴定,从而可根据学生的不同情况,做出更适当、更有弹性的教育安置。

3. 启聪学校今后的发展方向,一是在整体上,不再是量的扩充,而是质的提升。二是特殊学校不再细分类别(如启聪、启智、启明等),办成综合性的特殊学校,再

---

① 见《南京特师学报》,2000年第4期。

② 陈国权:《旁观者言》,《现代特殊教育》,2001年第2期。

按障碍类别与程度分班。

4. 语言沟通法的发展动向。这仍是一个未能决断的课题,企盼找到最适合国情的沟通方式,但需有实证性的实验加以证明。

5. 基本学科能力的加强。鉴于听障生学习能力普遍低下,如何,提高学习兴趣和学习动机,激励奋发进取的学习精神,以增强其基本学习能力,是今后所有启聪教育教师应该努力去研究的最重要课题。

6. 就业习惯与态度的培养。鉴于台湾地区听障生毕业后就业情况不佳、离职率高甚至犯罪等问题。其原因往往与听障生从小没有养成刻苦耐劳的习惯或与雇主沟通有困难有一定关系,而不是工作能力问题。因此,今后该关心的问题是我们对听障学生的就业意愿、就业态度、就业习惯的培养应更甚于其工作技能的训练。

7. 加强学前阶段启聪教育。一方面早期教育很重要,另一方面,学前特殊教育又未纳入义务教育范畴,致使听障儿童无法普遍提早接受教育,这对后来的学习效果影响很大。为此,建立"向下扎根教育制度",提早入学年龄,是提升听障学生沟通能力和学力的又一重要课题。

8. 科技的利用。资讯与科技的进步,将使听障者有更多机会享受科技与资讯带来的恩泽。①

以上所介绍的,依据研究者各自的学术背景,从不同角度对听障教育发展趋势做了预测。尽管表述用词和术语互有参差,但观点上没有相左的,其基本点也是很接近的。在此还想补充强调一点的是,在听障教育的沟通方法方面,今后的发展方向,依笔者之见,会出现多元化的趋势。这点,在第九章中要详细讨论。

第二节　我国聋校教育制度与教育系统

一、聋校教育制度的概念

聋校教育制度属于学校教育制度的范畴,而学校教育制度包括在教育制度之内。教育制度是指"一个国家各种教育机构的体系。包括学校制度(即学制)和管理学校的教育行政机构体系。教育制度是一定社会历史阶段的产物,受一定社会的政治、经济、文化的影响和学生身心发展特点的制约"。②

---

① 林宝贵:《听力障碍教育与复健》,五南图书出版社公司,1994年版,第109—114页。

② 顾明远:《教育大辞典》第1卷,上海教育出版社,1990年版,第68页。

学校教育制度简称“学制”,亦称“学校系统”(此处“学校系统”应与上段“学校制度”同义,因为都是“学制”的意思——引者),“指一个国家各级各类学校的体系。它规定各级各类学校的性质、任务、入学条件、学习年限以及各级各类学校之间的衔接和关系。”[①]聋校教育制度是整个国家教育制度的一个组成部分。相应的,我国聋校的教育制度规定着聋校的性质、任务、入学条件、学习年限以及各级各类聋校之间的衔接和关系。

二、我国聋校的教育制度

我国聋校是为听力障碍儿童少年设置的专门教育机构,习惯上称“聋哑学校”。如果与盲童合校则多称“盲哑学校”。近年来,多数聋校改称“聋人学校”,与盲童合校的更多地改称“盲聋学校”。也有聋、盲甚至智障合为一体的学校,就称为“特殊教育学校”。

聋校是我国为听力障碍儿童少年设置的专门教育机构,在融合教育观念影响下,听力障碍儿童的安置形式从传统的单一聋校增加了聋童特殊班和聋童在普通学校随班就读两种形式。期间经历了20世纪80年代以聋校为主体的发展阶段到90年代以随班就读为主体的发展阶段,最终形成以普通学校随班就读为主体,聋校和聋童特殊班为骨干的基本格局。

1949 年以后我国聋校经历的四次课程改革

三、我国聋校的教育系统(frame of education)

我国现有聋校分属四个系统,即教育系统、民政系统、卫生系统和中国残疾人联合会系统。绝大多数听力障碍儿童教育机构隶属于教育系统。

1. **隶属教育系统的听力障碍儿童教育机构** 其中包括:聋校,附设在聋校的聋儿语训班,中专、中技,设在普通中小学里的聋儿特殊班,以及为聋儿提供随班就读的普通中小学。

2. **隶属民政系统的听力障碍儿童教育机构** 聋校脱离民政系统的管辖归于教育系统是特殊教育的一种进步。但据1995年出版的《特殊教育学》载,仍有少数聋校留在民政系统内。随着国家管理体制的变化,目前聋校均收归教育行政部门管理了。另外,又有一些新设立的听力障碍儿童教育机构隶属民政系统。如社区康复和托养机构、儿童福利院等,也会收养一些聋兼其他残疾的儿童。

3. **隶属残联系统的听力障碍儿童教育机构** 前面提到附设在聋校的聋儿语训班,有些是双重隶属关系,既隶属教育系统又隶属残联系统。这是根据残联所承担的

① 顾明远:《教育大辞典》第1卷,上海教育出版社,1990年版,第72页。

任务,与教育部门分工而建立起来的聋儿康复机构,这类机构已遍及全国,另外,一些残疾青年(包括聋青年)的职业培训机构,也多半由残联负责建立或资助建立。

4. **隶属卫生系统的听力障碍儿童教育机构** 主要是在医疗系统内进行教育康复或训练的机构。如结合制作耳膜、选配助听器而开展的语言训练。

此外,自20世纪80年代以来,各地出现了一些民间兴办的听力障碍儿童教育机构,也是目前我国听力障碍儿童教育机构系统的一部分。

以上横向地对听力障碍儿童学校网络结构的隶属关系做了说明,下面再纵向地对听力障碍儿童学校网络结构的上下层次和衔接来做些说明。

我国听力障碍儿童学校从教育层次来看,可分为四级,即学前教育、基础教育(初等教育)、中等教育和高等教育,见表7-1。

1. **学前教育** 我国听力障碍儿童的学前教育起步较晚,直到1988年,听力障碍早期干预才作为一项抢救性工作纳入国家计划,并提出了“早期发现、早期诊断、早期干预”三项原则。目前我国听力障碍早期干预主要由各地区的聋儿康复中心承担。其次,多为在公立聋校附属聋儿学前班,以开展语训为主,或是在普通幼儿园附设聋儿语训班。个别私立幼儿园旨在打造聋健融合氛围。独立聋儿幼儿园只有私立的,尚无公立的。

经过学前培训的聋儿,语言康复较好的,可以进入普通小学随班就读,也有少数依然留在聋校升入一年级就读。但无论是进普小还是进聋校,经过学前教育的聋儿其语言、智力、交往技能都比从家庭直接进入小学的孩子要发展得好。办好学前聋童教育是提高聋校教育质量的重要措施之一。

2. **基础教育** 基础教育是听力障碍儿童最早参与并普及的教育阶段,主要包括小学教育和初中教育。在实行新的《全日制聋校课程计划(试行)》之前,八年制聋校学生接受的是基础教育,相当于小学教育,之后接受的是九年义务教育,相当于小学和初中一年级。这是目前我国聋校教育系统的主要阶段,也是目前我国聋校教育系统的核心。在这一层次的学校教育中,还有相当数量的普通小学,以特殊班、随班就读的形式为听力障碍儿童提供基础教育。

3. **中等教育** 中等教育指普通中等学校和中等专业学校教育。普通中等学校包括普通高中、聋人高中,该类学校以普及文化知识为主。中等专业学校包括特殊中等专业学校、职业高中、中技、职业培训中心等。该类型学校以职业教育为主,目的是培养听力障碍学生的职业能力,为就业做准备。从普通高中毕业的听力障碍学生,大多升入高等专业学校,只有极少数的进入普通高等学校。

4. **高等教育** 我国听力障碍儿童的高等教育起步较晚,最早招生听力障碍学生的高等教育学校是长春大学特殊教育学院,之后各地区高校陆续开始招收听力

<table>
<tr><th>年龄</th><th>年级</th><th colspan="3">学历教育</th><th>非学历教育</th></tr>
<tr><td>22</td><td>4</td><td colspan="2" rowspan="4">普通大学特殊教育学院、专业</td><td></td><td rowspan="5"></td></tr>
<tr><td>21</td><td>3</td><td rowspan="3">残疾人或聋人高等职业技术院</td></tr>
<tr><td>20</td><td>2</td></tr>
<tr><td>19</td><td>1</td></tr>
<tr><td>18</td><td>3</td><td colspan="2" rowspan="3">普通或聋人高级中学</td><td rowspan="3">残疾人或聋人中等职业技术学校</td></tr>
<tr><td>17</td><td>2</td><td rowspan="2">职业培训中心</td></tr>
<tr><td>16</td><td>1</td></tr>
<tr><td>15</td><td>9</td><td rowspan="10">九年一贯制聋学校</td><td rowspan="3">初级中学</td><td rowspan="3">初级职业技术学校</td><td rowspan="10"></td></tr>
<tr><td>14</td><td>8</td></tr>
<tr><td>13</td><td>7</td></tr>
<tr><td>12</td><td>6</td><td colspan="2" rowspan="7">聋校或普通小学特殊班（随班）</td></tr>
<tr><td>11</td><td>5</td></tr>
<tr><td>10</td><td>4</td></tr>
<tr><td>9</td><td>3</td></tr>
<tr><td>8</td><td>2</td></tr>
<tr><td>7</td><td rowspan="2">1</td></tr>
<tr><td>6</td></tr>
<tr><td>5</td><td colspan="5" rowspan="3">普通幼儿园（随园）、聋童学前康复机构或幼儿园</td></tr>
<tr><td>4</td></tr>
<tr><td>3</td></tr>
</table>

表 7-1　中国聋教育层次示意表

障碍学生，如天津聋人工学院、北京联合大学特殊教育学院、南京特殊教育职业技术学校、中州大学等。然而这些学校所开专业较国外听力障碍儿童的高等教育来看，数量少且更多集中在美术、计算机、机械等少数专业，学历层次多为大专，本科较少，尚无硕士、博士学位。此外，听力障碍学生的高等教育以职业教育为主，注重实践性。此外,我国听力障碍儿童高等教育随班就读工作也取得一定成绩。根据2008年中国残疾人联合会统计数据显示,我国共有566名听力障碍学校进入普通高等学校学习。在成绩面前我们也应该清晰地看见我国听力障碍学生高等融合教育与国外的差距。

作为构成教育系统的另一要素是教育行政系统。论及特殊教育的教育行政系统,台湾学者提出,理论上可分成三种类型:分离型、混合型、折中型。所谓分离型是指普通教育行政和特殊教育行政事务分开办理,各有其专职机构。所谓混合型是指特殊教育行政事务并不专设机构办理,而是完全混合于普通教育行政组织中。所谓折中型是指综合分离型和混合型,即以普通教育行政为基础,在同一行政首长之下分设专办特殊教育行政的单位(毛连塭,1989)。而在实际上,很少采用分离型的单设特殊教育行政机构,所以,更谈不上有听力障碍教育行政系统。只有美国在联邦政府(即中央政府)一级的联邦教育部设有一个特殊教育及康复局,相当于我们的总局,副部级(见国家教育委员会基础教育司编《国外特殊教育资料选编》,1992年)。我国在中央一级是教育部基础教育司特殊教育处,属于折中型。特殊教育处是中国主管特殊儿童学前教育和义务教育的职能部门,其职责主要是掌握党和政府关于特殊教育的工作方针、政策;制定特殊儿童学前教育和义务教育发展规划和有关规章,并组织实施和检查;制订各类特殊学校教学计划、教学大纲,组织编写和审定教材;对特殊儿童学前教育和义务教育工作进行督导。

到省(直辖市)一级(教育厅),以及地(市)级,直到县级教育局,都没有设立单一的特殊教育行政组织来专责特殊教育行政事务。只有分管特殊教育的首长(厅、局长)以及办事人员,且多为兼职,可视作混合型。这些兼职人员往往事务繁忙,过于分心,难以集中精力来照管特殊教育的事务。所以,单从教育行政系统来看,特殊教育的行政组织显然是过于单薄了。而我国又是一个人口大国,有鉴于此,1993年成立了"国务院残疾人工作协调委员会",作为中国国务院议事协调机构之一。此机构由国务委员任主任,28个部门的负责人任委员。职责:综合协调有关残疾人事业方针、政策、法规、规划、计划的制定与实施工作;协调解决残疾人工作中的重大问题,组织协调联合国有关残疾人事务在中国的重要活动。相应的,在县以上各级政府中都设立了残疾人工作协调委员会。

此外,为了使特殊教育行政工作发挥得更加有力,中央政府在颁发的或批转的一些文件中,提出"在各级人民政府统一领导下,以教育部门为主,民政、卫生、劳动、计划、财政和残疾人联合会等部门和组织紧密配合,各司其职,共同做好特殊教育工作"。这样,在一定程度上弥补了特殊教育行政机构单薄的不足。从今后发展来看,是否有必要设立"特殊教育司",似乎依然有必要议一议。

【思考题】

1. 外国听力障碍儿童教育产生的简要事实(人物、时间、地点)。

2. 我国听力障碍儿童教育产生的简要事实(人物、时间、地点)。

3. 标志新中国聋教育成就的几件大事。

4. 你对未来聋教育发展趋势的若干预测。

5. 大体了解我国聋校的性质、任务、入学条件、学习年限及各级各类聋校之间的衔接和关系。

第八章

聋校的教育与教学

【本章提要】

聋校培养的具体目标分别从德、智、体、关、劳五个方面(五育)提出了各自的要求。

比较三个时期对教育目标的不同表述,可以看出其有五大共同点:全面发展、德育为先、缺陷补偿、劳技和职业教育、语言能力培养,但在语言能力培养的要求上三个时期的提法存在差别。

香港和台湾地区对聋校教育目标的提法与大陆的提法有许多相通之处,都涵盖了德智体三个方面,又都重视沟通能力的训练和强调生活能力、劳动能力的重要性。

聋校教育的任务可由教育目的或教育目标得以体现。在《特殊教育学》一书中,根据听力障碍儿童教育其自身所要达到的特殊的教育目的提出了三项任务;此外,朴永馨把聋校教育任务分解为“一般任务”和“特殊任务”。其中“特殊任务”是为完成一般任务补偿聋童缺陷而提出的。这种补偿任务包括形成和发展聋生的语言、劳动教育和技能训练。

在“中等特师专业课教学大纲”中,提出了五项“聋童教育任务”是应该掌握的要点。

聋校教学内容是依据《全日制聋校课程计划》中设置的“学科”和“活动”两部分构成的。《课程计划》通过“四个为主”体现了聋校课程安排的特点。

聋校教学的组织形式。班级授课制是基本形式。但这种形式在特殊教育中越来越受到挑战。为适应学生的个别差异,近年来我国开展了分类教学、分组教学、分层教学等不同的教学组织形式,这是探索有效的教学组织形式所做的尝试。

聋校的教学原则除一般中小学常用的原则外,还有一些特殊的原则:传授知识与发展语言相统一的原则;最大限度利用残余听力的原则;多种语言形式综合运用的原则;各科教学各项活动共同负有发展聋童语言的责任的原则以及个别化教学原则。

聋校的教学方法与普通学校的教学方法大多是相同的。一些特殊的方法主要是在语文教学方面，如教发音、教看话、听觉训练等。但在运用普通学校常用的教学方法时需结合聋童的认识活动特点。

在聋教育中运用的现代科技主要有：助听系统、人工耳蜗植入术、多媒体技术。

第一节　聋校教育的目的和任务

一、目的

（一）教育目的的概念

教育目的是指培养人的总目标。它规定把受教育者培养成为什么样的人的根本性质问题，是教育实践活动的出发点。它是根据一定社会的生产力和生产关系的需要和人自身发展的需要来确定的。在历史上，因社会制度、民族文化传统、教育思想不同而各异。在阶级社会里，教育目的具有鲜明的阶级性。

另外，教育目标和培养目标这两个术语所表达的含义与教育目的的含义有部分是重叠的。教育目标的含义之一是指“培养受教育者的总目标。亦称教育目的”。培养目标是“指教育目的或各级各类学校、各专业的具体培养要求”。

可见，教育目标和培养目标都含有教育目的的含义。《全日制聋校课程计划（试行）》中的提法用的就是“培养目标”。在国内现有的一些教科书中，对“教育目的”“教育目标”和“培养目标”这三个用语的处理方法有两种：一种处理方法，其中的两个术语同时出现，做同义语用。

另一种处理方法，则一律用“教育目的”，而把《课程计划》中“培养目标”的内容，放在“教育目的”之下，即内容不变只改标题。如：《课程计划》在培养目标中提到“具体目标是：……”，而在教科书里则用“具体目的是：……”。

做了上面的说明，一则可帮助大家厘清相关术语的关系，不致含混不清；再则，便于下面的论述。

聋校的教育目标三次正式的表述

（二）聋校教育的目的

我国现阶段的教育目的：“培养青年、少年、儿童在品德、智力、体质等方面全面发展，成为有理想、有道德、有文化、有纪律的建设人才。”这适合我国各级各类学校，聋校的教育目的当然也不例外，但这只是培养人的总目标或总目的。各级各类学校、各专业还应有具体的培养目标。即在教育总目标指导下,根据各级各类学校、各专业所担负的任务和学生年龄、文化和知识水平等的不同,提出各自不同的具体培养目标或具体目的。

下面再将香港和台湾地区聋校教育的目标做一介绍,以供大家在工作中借鉴和参考。香港地区聋校教育目标,在基本目标上,健听儿童的教育目标,有很多同样适用于聋童教育。因为香港聋教界人士相信:聋童虽然在听觉上有障碍,但只要获得早期矫治和完善的教育,他们的发展和健听儿童有共同之处。

香港健听儿童教育的基本目标是:学校教育服务应使每个儿童的潜质得以发展,以后成为有独立思考能力和关注社会事务的成年人,具备知识技能,处事态度成熟,过充实的生活,并对香港社会做出积极的贡献。

在这项基本目标中所确定的知识、技能和处事态度三方面内容,在香港聋童教育目标中都得到了体现。香港聋童教育的目标为:

1. 为聋童提供学习经验,以充分发展他们的潜能。

2. 鼓励聋童利用剩余听力去学习语言,以掌握足够的沟通技巧,在日常生活中使用。

3. 训练聋童,使他们能独立和与人相处,以便融入社会。

4. 帮助聋童建立正确的价值观,明白身为市民的权利与义务。①

从香港聋童教育的目标中可以看出,这些目标都非常具体,非常实际,讲求实用。

台湾启聪教育的目标确定为以下五点:

1. 实施沟通训练,补救感官上的缺陷。

2. 加强基本智能的训练,奠定学科基础。

3. 锻炼强健体魄,养成劳动习惯。

4. 陶冶国民道德、培养守法精神。

5. 注重专业训练,充实生活技能。②

以上,我们介绍了我国的聋校教育的目标。可以看出,大而言之,三地的聋童教育目标都涵盖了德、智、体三个方面。细处观之,三地所提的目标都把聋童沟通能力的训练放在重要位置,同时也都强调生活能力和劳动能力的重要性。这些目标都是从聋童的实际出发,为他们未来走向社会能够自立所必需的。

二、聋校的教育任务

对聋校的教育任务最集中的表述见于1984年教育部拟订的《全日制八年聋哑

① 季佩玉:《聋教育教师培训教材》,中国盲文出版社,2000年版,第107页。

② 林宝贵:《听觉障碍教育与复健》,(台)五南图书出版社公司,1994年版,第94页。

学校教学计划（征求意见稿）》的“说明”之中：“全日制八年制聋哑学校是在聋哑儿童青少年中实施国民基础教育的学校。它的任务是根据党的教育方针，针对聋哑学生生理、心理特点，采取各种有效措施，补偿聋哑学生的听觉缺陷，形成和发展他们的语言，使聋哑学生德、智、体全面发展，成为热爱祖国、热爱社会主义、热爱生活、有良好的道德品质、有初等文化程度和一定劳动技能、身心正常发展、适应社会生活的劳动者，并为他们继续接受各种形式的教育和自学打下基础。”

在后来1993年的《全日制聋校课程计划（试行）》中，都没有直接提到“教育任务”。在1998年的《特殊教育学校暂行规程》中，也只有一句话：“特殊学校的主要任务是教育教学工作，其他各项工作应有利于教育教学工作的开展。”国家最高教育行政部门颁发的文件中的这种提法的不同，主要是行文的变化，而不是实质的变化。其实，聋校的教育任务可以由教育目的或教育目标得以体现。在《特殊教育辞典》中，对“特殊教育任务”词条的释义即：见“特殊教育目的”“特殊教育目标”。

另外，在《特殊教育学》第十章中，论及“听力障碍儿童教育的目的”时，该章作者的行文方式，也是将教育任务体现于教育的目的之中：“作为一种特殊教育，听力障碍儿童教育也有其自身所要达到的特殊的教育目的。这些特殊的教育目的反映在以下几方面：……”接下去论述的几个方面就是聋校教育的任务，共有三项：

1. 培养听力障碍学生自强、自尊、自信、自立和进取的精神，是思想品德教育中的一项重要内容。

2. 补偿听力障碍学生听觉和语言缺陷，形成和发展他们的语言，是一项重要的教育任务。

3. 培养听力障碍学生的劳动技能，使他们有一技之长。

另外，我国朴永馨在《聋童教育概论》中，对聋校的教育任务论述得相当周详。他把聋校教育的任务分解为“一般任务”和“特殊任务”两个部分。关于“一般任务”，在德育方面，是指“提高耳聋学生的社会主义觉悟，培养共产主义道德品质和革命理想，逐步形成辩证唯物主义的世界观。”在智育方面，“要以先进的准确的文化科学基础知识武装聋生，使其掌握必要的技能、技巧；发展他们的观察力、记忆力、思维能力以及在实际活动中分析问题、解决问题的能力。”接着，根据聋校各科教学大纲分别地论述了各科的教学任务。关于“特殊任务”，朴永馨认为，“聋校的特殊的补偿任务是根据聋生的特点，为完成学校的一般任务补偿聋童缺陷而提出的”。包括两方面的补偿任务，一个是形成和发展聋生的语言，另一个是劳动教育和技能训练的任务。这是普通小学和初中所没有的任务。

除上述有关聋校教育任务的论述外，国家教委1993年制订的《中等特殊教育师范学校专业课教学大纲（试行）》中，提出了五项“聋童教育任务”，可以作为总括以上各家论述的要旨，也作为本节应掌握的要点，转述如下：

1. 针对聋童生理、心理特点，采取各种有效措施补偿他们的听觉缺陷。
2. 形成和发展聋生的语言。
3. 对聋童进行共产主义理想和道德教育。
4. 向聋童传授科学文化知识。
5. 对聋童进行体育、美育和劳动技术教育。

第二节　聋校的教学工作

一、聋校的教学内容

教学，是指以课程内容为中介的师生双方教和学的共同活动。它是学校实现教育目的的基本途径，其特点为通过系统知识、技能的传授和掌握，促进学生身心发展。聋校教学是聋校教师的教和聋学生的学的共同活动。具体地说，聋校教学是聋生在教师有目的、有计划的指导下，为实现聋校教育的目的，按照国家规定的课程设置而进行的一系列教与学的活动。

课程设置，是聋校教学内容的依据。国家教委新制订的《全日制聋校课程计划（试行）》将聋校的课程设置采取由“学科”和“活动”两部分构成的方式。这个课程计划通过“四个为主”充分体现了聋校课程安排的特点。即：以国家统一的安排为主，部分课时由地方安排。学科以文化基础教育为主，因地制宜地加强劳动和劳动技术教育；以分科课为主，适当增加综合课；以必修课为主，各地可以根据需要开设选修课。学校在教育、教学工作中，要发挥学科和活动的整体功能，重视学生的生理、心理特点，充分补偿其听觉缺陷，为他们的全面发展打好基础。

聋校教学工作各门学科的基本要求

由国家安排的学科课程有：思想品德、语文、数学、自然常识、社会常识、理科、律动、体育、美工和劳技10科。所有学科都要加强基础知识和基本技能的教学，重视培养和发展学生的能力，特别是提高学生的语言表达能力和运用所学知识解决实际问题的能力。要根据各学科的特点，有机地渗透思想教育，全面完成学科的教学任务。

课程计划的另一部分是活动课，也是由国际统一安排的。

活动是课程计划的有机组成部分，与学科相辅相成，都是落实教育方针，实施全面发展教育的重要途径。活动包括晨会、班团队活动、体育锻炼、兴趣活动、个别矫正、社会实践活动和学校传统活动等。各项活动都有结合地区、学校的特点，发挥学生的主动性、独立性和创造性，使学生受到思想和道德教育，丰富精神生活，扩大视野，增长知识和才干，发展兴趣、爱好和特长，促进学生的健康成长。

这些由国家安排的学科课程和活动课程，其具体实施的年级及课时见“调整后的九年义务教育全日制聋校课程安排表（试行）”，表 8-1。

表 8-1　调整后的九年义务教育全日制聋校课程安排表（试行）

课程 \ 年级 \ 周课时				一	二	三	四	五	六	七	八	九	总课时
国家规定课程	学科	思政	思想品德	1	1	1	1	1	1				204
			思想政治							2	2	2	200
		语文	语言训练	3	3	3							306
			阅读	8	8	8	8	8	6	6	6	6	2164
			叙述				2	2	1				170
			作文						2	3	3	3	368
			写字	1	1	1							102
			小计	12	12	12	10	10	9	9	9	9	3110
		数学		5	5	5	6	6	6	5	5	5	1622
		自然常识				1	1	1	1				136
		社会常识					1	1	1	2	2	2	302
		理科								2	2	2	200
		律动		2	2	1							170
		体育		1	1	1	2	2	2	2	2	2	506
		美工		1	1	2	2	2					340
		劳技	劳动	1	1	1	2						170
			劳动技术					2	6	6	6	6	872
		周学科课时		23	23	24	25	25	28	28	28	28	7832
	活动	晨会		每天 10 分钟									
		班团队活动		1	1	1	1	1	1	1	1	1	304
		体育锻炼		1	1	1	1	1	1	1	1	1	304
		兴趣活动 / 个别矫正		2	2	2	2	2	2				408
		周活动课时		4	4	4	4	4	4	2	2	2	1016
地方安排课程				1	1	1	1	1	1	3	3	3	504
周活动总量				28	28	29	30	30	33	33	33	33	9352

（资料来源：《特殊教育学》，福建教育出版社，1994 年版，第 386 页）

二、聋校的教学组织形式

教学组织形式简称“教学形式”,受教学任务制约。按照组织结构分,可分为全班的、小组的和个别的三种形式。按照师生交往分,有师生直接交往和师生间接交往两种形式。也有的人论及这个问题时,把课堂教学的组织形式作为聋童教育形式的一种含义,把聋童的教育安置形式(实施途径)作为聋童教育形式的另一种含义。鉴于教材建设和考生自学两方面的需要,这里对这两种含义都做一些阐述。

聋童的教育安置

聋童教育新格局的形成,使聋校的地位和作用发生了变化。这种变化既是新格局形成的一种结果,同时也是为促进新格局的稳定发展而做出的一种适应性调整。这就是聋校办学职能的扩展和转换。这一点,在《特殊教育学校暂行规程》中做了明确的表述:“特殊教育学校要在当地教育行政部门领导下,指导普通学校特殊教育班和残疾儿童、少年随班就读工作,培训普通学校特殊教育师资,组织教育教学研究活动,提出本地特殊教育改革与发展的建议。”

依据聋校(或特殊教育学校)这种职能的转变,有的学者预言,今后聋校(或特殊教育学校)的办学职能将发挥三个中心的作用:师资培训中心、信息资源中心和教学研究中心。

有关教学组织形式的第二重含义,即教学活动的一定结构方式,其中班级授课制是教学的基本组织形式。这种形式是将学生按大致相同的年龄和知识程度编成班级,教师按照各门学科教学大纲规定的内容和固定的教学时间表进行教学。我国聋校目前的教学形式主要也是班级授课制。这种班级教学的主要优点有:①教师按照一定的教学时间表有计划地、同时对十几名或几十名学生进行教学,可经济有效地培养人才。②学生在教师有目的、有组织、有计划的指导下进行活动,有利于发挥教师的主导作用。③学生在集体组织的形式中进行学习,彼此间程度接近,学习内容相同,易于互相讨论、切磋,共同提高,发挥集体教育的作用。

不过,班级授课制在特殊教育中越来越受到挑战。这是由班级授课制固有缺点造成的,即难以适应学生的个别差异以满足学生的特殊需要。

为此,与班级授课制相对的“个别教学制”,即教师分别对个别学生进行传授与指导的教学组织形式,就在特殊教育中有了独特的施展空间。在聋校中,我国近年来倡导的分类教学即是介于班级授课制和个别教学制之间的一种中间形式。分类教学的主导思想是对听力丧失程度不同的学生区别对待,这样可以使部分重听儿童以及一些看话和口语表达能力较强的聋生,与听力丧失严重而且口语能力又较差的学生分开,单独编班。虽然仍采取班级授课制,但在适应学生个别差异上前进了一步。而且,分类教学更注重“个别对待”,在语言训练上有较多的时间进行个别训练和指导。

此外，在教学改革中，我国聋校（包括其他特殊学校）还提出分组教学、分层教学等不同的教学组织形式，这些都是在探索有效的教学组织形式方面所做的有益尝试。

当然，还有不少问题有待去研究。例如，随班就读，尽管这样已成为国际特教界的一般潮流，各类残疾儿童依据情况都可以到普通学校的普通班级中和正常儿童一起接受同样的教育。但是对于听力障碍儿童的“随班”（或称“融合”），国际上仍有不同的声音，甚至反对。即使在美国，聋童送往普通学校后，再走回头路的例子也还是有的。在这一点上，我国《特殊教育学校暂行规程》中做出的“双转学”的规定，即：不适合继续在普通学校就读的残疾学生可申请“转学”到特殊教育学校，而对于经考查能够在普通学校随班就读的学生，可申请“转学”到普通学校就读。这种规定是实事求是的负责任态度。

三、聋校的教学原则

在我国，一般认为中小学常用的教学原则有：科学性、思想性、启发性、直观性、巩固性、量力性、系统性、理论联系实际、因材施教、教师主导作用等原则。

这些都是基本的教学原则，它们贯穿于各项教学工作之中。但各科教学除以基本的教学原则为指导外，还应根据本学科的教学规律，制订适应本学科领域教学需要的特殊原则。同理，聋校的教学，既要遵循这些基本的教学原则要求，同时还要遵循若干特殊的原则。这些特殊的教学原则，是根据聋童教学工作规律和特点概括而提炼成的。

聋校教学原则的概括

四、聋校的教学方法

在聋校教育中，由于发展聋童语言是人们所关心的教育教学工作的重心，所以，大量有关聋校教学方法的研究都集中在语文教学方面。国外和港台的文献资料上是如此，国内连一本“课程和教学法”的专著也没越出雷池。在有关“聋校教学方法”一节中，只介绍了“教语音的方法、教看话的方法和纠正语言缺陷的方法”。足见在语文学科以外，有关聋校的教学方法研究相对要薄弱得多。

教学方法，是师生为完成一定教学任务在共同活动中所采用的教学方式、途径和手段。选用何种教学方法，要依据：①教学目的、任务的要求；②课程性质和教材特点；③学生特点；④教学实践、设备、条件；⑤教师个人的条件。

现在这里介绍到的内容，多半是与普通学校共同的教学方法，即普通教学方法在聋校教学中的运用。事实上，聋校毕竟与普通学校不是像两条平行线那样永不相交，在教学方法上相通的地方甚多。这些方法包括普通学校一般的教学法和单科的教学法。常用的有：观察法、讲解法、谈话法、演示法、参观法等，以及语文教学法、数学教学法、常识教学法等单科的教学法。在运用这些方法时，要考虑聋生因听力缺陷所造成的一系列认识活动的特点，据此灵活地加以运用。

除了聋校与普校共用的教学方法外，也有一些方法是聋校特殊的教学方法。这些方法有：在语言训练课中，有教发音的方法、教看话的方法、听觉训练的方法等。这些方法是普通学校所没有的。在其他学科教学中，常会用到一些与共同方法有联系但需结合聋童特点移植到聋校来运用的方法。如律动课中的演示法，叙述课中的练习法等。拿律动课中的演示法来说，演示法通常是指展示事物、模型、图片等教具，进行示范性实验，采用现代化视听手段等指导学生获得知识的一种教学法。而在聋校的律动课教学中，则多半要以教师自身做的动作来展示，或以个别学生做"模型"来展示。再以叙述课教学中的练习法来说，叙述课是聋校语文教学的一个组成部分，是从阅读向写作过渡的中间环节，是培养聋生运用书面语能力（笔谈能力）的重要一环，分为口述和笔述（不是分设两门课，而是两种教学活动），要求会说或能写一段话。说和写都是一种技能，根据技能的特点，练习是很主要的方法。练习法是普校教学和聋校教学都适用的教学方法，而在叙述课教学中，运用练习法一定要结合聋生特点和语言学科的特点。譬如，按练习的基本要求，要精选练习材料，那么供聋生做叙述练习的材料如何选才算得上"精"？练习还要求适当分配分量、次数和时间，那么对聋生的笔述，同一种句型的练习掌握多大的分量、次数较为合适？这都不能照普通学生的标准"看齐"，这就是一般方法的"特殊运用"。

五、现代化教学手段的运用

聋校辅助教学手段的现代科技

现代科技的发展对听力障碍儿童以及其他障碍者的教育产生了巨大的影响，现代科技在特殊教育中的运用是今后重要的发展趋势之一。基于对这一发展趋势的清醒认识，《关于21世纪我国聋教育改革与发展的建议》中专门列出一条建议："现代信息以及其他科技、医学等领域的进步及其新理论、新技术和新的仪器设备在听力障碍人士康复、教育等方面的广泛应用，使世界聋教育的观念发生了重大的改变，从而也给聋校的教育改革带来巨大的影响。聋教育工作者要及时了解新信息，学习新理论，不断更新教育观念，推进聋教育的改革。"

【思考题】

1. 透过我国在不同时期提出的聋校教育目标，可以看到其中的共同特点有哪些？

2. 三个时期聋校教育目标中对语言能力培养的提法有什么差别？你对这些差别作何评论？

3. 你对港、台和大陆三地聋校教育目标的提法有何看法？

4. 聋校教育有哪些特殊的补偿任务？

5. 对照《课程计划》中活动课的基本要求，评价一下你校活动课开展的情况。

6. 为什么说班级授课制在特殊教育中越来越受到挑战？

7. 简述聋校教学的几项特殊原则。

8. 教学方法的选择会受到哪些因素的制约？

9. 多媒体技术在聋校各科教学中的优越性，教材中提到了哪些？你还能列举一些吗？

第九章

听力障碍儿童的语言沟通法与语文教学法

【本章提要】

什么是听力障碍者适当的沟通方式？这个问题引发了聋教育中一系列的争论。争论的焦点集中在是用口语来教聋童学语言和其他科目还是用手势语；相应地，在日常生活中主张聋童用口语或其书面形式交往还是也允许用手势语交往。这便是听力障碍儿童语言沟通法与语文教学法的研究课题。

在聋童教育问题上，语言沟通法与语言教学法是同一个问题的两个方面。

听力障碍儿童的具体沟通方法很多，从体系上大体可分为三大类：手语体系、口语体系和综合沟通体系。具体方法大都可归属这三大体系。

“要解决听觉障碍者的问题，最根本的方法就是要为他们解决语言沟通的问题。语言沟通的问题解决了，其他的教育问题、学力问题、情绪问题、社会适应问题、就业问题等自然迎刃而解。因此听觉障碍儿童教育的最重要关键就是如何透过各种语言沟通的方法与学习的途径使听觉障碍者获得知识与语言。”①笔者在论述聋儿学习语言的特点时也说过：“耳聋儿童在认识上的各种特点莫不与学习语言的特点有关。”②

综上所述，充分说明“语言影响到发展的各个方面，不能听和不会说是一种不利于社会和学习适应的关键性缺陷”③。既然语言沟通能力是听力障碍儿童教育的重点，自然本章乃是本书的重点。

---

① 林宝贵：《听觉障碍儿童语言沟通法与语文教学法之研究》，台湾教育部教育计划小组编，1994 年，第 1 页。

② 张宁生：《教学实践中耳聋儿童学习语言的某些特点》，《心理学报》，1980 年第 4 期。

③ （美）柯克：《特殊儿童的心理与教育》，天津教育出版社，1989 年版，第 238 页。

第一节　听力障碍儿童的语言沟通法与语文教学法概述

一、沟通及其对儿童发展的作用

(一)沟通的概念

就特殊教育这门学科所研究的特定内容而言,沟通与交流、交往、交际这几个术语是同义的。如:communication board,大陆译作“交际板”,台湾译作“沟通板”;total communication,台湾译作“综合沟通法”,大陆译作“综合交际法”;等等。在此做这些说明,是鉴于特殊教育学在我国还处于奠基阶段,我们的读者还不很熟悉;再则还因为在国际交流日趋频繁的今天,外来的东西不时会朝我们扑来,我们会不可避免地要将其与我们自己的东西做一番比较,以便有一个清晰的认识基点。

下面为“沟通”这一概念下一个定义,由于大同小异的定义不少,在此,引述一个较简洁的定义:“沟通主要指通过言语和非言语形式的信息交流过程。它包括人际沟通和大众沟通两个方面。人际沟通指个人对个人的信息交流过程,往往是直接的,面对面的沟通。大众沟通则指通过大众媒介的信息交流过程。”①

(二)沟通对儿童发展的作用

沟通对社会的发展和个人的成长都有重要作用。沟通是生命中最基本的要素,所有存在的事物中没有比沟通更重要的,它是维持生命的基本技能,所有生物均与讯息无止境地传递有关。我们过去对这种作用认识得还不够充分、不够全面。同样沟通对听力障碍儿童的发展,其重要性也往往为我们认识不足。

许多人甚至包括聋教育工作者和聋童的家长,都存在着一种误解,认为聋童面临的最严重的障碍是听力丧失。如今,越来越多的人相信,缺乏听力并不是他们最严重的问题,他们在寻找沟通方式中所遇到的困难才是最棘手的(Roger D. Freemanet,1981)。这种看法,至少对那些从小就丧失了听力的儿童来说是如此,因为沟通在人的社会化过程中起着决定性的作用。

沟通对所有儿童(无论其听力有无)的正常的社会性发展都是不可缺的。相反的情形是沟通剥夺。沟通剥夺是指人被人为隔离而丧失了与他人沟通的条件。

① 孙晔:《社会心理学》,科学出版社,1987年版,第159页。

沟通剥夺使儿童失去安全感,产生抑郁、淡漠和敌意,对儿童情绪发展及整个身心发展都不利。

沟通可以经由视觉的、听觉的、嗅觉的和皮肤觉的感觉通道进行。在新生儿期,嗅觉和皮肤觉的沟通占有或重要的地位。视觉和听觉的沟通途径随儿童的长大愈来愈显示出重要性,特别是到了学语的年龄,听觉信息的交流,就成了儿童与成人沟通的主要通道。可见,听力障碍儿童过了牙牙学语的年龄(通常为6~7个月)后,与其他人的沟通便处于极为不利的发展之中。这在某种程度上,也是一种沟通剥夺,听力障碍儿童在发展上成熟度低,不能不说与沟通困难有关。所以,对听力障碍儿童来说,发展沟通能力是关系到其一生的大问题。

二、听力障碍儿童语言沟通法与语文教学法体系

(一)对听力障碍儿童语言沟通法与语文教学法的理解

人际间沟通必须依托一定的媒介,通俗地说就是得有一种承载信息的传递工具,就是所谓的“载体”。人类最便利、最常用、最有效的传递工具就是语言,尤其是口头语言。语言之外,还可以有别种媒介,如姿势、表情之类。那就可称作“姿势表情沟通法”,不过为了简约起见,把凡是用语言之外的媒介充作沟通工具的方法笼统称作“非语言沟通法”。这本来是很平常的事,但是由于听力损失之后的儿童,语言习得受阻,他们不能用健听人自然习得的口头语言用作沟通的媒介,因而才产生出“听力障碍儿童的语言沟通法”问题。

听力障碍儿童不能用口语,自然而然就用起“手”来指指点点,比比画画。因此,用手势做了沟通的媒介。当然,我们也可造一个术语叫“手势沟通法”。但是,社会对听力障碍者要求他们学习健听者一样的有声语言,包括口头的和书面的;又因为手势是聋者的语言,因此,听力障碍儿童的沟通问题,仍可归属语言沟通法之列,只不过有别于健听者的语言沟通法罢了。

从一种特定的角度看,教学活动也是一种沟通,即在特定的师生关系间于特定场合(课堂上)的沟通,是师生间信息的交流。在健听儿童那里,这种课堂上的沟通并不存在需要特别的沟通媒介问题,日常生活中主要用口头语言交谈来沟通,在课堂上也主要是用口头语言来讲解知识。这都是非常顺达通畅的事。可到了听力障碍儿童这里,情形就变得不同了。先说日常生活中的沟通媒介,用什么?用说话、用手势、用书写……哪个优,哪个劣?哪个可行,哪个不可行?健听社会接受哪一种,听力障碍者愿意选择哪一种?都成了问题。接着而来的问题是这些沟通媒介教师能否用到课堂上来传授知识?不同沟通媒介在教学中的效果如何?符不符

合社会规定的培养目标？如此等等。由此，原本只是生活中的沟通法问题，便成了课堂教学中的教学法问题了。

由于最初是针对培养聋童的语言能力而提出来所采用的沟通法，所以就把沟通法在教学活动中的运用定位在“语文教学法”的范畴里。台湾地区出版的《特殊教育导论》中，就是在讨论“听觉障碍者的语文教学”一节中探讨手语法、口语法、综合沟通法等沟通法问题的。不过，现在看来，只把这些不同的沟通法定位在“语文教学法”上，似乎不够全面。因为口语法也好，手语法也好，早已超出了语言教学的范畴。它已经成为聋教育中各科教学都无法回避的选用何种沟通方法充作教学手段，从而归依不同教学法流派的分界线了。当然，重心还在语文教学上，所以我们仍然把它放在语文教学法的范畴内加以阐述。

其实，在聋童教育问题上，语言沟通法与语文教学法犹如一身兼二职，一体两面，沟通法搬进课堂教学即为教学法。或者说，用于课堂教学的沟通法便谓之教学法，这是聋教育中特有的现象。由此有人干脆也译作“综合教学法”。

（二）听力障碍儿童语言沟通法与语文教学法的体系

听力障碍儿童的具体沟通方法种类很多，而且还在不断发展着。从体系上着眼，大致可分为三大类：手语体系，又称手语法；口语体系，称口语法；综合沟通体系，又称综合沟通法。由三大体系又派生出若干变通的方式。在聋教育史上，对这三种体系的评价始终争论颇多。主要是这三种体系各有千秋，不能说何者绝对好或绝对劣。但从发展趋势看，至20世纪末，聋教育界人士较趋向于接受综合沟通体系。在美国有“特殊教育之父”之称的柯克早在1984年时对这场历时达两个世纪之久的争论做了三点总结：有关沟通方法的争论是聋教育的重要特点（意即在其他种类的特殊教育中如盲教育、弱智教育，则不存在这种争论——引者注）；主要的争论是口语法和手语法何者优、何者劣的问题，即所谓“手、口之争”；现在最受欢迎的是综合沟通法。

听力障碍者使用的各种具体沟通方法大都可归属于这三大体系。这三种沟通体系的产生与提倡，除了与听力障碍儿童的听力丧失造成正常语言发展受阻这一原因而外，还与聋教育的目的着眼点不同有关。例如，口语法的提出，除了肯定听力障碍者具备说话潜能外，更着眼于同耳聪人的大社会进行交往。因此，口语法是既要让听力障碍儿童学习说话，又要让他们利用剩余听力练习听话（通常借助声音扩大装置），还要训练他们用眼睛“看话”。而强调利用手语进行沟通者，目的是尽早让耳聋儿童掌握语言，以便他们之间的交往。

以上只对三种沟通法体系做一简要说明，以后我们将详细讨论每一种沟通法体系的历史和现状及其在聋教育中的地位与作用。

第二节　口语沟通法体系

一、口语法的历史回顾

(一)西方主要国家口语法的历史回顾

在有聋教育之前,一个失去听力的孩子,不能经由自然途径学会说话,便成了“哑巴”。如果要挽救他,人们首先想到的是怎么样才能让他学会说话?如果能学会说话,那就和大家一样了。这是一般人都会有的善良愿望,更是他家里亲人的强烈企盼。

二百多年来,这种永不衰竭的愿望(应该承认,它的确是合情合理的愿望)使得“口语法”这面旗帜具有深远的群众基础,具有很强大的影响力、号召力、生命力。只要这面旗帜在人前一晃动,它就能俘获许多人为之顶礼膜拜,因为它的“宣言”很得人心、很有魅力。也正是这种难以割舍的愿望,将成为支撑这面旗帜继续飘扬的长风;它也可能成为激励人们勇于探索、开拓创新的精神支柱。正确的态度,不应去抑制它,而应去保护它,但要采用理智的态度进行冷处理:全面分析,区别对待,实事求是。

当然,我们不能仅从人们的主观愿望去寻求口语法产生的原因。但无论如何,社会的需要(由社会成员的需要集合而成)终究是推动社会发展的强大动力之一。

另外,口语法的产生还受到当时多种社会因素的制约。根据文献记载,这些因素大体涉及哲学和科学的发展,宗教、文化及社会习俗的影响,反映社会经济和社会阶级关系的社会政治制度的介入,其中尤以司法仲裁的力量为甚。此外,个别杰出人物的思想与实践活动则起到了直接推动口语法传播的明显作用。

16 世纪的庞塞,被认为是人类第一个真正意义上的聋教育专家。他所处的时代,是真正意义上的特殊教育才初露端倪的时代,他采用了选择性刺激的方法来训练聋童开口。庞塞之后,出现过许多有成就的聋教育探索者,而在口语法方面名声很大、影响很广的人物,当属英国的布雷德伍德,德国的塞缪尔·海尼克和美国的亚历山大·格雷厄姆·贝尔。尤其贝尔,他不仅在聋人教育领域甚至在整个特殊教育领域都有极大的影响。他为聋人需要而设计的电话是人类历史上最伟大的发明之一。

英国的布雷德伍德和德国的海尼克,加上法国的手语法创始人莱佩,都是同时代的人。尽管他们的聋教育主张有所分歧，但他们的积极探索态度和独创性的伟大实践活动，使得18世纪的欧洲成为世界特殊教育的中心。

“英国的听觉障碍儿童教育一开始即采用口语教学的方式。”在布雷德伍德之前，英国的一位医生布尔沃（1614—1684）从西班牙将波涅特《挽回文字的声音与教授聋哑者说话的技术》①一书带回英国用作语文教学的教材。他本人又出版了很多有关听觉障碍儿童发音与读唇的书。一个世纪后，布雷德伍德于1760年在爱丁堡创立英国最早的聋校，后迁往伦敦郊外，并改进口语教学的技术，由此奠定了英国口语教学的基础（林宝贵，1994）。

德国的海尼克虽与法国的莱佩处于同一时代，但他的教育观念与莱佩截然不同。他赞成17世纪阿曼的聋人教育思想，特别是阿曼的口语教育理论对其影响很大。海尼克坚持认为聋人的教育应该是口语教育，他主张应该把言语学习放在聋人教学最重要的位置上，并强调应该将口语教学看成是促进聋童心理发展的唯一手段。他认为，人的思维媒介只能是词语而非其他的什么。要做到正确地理解词语就必须靠准确的发音，准确的发音是语言理解的基础。为了证明他的哲学观点和教育思想，他还创造了一整套聋童口语教学法。他公开反对法国莱佩倡导的聋人教学法。因此在当时欧洲形成了两个主要的聋教育中心和学派。

海尼克的聋教育实践活动

鉴于莱佩和海尼克分别创造的两种聋教育学派影响之大，由此将莱佩的方法称作“法国式教学法”，海尼克的方法就称为“德国式教学法”。

至于美国的听力障碍者教育，在世界聋教育史上，可算是后起之秀。美国口语教学的骄人成绩，从机构来看，首推克拉克聋学校，从人物来看，当属亚历山大·格雷厄姆·贝尔。关于克拉克聋校和贝尔这个人物，中国聋教育界对之了解不详。至20世纪末，国内的特教文献上介绍极少。由此使我们想到，中国聋教育在走近“面向世界”的过程中，在了解世界方面似还应加大些力度。

克拉克聋校

作为聋教史上的杰出人物贝尔，他的功绩前面已略有提到。对于他对特殊教育的贡献，史学家列举了五个方面：贝尔是第一个让大家接受使用“特殊教育”这个词语的人；贝尔推进了为特殊儿童开办全日制学校；贝尔亲自倡导并使用蒙台梭利的学前教育方法，开办聋童幼儿园，对聋童进行早期语言训练；贝尔将可视语言

① The Reduction of letters and the Art of Teaching Deaf Mutes to Speak. 有五种译名，另四种为：《字母的简化与聋人教学法》——见季佩玉等编《聋教育教师培训教材》第3页；《文字的缩略和教聋儿言语的艺术》——见周仁来《听觉障碍儿童诊断与康复教程》第108页；《手指字母的简化和手势语的教学艺术》——见张福娟《特殊教育史》第23页；《关于字母的变形和教聋哑人说话的艺术》——见顾定倩《特殊教育导论》第36页。由于年代久远，单从书名标题难以辨别曲直。主要是前半句“the Reduction of letters ”的理解，五个译名出入较大。

推广到聋人教育领域;贝尔第一次强调了人类在发音过程中,发音机理的重要作用,并将语音学的研究所得用于聋教育师资的培训。从中可见,他一生为聋人教育所做的工作主要放在口语教学上。

从世界范围来看,对推动口语教学模式具有划时代意义的重大事件是1880年的米兰会议。自1878年起,国际聋教育人士不定期地在世界各国举行国际聋教育会议。第一次在法国巴黎,第二次在意大利的米兰。自第十三届(1970年)在瑞典的斯德哥尔摩举行以来,每隔五年举行一次。2000年在澳大利亚悉尼举行了第十九届会议,中国有相当数量的代表参加。在巴黎会议上,聋教育专家普遍赞成使用口语教学法,支持在聋人教学中进行说话和看话的教学。但同时专家们又清楚地指出,口语教学法并不适用于每一个聋人,教学方法的取舍应视聋人的实际状况而定。而在两年后的米兰会议上,由于口语教学派不遗余力地宣传,使大多数的与会者相信:所有的聋人都可以用口语教学的方法进行教学,他们都有可能达到清晰说话的程度。米兰会议给予了口语教学合法的地位,会议之后欧洲各国纷纷改用口语教学法。

口语教学成了世界性潮流,到19世纪末,受这种影响,美国也走上了口语教学的时代。聋教育学者在评价这次会议时指出,它是世界各国听觉障碍儿童聋教育的转折点。从18世纪后半叶起约一个世纪的期间,以法国莱佩所提倡的手语教学法为主流的世界听觉障碍儿童教育,在此会议之后,手语教学法逐渐被口语教学法所代替。可以说,米兰会议成为聋教史上提倡口语法的一座里程碑。

(二)中国口语法的历史回顾

口语教学在中国聋教史上的情形如何呢?大家知道,中国第一所聋校创建于1887年,正值米兰会议后不久,口语教学之风刮遍欧洲各国;中国第一所聋校的创始人之一美国传教士安妮塔·米尔斯与贝尔是同时代人,1884年来中国。来中国之前,她曾在纽约州罗彻斯特聋校研究"罗彻斯特法"一年,后又入波士顿聋校接受师资专业培训,学习了贝尔的可视语言法。不难想见,她所处的时代和这种专业背景,使她到中国之后,采用的聋童教学法很自然是属口语法体系的。

米尔斯在中国致力于听力障碍儿童教育达四十年之久,期间,她为聋童编写出版了《启哑初阶》读本,它是我国一百多年前的一本聋哑教科书。上面有最早的一种汉语手指字母设计,即"赖恩手势"。是根据贝尔的"视话符号"制订的一种手指字母。米尔斯先用贝尔的视话符号拼切汉语,再用赖恩手势代表视话符号。有一个音符,就有一个手势。米尔斯就是用贝尔音符和赖恩手势教聋哑人学习发音、读唇和阅读。足见,米尔斯采用的是一套口语教学法。这一点,我们还可以从她为

“师范班”设置的课程看得更加清楚。1902 年,米尔斯开设了听障儿童教育师资培训班,开设的课程有:①语音学;②发音器官运用法;③贝尔音符;④赖恩手势;⑤口语法;⑥教学法。

这个师范班是为该校及全国各地的聋校教师开设的。通过这些课程,对各地聋校教师进行专门训练。每年都有来自各地的教师数十名前往接受培训。后来各地陆续增设的聋校也相继采用她所倡导的口语教学法。由于米尔斯所创的聋校是我国聋教育开端的标志,因此,对我国口语教学历史的回顾,这一段算得上是重要的源头。依据某些学者对这段历史的评价,认为米尔斯所倡导的语文教学法是根据“罗彻斯特法”与“视话法”,以读唇、发音为主,指语、笔谈为辅的并用法。不过她在采用并用法之前,也曾竭力尝试过纯口语教学法。

1954 年以前,我国聋校在语言教学方面基本上延续着旧中国的状况,大体上有三种类型:第一类采用“以手代口”的手语法教学,约占全国聋校总数的 64.7%;第二类采用“手口并用”教学法,约占 15.68%;第三类注重看话,但也不放弃手语(指赖恩手势),约占 7.85%。这里的第二类,是继承了米尔斯的传统。

但是,在她去世后不久(1929 年),因抗日战争爆发,中国的聋教育发生了新的变化,致使这个传统出现了断层。

1954 年 8 月,教育部召开了全国聋哑学校代表座谈会,讨论教学改革问题。指出发展聋学生的有声语言是新中国聋教育的方向,并指定北京、上海、哈尔滨三市的四所聋校进行口语教学实验。其实,“实验”只是推广的一个前奏。因此,与其说是“实验”,不如说是“试点”。因为按照中国当时的工作方法,“试点”只是为推广而预先进行小规模的实施,目的是取得指导面上推广的经验,而方向则在“试点”之前就确立了。所以,1954 年成了中国聋教育发展史上可用作界碑的年代。

至 20 世纪 90 年代中期,口语教学法问题虽在基层学校工作者中间有过时断时续、零零散散的议论,但由于没有专业研究队伍的呼应与配合,因此形成不了强劲的学派,掀不起争鸣与探索的学术氛围。而且议论的话题,多半是对口语教学精神的理解与贯彻落实。却无一例是突围式地提出探索性的问题。直到 1996 年,双语教学实验班在我国出现,对口语教学问题的思考起到了某种催化剂的作用,才又重新透出积极探索的气息。

当历史的车轮转到 20 世纪末,2000 年 11 月在南京召开了“21 世纪中国聋教育改革与发展研讨会”。会议是由中国教育学会特殊教育学会,香港英华渔人协会和江苏省教育厅联合举办的。与会者近 400 人,人数之众,规模之大,级别之高,安排之周详,内容之丰富,讨论之热烈,在中国聋教史上是空前的。此次会议其中的一个主导观念,是进一步强化口语教学法优越性的宣导。在会议的一份总结性文件《关于21世纪我国聋教育改革与发展的建议》中，有一节是专门谈听障者语言沟通法问题的。转述如下："听力语言能力是学生融入社会和不断学习、终身发展的重要条件。发展学生听力语言能力是我国聋教育亟须重视的问题，也是聋校实施素质教育的特殊内容。这是所有教师、家长的共同责任，并应体现在学校所有教学活动及学生日常生活中。学校应当制订相应制度及评估方法以促进其落实。"

这份学术会议的文件，与国家教育委员会颁发的《全日制聋校课程计划（试行）》中，对语文学科的要求其精神是完全一致的。

二、口语法的任务

（一）口语法的含义

手语法和口语法

前面我们对听力障碍儿童语言沟通法与语文教学法这两个术语的关系做了阐述，但什么是口语法，还有必要弄清楚。因为在我国聋教界对"口语法""手语法"在理解上还不统一。原因有二：一、原本大家对这个问题就没有一个标准的公认的看法，或者说，在理论研究上还不成熟；二、随着聋教育实践的发展，尤其是对沟通方法的评价几经变化，使得大家对原来的概念在认识上也发生了变化。有必要说明一点，在这里，我们是把口语法放在课堂教学中所运用的沟通方法来对待的。因此，它与口语教学、口语教学法、口语法教学都是一个意思。

为总结口语教学百年的历史，台湾学者林宝贵撰文《口语教学一百年》。该文比较了聋教史上口语教学法的诸定义，综合各家定义后提出："口语教学法主要是指导说话的语言与笔谈的一种教学方法。为使听障者能与耳聪者的听语世界沟通起见，一方面透过读话、听能等特殊训练了解他人所说的话，另一方面训练自己的构音器官发出正确的语音，把自己的意思传达给他人的语言教学法，称为口语教学法。"①

至20世纪末，对口语教学的理解基本如上所述。

（二）口语法的任务

口语法的运用模式就是以听觉训练为开端的。事实上，同为口语法体系，而在具体教学中运用时，却是各具特色、多姿多彩的。

语文的基本能力

1. 听觉训练　所谓听觉训练，就是利用各种声音和可资利用的线索，来发挥残余听力的最大效能，也即训练听力有缺陷的人去知觉、分别、解释、统合日常生活中

① 林宝贵：《听觉障碍教育与复健》，（台）五南图书出版公司，1994年版，第166页。

经常要接触的声音。这是就一般意义上的理解。这一理解的可贵之点在于它不排斥听觉以外的“可资利用的线索”。

另一种解释是把听觉训练当作口语教学必须完成的任务之一，认为听能训练是指利用听觉障碍儿童的残余听力教授语言、说话的一种方法。语文教学上又称为‘听语法’或‘听话法’。

根据“教育听力学”的理念，听觉训练应完成以下几项具体目标：①帮助聋儿建立并认识生活环境中的各种音响概念。②在建立音响概念的基础上，逐步扩大音响范围，提高聋儿残余听力对不同音色音响的鉴别能力。③配合言语训练，要求聋儿在开始学习说话或与周围人交往时使用听觉。④进行言语训练，帮助聋儿建立有声言语，养成聆听的习惯。

要求聋儿不但要注意听别人所说，还要注意听自己所说。

听觉训练作为口语教学的一项内容，它的提出，不是只凭主观的愿望，而是有其现实依据的。

听觉训练分环境声训练和语音训练。环境声训练即通过用各种环境中的声音刺激听力障碍儿童，教其识别这些声音的特征、明了这些声音的不同意义。语音训练通常是结合说话训练而开展的。

听觉训练要多次反复，持之以恒；及早开始，讲究方法，并及时与说话训练相衔接。

2. **说话训练** 普通儿童是通过听话而学会说话的。可见对于听力障碍儿童，他们听不见是因，而不会说是果。口语法除了要训练他们听，还要进一步训练他们说。其途径基本上不能与普通儿童那样靠口耳相传自然地学会说话，主要是靠教师以特别的设计所做出的教学安排。

当然，口语教学必须实行说话训练无疑。至于对“说”的要求，我国聋教界的认识还是比较讲究分寸的。“无论对哪类聋童，都应从他们的实际出发，采用说、写并举，各有侧重之手段，去获得其自身最佳的语言效益。”①“口语教学对学生的说话技能的要求要因人而异，不能把说话的清晰度作为衡量口语教学成效的唯一尺度。”②

虽然听力正常的儿童，说话也要靠学才能会，但那是一个自发的过程。听力障碍儿童则要在教学的情景中来完成这一过程。在教学活动中进行说话训练，以我国的聋教育实践来看，主要是通过聋儿早期语言听力康复训练。这项训练由五个

---

① 季佩玉：《聋教育师资培训教材》，中国盲文出版社，2000 年版，第 143 页。

② 张宁生：《听觉障碍儿童的心理与教育》，华夏出版社，1995 年版，第 92 页。

部分组成:①感音训练;②辨音训练;③发声训练;④学拼音;⑤学说话。这五个部分是相互联系、相辅相成的,缺一不可。完成学前的训练任务后,进入小学义务教育阶段,说话训练还应继续,不过前四项任务基本结束了。如果没有受过学前语训的儿童,则把这些训练推延进入小学一年级,从头开始。至于说话训练是否伴随整个学习过程,并没有什么硬性的规定。由于我国没有"口语学校"与"非口语学校"之分,所以,口语教学自始至终都是所有聋校应坚持的一项教学原则。说话训练理应不能中断。不过,说话训练主要安排在"语言训练"课里,在四年级之后已不是一门独立的科目了。

3. **读话训练** "读话",又称"视话",在我国大陆多称"看话"。在"读话"这个术语之前,用过 lip-reading,译作"读唇"。两个术语的含义是:①聋人利用视觉信息,感知言语的一种特殊方式和技能。②看话人通过观察说话人的口唇发音动作、肌肉活动及面部表情,形成连续的视知觉,并与头脑中储存的词语表象相比较和联系,进而理解说话者表达的内容。[①]

现在更倾向于用"读话"来取代"读唇"。因为视觉线索来自观察说话人整个说话的过程,而不仅仅是口唇的局部动作。

在我国大陆的聋校语文教学史上,20 世纪 50 年代中期,刚开始推行口语教学时,也提出过一些"方法学"的要求:"要求学生反复模仿教师的口形动作,开始时是囫囵吞枣地重复教师所讲的话,继后是用正常语音重复教师所讲的话,最后是通过默读来掌握教师所讲的话";"从最初时期起,看话教学就要以整个词或整句话来进行,不应以声音为单位";"为了培养聋哑儿童看话的熟练技巧,还必须采取逐步提高的方针,对各个年级提出不同的要求";等等。[②]

更值得一提的是,随着现代科学技术的发达,各种视听电化器材得到了有效运用。尤其是多媒体技术的引入,更为读话训练(不限于读话)创造了前所未有的高效手段。

读话技能的提高,是缓慢的,训练是艰难的。因此,要长期、反复、大量、随时开展。训练的效果个别差异很大。因为,"看话作为聋人教育的一个标志,仍然是个谜。即使熟练地掌握了看话技能的人,也不会解释自己是怎样获得看话技能,或者什么因素使自己能借助看话理解语言的。"[③]也就是说,擅长看话的聋人无法把经验"传授"给其他聋者。结果,靠看话能了解抽象的观念、复杂的内容或同口形异

---

① 朴永馨:《特殊教育辞典》,华夏出版社,1996 年版,第 188 页。
② 中国教育学会特殊教育研究会:《特殊教育资料选编》第 3 辑,第 76 页。
③ 柯克:《特殊儿童的心理与教育》,天津教育出版社,1989 年版,第 285 页。

音语者只限于极少数智能高或后天性的听障者而已[①]。至今,仍为聋者和聋教育工作者引以为憾的是,“我们不能理解是什么因素在听觉障碍儿童掌握看话技能方面发挥作用,要有的放矢地训练这种技能,是十分困难的。”[②]

4. **笔谈训练** 相距两地的人互相书信来往就是笔谈。面对面地笔谈总是有些特殊的原因。若手势不通,听障者之间或听障者与健听者之间通常都借助笔谈方式来沟通。笔谈要求听障者具备一定的阅读和写作(笔述)两种能力。别人写给你的“话”,你要看得懂,即要具备阅读能力;你写给别人的“话”,要让别人看得懂,不致误会,即要具备写作(笔述)能力。不管哪种语言沟通法和语文教学法,都不会排斥笔谈。在这层意义上,笔谈可以说是口语法与手语法的共同任务,只是培训笔谈采用的技术路线不同。口语法采用的是“依文学语,以语导文”,这里的“语”就是有声语言;手语法则采用手语(主要是手势语)来讲解和传授语言知识。事实上,纯口语法也只是在培养聋者获得语文能力的途径上,拒绝手语的介入,而不可能摒弃书面语的读和写。因为从聋教育的语文教学的使命来说,归根到底,听、说能力必然要延伸到读、写能力上。

听障者的笔谈方式,主要是采用耳聪者所惯用的纸笔书写的书面语沟通法。有时,或受条件所限(如没有纸、笔)或情急之下,也可用手指在空中写字,称作“书空法”;还可用手指在自己或对方掌心上写字,称作“画掌法”。这两种方法,由于能看懂的人极少,因而实用价值不大。倘若有意识地加以培养,也许可以成为一种便捷且经济的笔谈方式。

若拿笔谈与手指语相比较,它比手指语运用普遍,但速度比手指语慢;与手势语相比较,它不如手势语形象生动,但笔谈与口语是同一体系的语言。因此,通过笔谈,可以提高人类的情操,使思考更为精密、正确,可表达绚烂的文学、深奥的科学。有了笑谈能力的听障者,才有希望体悟到人类各种精神生活的真谛。

有关笔谈这一沟通法,还有一点不可忽略。我国教育部在1984年制定的《聋哑学校语文教学大纲(征求意见稿)》中,对于教学中如何运用各种语言形式的问题有一个规定:“在课堂教学中,教师和学生的语言手段,必须以口语为主导,凭借课文,合理运用手指语、手势语和板书做辅助语言手段。”“为主”“为辅”的区分却已深入人心。这里把板书作为辅助手段,板书就是书面语,就是师生间进行笔谈的一种。聋童教育上甚至把板书式的笔谈称作“板书法”(林宝贵,1994)。足见板书在听障儿童语文教学法中的重要地位。把板书定在为辅的地位上,必须理解为在

① 林宝贵:《听觉障碍教育与复健》,(台)五南图书出版公司,1994年版,第172页。

② 柯克:《特殊儿童的心理与教育》,天津教育出版社,1989年版,第285页。

课堂教学中，相对“口语”而言的教学语言的运用，绝不能理解为在日常的沟通中书写和阅读所处的地位。因为，以口语为主的日常沟通，无论在听障者与健听者之间，或在听障者中间，这种局面至今仍是人们追求中的“理想”，远非现实。

中国式口语教学模式

以上对口语教学的任务虽然分别列出四项进行阐述，但与普通小学生的听、说、读、写四种语文能力并非正好一一对应。其中“笔谈”一项涵盖了读、写两种能力，而“读话”则是听障者特有的语文教学任务。前面列出的有关普通小学生的听说读写能力，对于每一种能力应包含的若干方面的要求做了具体说明，有较强的可操作性。在口语教学的实施中，是很值得我们用作参考的。

第三节　手语沟通法体系

一、手语法的历史回顾

（一）手语及手语法的产生

1. 手语的产生　手语何时产生的？尽管文献上有所记载，但并不是追溯到了源头，如果说自从有人类就有残疾人（自然包括聋人），那么人类的历史有多长，手语的历史就有多长。很显然，一个自幼丧失听力的人，听不见别人说话，自己也不会说话，但他总还有愿望要表达，还有感情要交流，这样便逼得他想出一种办法，那就是拿出手来，指指点点，比比画画，这是很自然的。不拿出手来，试想还能有什么别的法子？因此聋人就有了手语。这虽是推论，但合逻辑，同时也是基于观察，事实如此。

案例分享

那么，什么是聋人手语产生的社会基础呢？“手语的产生有种种的背景，由于听觉障碍儿童教育的开始产生了听觉障碍者集团，集团里的听觉障碍者间为了维持社会关系需要彼此沟通的媒介，这种听觉障碍者间社会关系的成立就是手语肇始的最大因素。因此可以说听觉障碍儿童教育没有开始以前，没有听觉障碍者的集团；没有听觉障碍者集团的地方就不可能产生手语。”①可见，聋人社团是聋人手语产生的社会基础。

2. 手语法的产生　手语法，本书在多处把它与“手语教学”做同义语使用。口

① 林宝贵：《听觉障碍儿童语言沟通法与语文教学法之研究》，台湾地区教育行政部门教育计划小组，1994 年，第 14 页。

语法在1979年的荷兰会议上被认定具有两个基本特征:既是沟通体系,又是教育体系。把手语法看作教育体系时,它实质上与“手语教学”是同义的。前面说到手语的产生,只是就手语作为沟通体系(即手语符号体系)的范畴考察的。这里讲手语法的产生,显然是就手语作为教育体系的功能来考察的。既然这里的手语法是一个教育范畴的概念,当然是与聋教育的实践密切相连的。

(二)对于与手语相关的一些用语的说明

从事聋童教育且有一定经验的人,一口气可以说出与手语相关的许多术语:手指语、手势语手势、打手势、指拼法、指语、指文字、手语法、手指法、自然手语、文法手语等,但还没说全。新的用语还在不断地“冒”出来。在这里我们只把列举到的这些术语仅从用语的角度做一说明。这些术语一看似乎很熟悉,也能说出个一二三。但终难说透,加上海峡两岸间交流用语的差别,外来语的不同译法等因素,更难以理出个层次清晰的头绪来。

在我国,对“手语”的理解不存在用语上的分歧。按1989年版《辞海》的解释:手语,聋哑学校进行教学和聋哑人之间传递思想的方法,因用手和手指的动作来表示,故名。分手指语和手势语两种。1996年出版的《特殊教育辞典》上如此解释:手语,指手势语与手指语的合称。常与“手势语”一词通用。银春铭在1998年出版的《特殊教育概论》中写道:“手语”这一术语,它是手势语和手指语的统称。手指语和手势语两者性质不同,只是由于都以手为媒介传递信息,才被归入手语范畴。

按中国对“手语”一词的用法,它实际上只是一个上位概念,它自身不是一种独立的具体存在。也就是说,一提到“手语”,要么是指“手势语”,要么是指“手指语”,而没有一种超然“手势语”和“手指语”之外的第三种物质。

根据上面引述的三种解释,可以让我们弄清以下几点:①“手语”只是“手势语”和“手指语”的“统称”;或倒过来说“手语”可分为“手势语”和“手指语”两种。②当说到“手语”一词时,若不加特别的说明,就是与“手势语”在同一意义上使用的,即可以通用。③“手势语”与“手指语”性质不同,只是都用到了“手”,因此可以“合称”,也可“合用”(结合在一起用);但不可“合并”。

台湾地区对“手语”一词的用法与祖国大陆不同。他们所说的“手语”指的是祖国大陆所称的“手势语”,与之相对应的是“指语”。他们把“手”与“指”对应起来,而祖国大陆把“手势”与“手指”相对照。他们使用的“手语”与“指语”,是两个各自独立的概念,没有在两个概念之上的合称语,但在对“手语”进行分类时,又把“指语”算作手语的“类”。似乎指语又隶属于手语。在祖国大陆,“指语”是“手指语”的简称。而在台湾地区用“指语”或“指拼法”,但不用“手指语”。在台湾也见不到“手势语”,而可见到“手势”和“手势交谈”。

由此看来,此处的“手指法”着眼点不在沟通媒介本身(手语或指语),而在利用何种沟通媒介作为教学工具。在台湾,同是 manual method,更常见到的是译作“手语法”。揣度作者在此处译作“手指法”的用意,大概是为了让读者更容易明了该术语的语源脉络吧。

二、手语的类别及功能

手语怎样分类?按什么标准分类?在这里我们基本上参照林宝贵的分法,稍做些调整。

(一)一级分类:手语分为手势语和手指语

这里所做的分类主要是依据手语的性质。

1. **手势语** 手势语是聋人利用手的动作和面部表情进行交往的一种表达系统,亦称手势表情语。手势语是聋人结合为群体后,为满足交往需要以约定俗成的方式逐步发展起来的。构成手势语的基本手形,是对物体外部特征的形象模拟。由于不同地区的聋人群体可能选取同一事物的不同方面为特征,因此手势语也存在“方言”的现象。但又由于同是模拟事物的直观特点,即使“方言”也不致严重影响聋人间的相互理解。

通常说到“手势语”主要是指“自然手语”,或称“聋人手语”(特指的);“文法手语”虽也为聋人所用,但由于它是人为加工的产物,在“约定”的成分上加上了“规定”的成分,又因其“打法”要按照口语的语序,因此,它在较大程度上失去了“聋人自创”的形态,一般也就不称为“聋人手语”了。

2. **手指语** 手指语是以手指格式代表字母或代表拼音字母,按照词的字母顺序或按词的拼音顺序依次打出的一种语言表达形式。如果是使用拼音文字(如英文),则可直接拼打出词,然后连词成句,即可打出与口语或书面语完全一致的手指语。若使用的不是拼音文字(如汉文),则只能打出词的拼音的手指语,再转换成该读音的文字。这种“转换”通常是在头脑里完成的。例如:同样用手指语打“书”这个词。英语国家的人,只需用 b-o-o-k 四个指式,一经打出,接收者(聋童)脑子里就知道是“book”。而使用汉语的人,打出 sh-u -“-”(加标调符号“-”),两个指式和一个声调符号,此时,接收者看到这几个指式,先要拼读出“音”(shu)再由音转换成“字”(书)。

手势语与手指语是有本质区别的。其根本区别在于:手势语(指自然手语)是独立于民族语言之外的一种表达体系,它作为一种独立语言的地位,已得到越来越多的专业人士承认。而手指语则派生于民族语言,它不是一种独立的语言。

我们想通过对手势语和手指语本质区别的理解,进一步明确以下三个观点:

(1)在我国有一种流传已久的说法、把口语、书面语(以及板书)、手指语、手势语并列地看作是耳聋学生的不同"语言形式"。这里要区分开,口语、书面语、手指语是同一种民族语言(如汉语、英语、日语,等等)的不同"表现形式",而手势语不是民族语言的"表现形式"。

其实,它不是任何一种语言的"表现形式",就像英语不是汉语的表现形式的道理一样。而是"一种语言"。在许多国家已经把手势语作为聋人的"第一语言",而本民族语(如英语)当作"第二语言"。

(2)手指语在本质上是有声语言的一种形式。按苏联学者的看法,"手指语实质上同我们的口头(有声)语言和书面语言没有区别。"中国学者也这样看:手指语是聋人"使用汉语的语言形式","汉语手指语像汉语电码、汉语旗语一样","实质上同汉语的口头语言和书面语语言没有什么差别。"(叶立言)手指语"在功能上与口语相同","听障学生必须在学习语言的基础上才能使用手指语。"(银春铭)汉语手指字母图见图9-1。

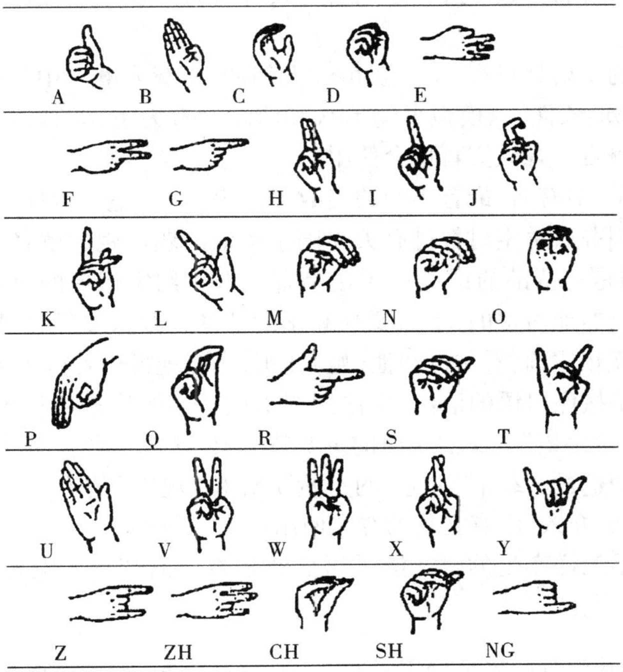

9-1 汉语手指字母图

(3)手指语和书面语一样,都是口语的表现形式。一个表现在手上,一个表现在纸上。按语言学的理论,口语与书面语的关系,口语是第一性的,由文字组成的书面语是第二性的。手指语与书面语处在同一层级,也是第二性的。从这个意义上,我们感到,日本把"手势语"称作"手话",而把手指语称作"手指文字",这两个术语更准确地反映了二者的本质区别。

(二)二级分类:手指语分为"表音指语"和"表字指语"

表音指语指为使发音与读唇的部位更正确、更清楚地表示出来所用的发音辅助记号。

表字指语指用一只手或两只手的手指表示汉字的字形,英语的26个字母,或日语的50个字母用的指式。

此处的"手语"就是指"手势语""自然手语",也就是"自然手势语"。

所谓"自然手语","是听觉障碍者间以姿势、表情、动作或手势表达事物的形状或概念所用的语言。"(林宝贵)根据前面讲到,手语产生的条件是聋人集居,即一个稳定的而非流动的、一个长久的而非短暂的聋人群体的形成,才有可能产生手语。可见,手语是由聋人创造的,也是由聋人传播的。这种"手语"主要就是"自然手语"。

自然手语的主要特点有:①主要由聋人创造,在聋人群体中传播,教育因素的"介入"很少;②形象性,以模拟事物形状和活动情节为主;③直接与观念相联系,不依附于民族语言。聋人文盲也会使用。

自然手语中,最有名、最有影响的当数美国手语。① 笔者曾向一位在美国攻读博士学位的中国聋人学生讨教过有关美国手语的问题。她的解释对我们理解"自然手语"的性质是有帮助的:"美国手语是聋人群体约定俗成的自然语言,可以在一定的环境里自然地习得的,不需要教和学的活动。聋人父母自己带大的聋孩子每天都看父母互相比画,看父母和他(她)比画,自然地模仿习得手语。"

文法手语是按照口语的语法、文法的规则或文字的构造所打出来的手语。文法手语也叫"人工手语"。文法手语的主要特点有:①以健听人为主体和少数有文化的聋人共同创造的;②由"约定"的自然手势和"规定"的人为手势两部分组成的;③教育因素的介入,没有文化的聋人使用起来有困难。

文法手语是怎样产生的?文法手语显然是教育的产物。银春铭在《"手势汉

① 有一种观点认为,美国手语是自然语言,但不是自然手语,手语应按地区划分,因而不能分为自然手语与文法手语。

语”与通用手语的推广问题》一文中对这个问题作了很有价值的探讨。他认为，文法手语（即该文中所说的“手势汉语”）是聋人自身和聋人教育工作者，以及手语研究人员几方面的力量相互影响，使得自然手势出现“语言化倾向”的结果。

一个不争的事实是：文法手语，是在聋人教育中，社会的力量（学校的力量，行政的力量，社团的力量，乃至家庭的力量等）为了规范、改造、丰富自然手语而对其进行整理、修订和重新设计的一套供聋人沟通和教学用的手语。离开聋人教育，文法手语不可能存在，不可能产生，不可能发展，也无存在价值。

上面从理论上对“自然手语”和“文法手语”做了区分。那么在实际使用中是否也会如此泾渭分明呢？

我们问过聋校的老师这样一个问题：“你上课用的是自然手语，还是文法手语？”被问者感到茫然，因为他压根就没想过这个问题。事实上，在我国聋校，的确很少有人去关心这样的问题。另外，一些研究者对是否应区分“自然手语”与“文法手语”也持有不同看法。反对区分的一个理由，认为在实践中根本就“不能区分”，“把全部手势划分为自然手势和条件性手势，是完全不可能的”。

（三）三级分类：即在二级分类基础上的每一类又可分成若干小类

1. 表音指语再分小类 手指字母在中国手语中大致以三种形式出现。其一是单纯以手指字母来表达词义，这种形式一般以这个词的汉语拼音头一个字母来表示，如“党”“部”“局”“处”“科”等；其二是以手指字母附加动作表示，如“县”“区”“科学”等词；其三是以手指字母配合手势语来表示，如“祖国逻辑”“专政”“籼米”等。

2. 表字指语再分小类 对这项分类虽然可以从文献上转介几种，但由于我们所掌握的资料说明过简，机械照搬，于读者无益。但有一点有待明确，即表字指语是否也有表音功能。按林宝贵列举的 5 种表字指语所作的说明，每一种都有表音功能，如罗彻斯特法是“为增进读话与发音的理解力”。既如此，那么“表音”与“表字”究竟以什么标准给以区分？区分的目的又为何？都有待进一步研究。

3. 自然手语再分小类 美国的贝尔在 1864 年时把自然手语分为四类：①表达情绪或脸部表情的情意手语；②加强说话语气的戏剧性手语；③模仿自然现象的模仿手语；④把抽象的观念具体化的象形手语。德国心理学家冯特对自然手语做如下分类（图 9-2）：

自然手语
- 指示手语
- 叙述手语
  - 摹写手语
    - 描写手语
    - 造型手语
  - 记号手语
- 象征手语——把抽象概念具体化

图 9-2　自然手法

中国手语是自然手语还是文法手语？尚未定性，有待研究。对中国手语的分类，国内研究者提出过四种分类方法：第一种依据手势语所表达的内容及其构词方法，将手势语分为两大类：①以模拟事物外部特征为主的形象手势。②用会意、仿字、谐音等方式构成的抽象手势。需要说明一点，此处的所谓“抽象”，不是说手势所表达的内容“抽象”，而是说“这类手势是词的符号，与事物形象并无联系”。

关于以模拟事物外部特征为主的形象手势。图 9-3 模拟的是床和椅子的形状。

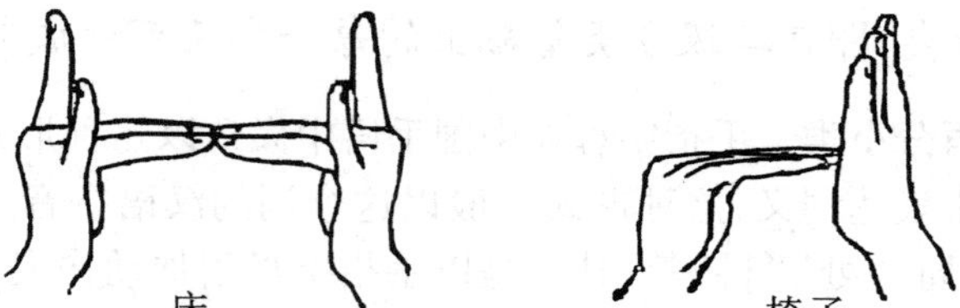

床　　　　椅子

图 9-3

从上图可以知道，有些形象手势既可以表示某个物体，又可以表示与操作某个物体有关的动作和事情。图 9-4 既可以表示包子、饺子这两种食品，也可以表示包包子、包饺子这两件事，如能抓住事物的主要特征，形象手势能逼真地反映出所要表达的内容。

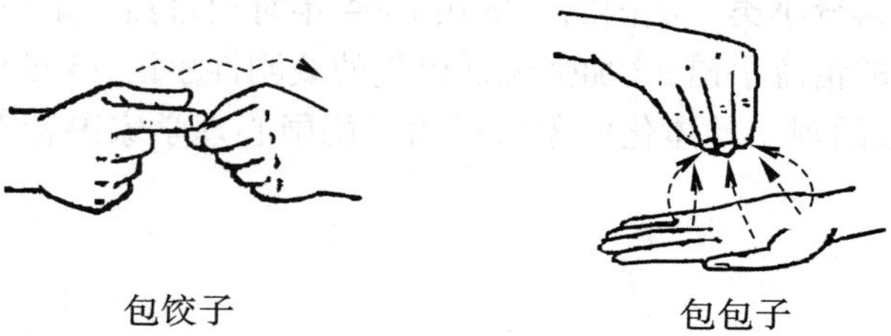

包饺子　　　　包包子

图 9-4

只要具有相应的经验,就能理解手势的意义。没有学会语言的聋童,大多也能利用形象手势做简单的交往。

关于用会意、仿字、谐音等方式构成的抽象手势。①一只手伸出拇指放于胸前,表示由衷的尊敬,代表老师(图9-5)。②模拟汉字"工人"(图9-6)。③象征花和桥,与"华侨"谐音(图9-7)。④一手以"圆"的手势表示"原"(谐音),另一手书空"子"字,两手动作合起表示"原子"(图9-8)。

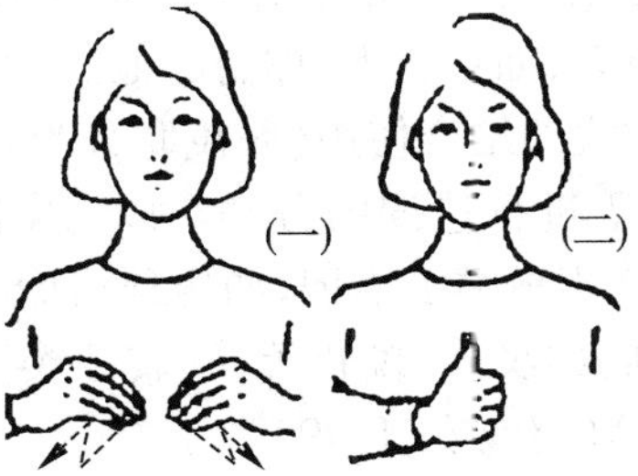

老师

图9-5

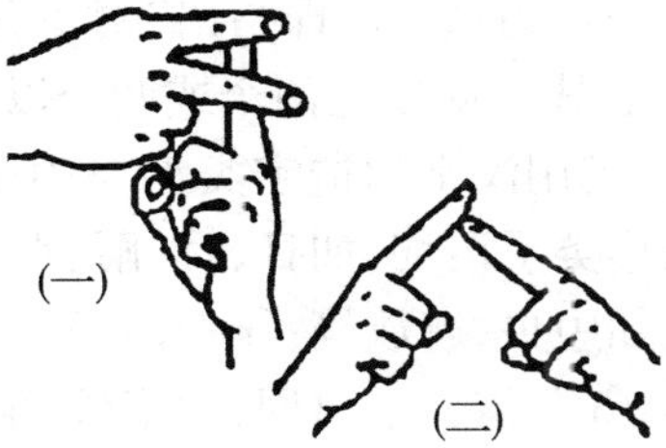

工人

图9-6

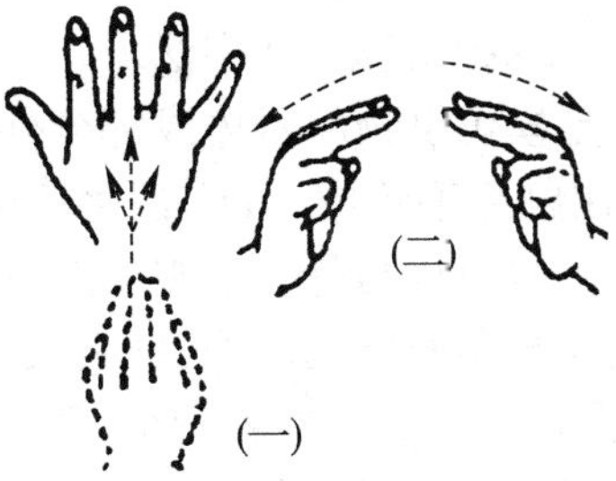

华侨

图9-7

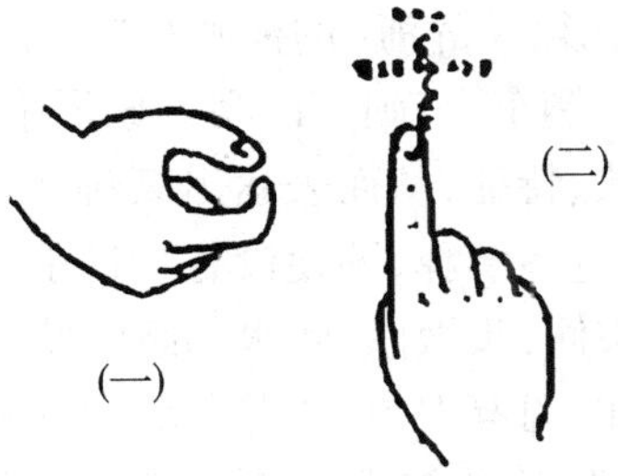

原子

图9-8

这类手势是词的符号,与事物形象并无联系。聋童只有正确理解词义才能掌握这类手势。

第二种是依据中国聋人手语的设计方式进行分类,分为六种。

(1)象形式。用手的动作直接模拟事物的形状体现出事物某些特征,来表示某种意思和概念。如门、水、床、化妆等。

(2)会意式。用手做动作象征某种意思,有时配合面目表情,表示事物某种发展变化状态及人体对某种物体、信息的刺激所引起的感受反应。如跳、润滑、收缩、快、饿等。

(3)表音式。借用现代汉语有声词的手势动作来表示一些与这些有声词字音相同而又比较抽象的一些其他词或者用手指字母打出音节的声母来表示一些虚词,地点、人名、术语等。或用借音和谐音的方式,如秘书、书记。或用手指字母表示,如熟、药。或用音节声母或字头字母表示,如所以、因为。

(4)仿字式。用两手手指模拟一些汉字的整体或部分字形或运用书空来表示意思。在空中用手指模状加书空。如工人、工艺、中学、百分号(%)等。

(5)指示式。用手指直接指出事物或者用手指示身体某个部位或某点来辅助表达,构成一定的意思。即指出“对象”的所在,如:上、下、你、我、他。

(6)综合式。即以上两个或两个以上方式的结合使用(张茂聪,1998)。

第三种借用汉字的造字类型对中国手语进行造词的分类。以“六书”的原则分为:①象形类手语词,如日、月、雨、水等;②指事类手语词,如房顶房檐等;③会意类手语词,如中央、解放等;④形声类手语词,如汉族、蜕化等;⑤转注类手语词,如村、芹菜等;⑥假借类手语词,如华侨、事实等(赵锡安,1999)。

还有第四种分类方法,也是从汉字的造字方法中获得“灵感”,将“我国聋人使用的手势语,无论是地方手势语,还是过去试行的通用手语,以至现在正式公布的中国手语”,归纳出六种类型,即象形、会意、转注、形声、仿字、组合。

(1)象形。《辞海》的注解是“六书”之一,摹拟实物的造字法。

车画一辆车,马画一匹马。象形手势就是模仿事物的整体或部分外貌,体现出事物的形状、特征,从而表达出某种含义。在象形手势中,有些是比较原始的自然手势,不必过多解释,即使没有学过手语的人,也可以看懂,如“睡觉”的手势(一手掌心捂于头侧,头微倾,闭眼如睡觉状)。这是模仿睡觉的动作,健全人也有如此比画的。再如“月亮”“牛”“羊”等手势是表示事物的某一外貌特征,用“月牙”形状表示“月亮”,比用满月更易理解,而用“牛角”“羊角”的形象特征,表示“牛”或“羊”,也是很简单明确的。至于“房子”的手势,以及从“房子”引申的“宿舍”“食堂”等手势,则不仅是象形手势,同时也包含“会意”的含义了。

(2)会意。《辞海》有两种解释:①也叫象意。六书之一,利用已有的字依据事理加以组合,表示出一个新的意义的造字法,如日月为明,山高为嵩;②犹言会心,谓领会其意义……会意手势也可以用这两种解释来理解,它与象形手势不同之处在于象形手势直接模仿事物的外形、动作,比较明显,易于理解,而会意手势需要透过事物的外形、动作,以引申、借代等方式来了解具体含义。

会意手势的数量比较多,从自然手势发展到人为手势,几乎多数是以会意的方法来表达的。这种手势是以手或配合身体某部位的动作或配合面部表情,来表达事物的含义、发展、变化等。如“聋哑人”一词,一般习惯是伸小指指自己的耳朵和嘴角,表示耳不能听,嘴不能讲话,即是聋哑人的意思。原通用手语把伸小指改为伸食指,《中国手语》又借鉴国际手语将其改为伸出食、中二指贴于耳部表示耳聋,把词目“聋哑人”改为“聋人”,其实含义都是一样的。再如“明天”的手势现已看不出含义所在,原来这也是会意手势,它的打法是先用“睡觉”的手势,再打“一”的手势,意思是睡觉一次(一夜),就到了明天,后来自然简化,逐渐演变成现在这种打法,也为聋人所公认,对于原来为何如此打法,反倒没有人去追究了。“哭”“笑”配合面部表情,“跑”“背”配合身势动作,以及“青年”“朋友”“中国”“解放”“首先”“其次”……都属于会意手势。

另外,有一些指示手势,数量不多,它的特点是以手指具体事物,如“你”“我”“他”“耳”“鼻”“上”“下”“那里”“这里”等,

这些手势在日常生活中时常遇到,比较容易理解,也归纳在会意手势之内。

(3)转注。《辞海》的注解是“六书之一”,大致分为“形转”“音转”“义转”三种说法,即指字形上同一部首的,词源上同韵同声的,同一主要意义的。而我们提出的转注手势与上述含义不同,转注手势是手势本身不直接表示所要表示的词,而是以所表示词的某些含义定出手势动作,使人看了这个手势,要在脑中转个弯,通过联想去了解它要表达的内容。

节日手势

(4)形声。《辞海》的注解是“也叫‘象声’‘谐声’,六书之一。意符和声符并用造字法。如《说文·言部》:‘论,从言,仑声。’《禾部》:‘秧,从禾,央声。’‘言’和‘禾’是意符,表示‘论’和‘秧’的读音……”形声手势也有人称它为表音手势或谐音手势。它的含义比较简单,只是借用汉语中同音词来表达比较抽象的词目。《中国手语》中的“原则”“事情”“事实”“实行”“意义”等手势都是形声手势,有的以形声附加动作表示。

形声手势

(5)仿字。不在汉字“六书”之内,是手势语特有的一种类型,这种手势由来已久,它是以手指搭成(模仿)汉字字形而成。方块汉字笔画繁简不同,笔画少的可用手指模拟成形,如“工”“人”“田”“王”等。简化字的出现,也使仿字手势的数量加多,如“业”“从”等。有些仿字手势因字的笔画较为复杂或笔画较多,需要附加动作,但仍可以使人明了其具体字形,如“品”“功”等,有的仿字手势附加一定的动作可以引申为手语词汇,如“人民”“群众”“介绍”,等等。还有一部分是模拟数学符号,如“+”“-”“×”“÷”,这也属于仿字手势。

(6)组合。组合手势也叫结合手势,顾名思义,它是由以上几类手势中的两类或两类以上的手势组合而成的手势语。例如“工厂”是以仿字、象形两种手势组合的,“公安局”是以仿字、会意、指语三种手势组合的。由于这个特点,它可以比较完整地表达人名、地名、称谓,合成词、较复杂的抽象的词汇等等。它在中国手语中

所占比例较大。

从以上四种分类看，国内手语研究者，侧重以构词法作为分类依据，已介绍的国外两种分类则是以功能作为分类依据。

4. 文法手语再分小类 “美国手语”属于自然手语，前面已经讲到。“中国手语”的类属问题，还未见讨论。因此谈不到为“中国的”文法手语进行分类的问题。虽然也有人提出将“中国手语”分解为两部分：“中国手势语”和“手势汉语”。“中国手势语”即为自然手语，而“手势汉语”却没有明确给它戴上“文法手语”的帽子，但又把它放在与“手势英语”之列加以类比，而“手势英语”属文法手语是确定无疑的。可见，“手势汉语”归属于文法手语，是顺理成章的。不过，这项“分解”工作还没有进行。能不能“分”，意见也不统一。实际进行“分类”就更是稍后的工作了。

以上是我们对手语的分类。前面我们说到，这种分类的依据基本上是参照林宝贵的分类方法，但做了一些调整。鉴于手语的分类尚处于探索之中，因此，下面我们把林宝贵的分类系统和我们的分类系统都给大家，一则可让大家看到我们做了哪些“调整”，另则可供大家比较研究。

林宝贵的分类：

- 手语
  - 表音指语
    - 如：美国的 Cornett 设计的提示法；贝尔父子创造的视话法；我国的汉语手指字母方案等。
  - 表字指语
    - 如：美国的罗彻斯特法。
    - ……
  - 表意手语
    - 自然手语
      - 如：贝尔的分类和冯特的分类。
      - ……
    - 文法手语
      - 如：美国手语、手势英语等。
      - ……

本书的分类：

- 手语
  - （一）手势语
    - 1. 自然手语
      - （1）美国手语
      - （2）……
    - 2. 文法手语
      - （1）手势英语
      - （2）……
  - （二）手指语
    - 1. 表音指语
      - （1）汉语手指字母
      - （2）……
    - 2. 表字指语
      - （1）罗彻斯特法
      - （2）……

尽管做了以上分类，但仍有几处很需要加以说明：

(1) cued speech，译作暗示法或提示法。严格讲，cued speech 既不是手势语，也不是手指语，而只是一种辅助发音(起提示作用)的"手形"。因它不表达意义，所以算不上手势语；又不代表字母符号，所以也非手指语。

(2) 罗彻斯特法，它是按 26 个英文字母设计的。它既具有表字功能，同样也具表音功能。我们现按照林宝贵的分类也把它归为表字指语。但根据什么理由，尚不得而知。

(3) 美国手语(ASL)，林宝贵将其归为文法手语，而我们将其归为自然手语。我们的依据是，不懂英语的聋人可以使用美国手语，它是美国聋人的第一语言；而文法手语不是聋人的第一语言，必须先学会英语，然后按照英语的词汇和语法来比画。或者说，美国手语是独立于英语的，文法手语是依附于英语的。

(4) 在术语的使用上，我们曾说到，台湾没有手势语与手指语的"统称"——手语。但在上面林宝贵的分类中"手语"则出现在表字指语、表音指语与表意手语的统称位置上。以上几点都是值得以后进一步研究探讨的。

第四节 综合沟通法体系

一、综合沟通法产生的背景

综合沟通法的出现较早，可以说，自有聋童教育就有综合沟通法。但其在国际聋教界受到重视而成为领导潮流的力量，是在 20 世纪 70 年代以后。单从名称上看，70 年代以前叫"并用法"。70 年代以后称"综合沟通法"。有的学者提出，70 年代前的"并用法"是狭义的，是手语教学法与口语教学法的并用方式。而与 70 年代后的广义的综合教学法有所区别。

综合沟通法的提倡，与下列几个观念的转变有关：①手语法与口语法各有优缺点，若能综合采用，应有助于促进听觉障碍者的沟通能力；②手语有其结构性与完整性，并非不完全的语言；③采用手语教学会阻碍口语学习的观点，并未得到实证性研究的支持；④双亲皆聋的听力障碍儿童，其语文能力优于双亲或单亲听力正常的听力障碍儿童；⑤口语虽然是最理想的沟通方式，但其教学也有很大的限制；⑥为适应学生的个别差异，综合采用各种沟通方法，符合个别化的特殊教育原则。

可以看出，综合沟通法的产生，是人们对口语法与手语法长期争论后的一种理性的反思；是人们在探索有效的语言沟通法与语文教学法过程中找到的一条出路；

是人们对两个偏端态度的一种调和;也是人们更加讲究现实的一种稳重选择。

二、综合沟通法的理念

综合沟通法

综合沟通的意思容易理解,但下定义不很容易,在实践中运用也各有千秋。若不以严格的"下定义"的行文方式,而只对综合沟通法做一般描述,在特殊教育的教科书中随处可见。

如果口语法和手语法较侧重于方法学的含义,那么综合沟通法则更侧重于指导原则的含义。虽然在讨论听觉障碍儿童语言沟通法与语文教学法时,常把三者并列地摆在同一个层级上进行阐述。综合沟通法并不是独立于口语法或手语法之外的第三种"自成一家"的方法体系,而是基于各种教学法的优点,把它们全部的优点加以结构化、组织化、系统化,再斟酌每一个听障儿童的障碍程度与需要加以有机地配合应用。所以,自1968年美国的霍尔库姆(Holcomb,R. K.)提倡"综合沟通法"以后,得到许多教育者的支持,并就"综合沟通法"的要义做出了以下结论:①综合沟通法与其说是一种方法,不如说是一种原理;②为适合沟通的需要,在个体表达和理解所及的范围内,可将听语—口语—手语等结合起来使用;③综合沟通是听障者的一种权利,它是为了在沟通中得到最适当的领会和完全的理解所做出的最大信息量的输入。正如健听者可以是双语者二样,听障者也有同时使用双语(口语和手语)的权利。

第五节　听力障碍儿童语言沟通法与语文教学法展望

一、口语沟通法评述

无论对哪种沟通法的评价都会受到若干因素的影响而发生改变:时代的流行观念。如在米兰会议前,手语派观念较流行,占据人们评价系统的主导地位;而在米兰会议之后,又倒向了口语派的主张;这种社会心理因素在实证性证据较缺乏的情况下,其影响力是很强的;学者们的研究及倡导,如对手语语言地位的承认与宣传。有的学者认为手语是一种"真正的语言",具有完整的语法结构;从而就会提高对手语法的评价;家庭对孩子成长的期望。如面对子女"听障"的现实是否采取接纳态度,由此而连带对他们的沟通方法所持的态度不同;听障者对自己权利的觉醒与维护,如有的听障者认为手语是他们的沟通权利,健听者不应该强迫他们改用其他沟通方式;政府行政系统借由相关政策的介入。如通过课程计划,教学大纲等对教学实践的指导作用;社会的文化氛围,如对听障者及他们的特殊沟通方式是宽容还是抵制。

口语法虽然较难学习,但对听觉障碍者语文能力的增强,却具有很大的帮助。口语法的优点,几乎即为手语法的缺点。一般而言,口语法具有下列优点:①符合一般语文的语法、语序、语型,可避免听觉障碍者使用手语法而产生的许多错误语言习惯;②有助于听觉障碍者与一般人沟通;③可表达抽象语汇及复杂句型。

口语法虽然具有上述优点,但也有其限制:①听觉障碍者难以学习。能够以口语做充分沟通的听觉障碍者毕竟不多。口语的学习成效也容易受听觉障碍者的智力、早期训练、听力损失程度、失聪年龄、学习动机、父母态度等因素的影响。②即使学会若干口语,但听觉障碍者彼此之间欲以口语沟通,实非易事。③许多字词的发音、语调、口形,皆非常类似,欲作分辨并不容易。④许多听觉障碍者即使幼年或小学阶段曾接受口语的训练,但年级渐增,课程内容增多,口语教学往往会耽误教学进度。有时迫使教师改采手语,放弃以往辛苦学习的若干口语经验。⑤学生毕业离校,若未继续作训练;则以往所学的口语经验,将难以保持。①

二、手语沟通法评述

要完全把手语排除在聋人生活之外在今天似难以做到。手语法遭批评的原因有:①社会大众不懂手语,无法与之沟通;②手语不合语法,对学习本民族的有声语言(包括口语与书面语)有消极的影响;③对促进思维的发展不利;④ 手语不文雅。

针对手语的种种误解和担心,欧美的一些研究者一一做了匡谬,见表9-1。

表9-1 对手语的误解与辩白

误解	辩白
美式手语不是语言	众多语言学家均认为美式手语是一门语言,课堂实践证明故事书中美式手语的使用架起了美式手语同书面英语的桥梁
使用美式手语将阻碍学生在学业上的发展	许多研究表明父母皆为聋人的失聪儿童皆在学业上超过父母均为健听人的失聪儿童
使用美式手语将妨碍儿童说话	并非所有失聪儿童都能够或愿意开口讲话,研究表明父母皆为聋人的失聪儿童说话几率等同甚至优于父母均为健听人的失聪儿童使用本国手语促进了学习说话的进程

① 王文科:《特殊教育导论》,(台)心理出版社,1997年版,第132页。

续表 9-1

误解	辩白
健听的父母不会接受或学习美式手语	在瑞典、丹麦、法国等国进行的调查表明健听的父母能够也确实学习了本国手语。父母手语能力的进展也促进儿童学习、语言能力的提高
有健听父母的失聪儿童中90%不把美式手语作为基本语	基本语也就是儿童的第一门语言,无论它是否是从父母处学来的,它是由儿童自然接受并使用的语言
将手势英语与书面英语结合使用,比单纯使用美式手语能更好地提高阅读和写作能力	手势英语不能称其为一门语言。研究表明,使用美式手语的学生对书面英语比使用手势英语的学生有更强的理解力。美式手语促进而非阻碍失聪的学生学习英语
聋童的自然语言应是正常人的语言	形象手势语或手势方式是聋童的自然语言
与聋人交往没有益处,应回避那些打手势的人	与其他聋人交往对于正常生活是必要的

(资料来源:赵锡安《中国手语研究》,1999;罗杰·弗里曼《聋童教育指南》,1989)

我国聋教界也一直认为手语只能表达具体的概念,而对抽象概念的表达很受限制。越是抽象的概念,手语越显得无能为力。但是,有些学者认为手语是一种"真正的语言",具有完整的语法结构。手语除表达具体概念外,亦可表达任何抽象概念。对这种观点,中国的专业人员曾经很难苟同。为了弄清究竟,同时也为了求证笔者的一种推测:是不是中国的手语还是一种"发展中手语"? 其表现力不如美国手语完善? 经询问一位在美学习的聋人博士生后,才释疑团,原来美国手语中可以使用手指语。这一点,后来从文献中也得到了证实,"在没有专门手势的情况下,在美国手语中也使用指拼法"。(兰继军,2001)

尺有所短,寸有所长。同样,手语法也是长短互见。不过,传统上列举到的若干有关手语的长处与不足,在上表"对手语的误解与辩白"中,一正一反,几乎都数到了。在此就不再赘言。

还有一种现象,这就是口语法对手语法的排斥程度,要超过手语法对口语法的排斥。表现在大多数手语法者能够接受口语法的某些主张,而口语法者往往难以容忍聋童同时使用手语。

三、综合沟通法评述

聋教育的“口语法教学”和“手语法教学”争辩已久,因为最终来说,任何教学方法都必须服膺于个别聋生的特性和需要,而学生的学习成效也是教学方法的最佳验证,我希望内地聋教育工作者在充分认识“口语教学”之余,也不要盲动地误以为“口语法教学”必然优胜于“手语法教学”,而且,其他形态的教学方法仍有不少钻研的空间等待我们继续努力开拓(陈国权,2001)。

对“综合沟通法”的不认同,其中有来自双语双文化法的“声音”,认为:综合沟通法“仍然没有走出口语教学法的困境”。理由是“综合沟通法在实际运用中,仍以有声语言为主,以发展学生的主流语言为主要目的。”结论是“全面交流法”(即综合沟通法)并不“全面”(沈玉林)。

有关综合沟通法的运用,根据已有的经验和研究,可以做出如下几点评论:①在听障者多种沟通法中,现今最受欢迎的是综合沟通法;②综合沟通法不宣称哪一种方法是最好的,也不排斥某一种方法,而采取“兼容并蓄”的路线;③综合沟通法适应听障者的个别差异,既可以数法并用,也可只用其中某几种方法;④但综合沟通法的实际效果并未达到预期的高度。甚至也有人报道,采用综合沟通法的学校,学生在语言能力和学力方面,不如采用口语法的学校。

四、沟通法与教学法的多元化趋势

(一)多元化趋势之必然性

综合沟通法的产生,是听障者沟通法走向“多元化”的第一声呐喊。这一声呐喊,宣告的不是一种新方法的诞生,而是一种新理念的建立。

笔者在“21世纪中国聋教育改革与发展研讨会”上做了“聋教育中语言沟通法的多元化趋势”的专题发言,在论及“多元化是语言沟通法发展的必然趋势”时,提出了两个论据:

1. **一种沟通方法独占鳌头的现实还没有出现** 各种沟通方法只有相对优势而无绝对优势,每一种沟通方法的选用及其优势的发挥需要多种条件的配合。由于环境和聋童个性的多样化,因此,沟通方法的适用性势必也会因地制宜,因人制宜。

对此,最有力的证明是,一些著名的口语学校,如美国的圣路易斯和圣约瑟夫的聋童学校,都用口语法培养出了很好的毕业生。但是,“这些学校能创造出大多数聋教育机构无法复制的综合语言环境”。(柯克)这句话非常精辟地论述了理论上的可能性不等同于现实中的可操作性。

2. **多元化即人性化** 特殊教育的根本原则:个别化教育原则。个别化教育原则的依据是承认人的个别差异。人的个别差异是人的本性所使然,承认差异是尊重人性的体现。

人本主义教育理念的发扬。现代人本主义心理学特别重视个体心理需要的满足。只有实施多元化的教学策略才能做到这一点。

(二)聋人双语教学的兴起及留给我们的思考

发展听障者语言的重要性和聋校语文教学的低效性,形成了巨大的反差,促使聋教育人士坚韧地寻求高效之路。聋人双语教学就是这种寻求路上的成功探索。

聋人双语教学有什么特征?或者说具备哪些特征才称得上双语教学?①首先要肯定手势语是聋人的母语地位,是他们的第一语言;本国语是第二语言,学习本国语的方法就像学习一门外语一样,第一语言即手势语是学习本国语的基础。②开始学习手势语要尽可能早,最好在3岁之前。③要有聋人作教师来教孩子学习手势语;同时要有健听者作教师教聋孩子学习本国语。④聋儿的父母要学会手势语,在家庭内创造运用手势语的环境。⑤学习本国语是指书面语和口语,但不强调非学口语不可,主要学书面语。⑥手势语与本国语不分主次,两种语言都要掌握,都要运用,否则便不成其为双语。

【思考题】

1. 什么叫沟通?沟通对儿童发展有什么作用?
2. 听力障碍儿童语言沟通法与语言教学法是什么关系?
3. 听力障碍儿童的沟通方法分为哪三大体系?三种体系的产生与提倡跟什么因素有关?
4. 18世纪的欧洲为什么会成为世界的聋人教育中心?
5. 18世纪的欧洲聋教育有哪些学派?各自的代表人物是谁?其主张是什么?
6. 贝尔对聋教育有什么贡献?
7. 简述米兰会议在世界聋教育发展史上的意义。
8. 为什么安妮塔·米尔斯带给中国聋教育的是口语教学传统?
9. 20世纪50年代对推动中国大陆口语教学影响至深的事件。
10. 如何理解口语法或手语法不应看作一般的教学方法?
11. 1979年荷兰会议指出的口语教学的基本特征是什么?
12. 口语法应完成哪些相关的任务?
13. 请您把听、说、读、写对聋童的语言能力培养按重要性的程度排列一个顺序，并说明理由。

14. 你对构成中国式口语教学模式的十项要义有何看法？
15. 能把中国手语分解为"自然手语"和"文法手语"两种成分吗？理由是什么？
16. 为什么会产生综合沟通法？
17. 为什么说综合沟通法"与其说是一种方法，不如说是一种原理"？
18. 你赞同对手语误解的辩白吗？
19. 你认为今后听力障碍者的沟通方法会朝向多元化的趋势发展吗？
20. 你对聋教育中沟通方法的争论做过哪些理性的思考？

第十章

听力障碍儿童的学习心理学问题

【本章提要】

学习心理学是确定课程标准,教材编写以及教学和评价的不可或缺的依据,是教师专业发展的基础知识。

学科学习心理学是应用性的学科,它基于教育的视角,研究学生个体学科学习的心理过程,以及影响学习结果的因素。学科学习心理学还是年轻的学科,听力障碍学生的学科学习心理研究就更加单薄。我们之所以在本书列入这一章,既是因为教学和评价的科学性、适宜性要建立在学科学习心理研究的基础上,更是希望引起大家的研究和探讨。

鉴于篇幅,本章只讨论聋校语文和数学两个学科的学习心理学问题。

第一节　语文学习的心理学问题

一、听力障碍儿童语文学习的特殊性

听力障碍儿童语文学习的特殊性包括两个方面:一是听力障碍儿童语文学习意义的特殊性,二是听力障碍儿童语文学习过程的特殊性。

(一)听力障碍儿童语文学习意义的特殊性

听力障碍儿童失去的不仅是听力,更重要的是失去了获得语言的自然途径。这种双重缺陷成为听力障碍儿童发展的严重阻碍。“不能听和不会说乃是一种不

利于社会和学习适应的关键性缺陷”,“语言影响到发展的各个方面。”(柯克)这就决定了听力障碍儿童语文学习的意义非同寻常。既不同于普通学校的语文学习,也不同于聋校的其他学科的学习。所以,发展听力障碍儿童的语文能力,一向是听力障碍学生语言学习活动的中心课题。特殊教育的补偿功能,在聋教育中,最重要的就是通过语文学习使听力障碍儿童重新启动他们的言语功能。这一点,既要使教师懂得,也要使学生懂得,从而激励教师的高度责任心,激励学生的学习主动性。具体来说,听力障碍儿童语文学习意义的特殊性有以下几个方面。

1. **语文能力是听力障碍学生日常生活必备的能力** 听力障碍学生语文能力的获得必须通过语文学习才有可能。所谓语文能力,就是正确理解语言文字的能力和正确运用语言文字进行交往以及阅读和写作的能力,即听、说、读、写的能力。其中听、说能力是读、写能力的基础。但是,对于一个听力障碍者,尤其是自幼丧失听力且较严重的人,他们失去的是四种能力中的两种基础能力,因而,要应付一般日常生活也是有困难的。他们的交往圈子又不能局限于听力障碍者狭小的天地里,在这个圈子里,他们可借助手语来交往,出了这个圈子手语就失灵了。“口说”既不能,只好用“笔谈”。书面表达和阅读能力都是由语文学习得来的。

2. **语文能力是学习各门学科的基础** 语文指的是语言和文字,它们都是工具。人类的文化科学知识除了以物化形态的方式存在以外(如建筑、生产工具等),还借助语言文字的传播和记载而流传下来。

3. **语文能力是提升听力障碍学生思维水平的必要条件** 人的思维可以在不同的水平上进行,取决于借助什么做依凭。如 3 岁前的幼儿其思维基本上是直观动作的。他们在用双手实际地把某种物品(如玩具)拆开又重新合拢,以发现它的“秘密”。他们在做的同时,想着做着的事情,而不能想好了再做。实际活动停止,思维活动也就停止。所以,幼儿的思维是凭借动作进行的,它处于较低的发展水平。听力障碍儿童的思维几乎在整个学前阶段都停留在动作思维的水平上。听力障碍儿童运用手势语的思维基本上属于这一水平。只有到了能熟练地运用语言作为思维的凭借时,思维的发展才达到了较高的水平,即抽象思维。这种提升也要借助语文学习才能顺利实现。

4. **语文能力有助于培养和形成听力障碍学生的优良个性品质** 听力障碍学生在语文水平较低的时候,对事物的认识往往满足于“是什么”,而缺乏进一步的了解,不问“怎么样”,更无从知晓“为什么”。因此,他们的行为,较多地出自直接模仿,待人处事欠深思熟虑。因而他们的好的行为难以持久,难以深化为一种优良的品质;而一些好的品质又不够稳定。

(二)听力障碍儿童语文学习过程的特殊性

普通中小学学习语文的目的,主要是提高学生正确理解、运用语言文字的能力,培养阅读和写作能力。这与听力障碍儿童语文学习的目的是一致的。基于这一目的,语文学习要根据学生心理发展的水平和特点,给他们以语文的基础训练。这种基础训练在小学阶段包括字、词、句、篇等基本知识的掌握和听、说、读、写等技能的形成。到了中学,还应讲授一定的逻辑、语法、修辞、文学等方面的基本知识。若从个体语言发展和语文学习的过程来看,那么,普通小学和聋校是有很大不同的。

(1)小学语文学习的核心问题是在学生已有的听、说能力的基础上,引导他们掌握书面语言。小学语文学习的任务中识字是重点。但是,聋校则不然,学生是在缺乏听、说能力这个基础的条件下开始学习语文的。就是说,一切从头开始。因此,听力障碍儿童语文学习的任务其重心在发展学生的语言,不是单纯地识字,而是学词识字。这是听力障碍儿童语文学习过程特殊性的最基本的一点。从语言心理学的角度来看,听力正常儿童在入学前,其母语已经完成,他们已经具备了听说能力,即运用口语进行言语交际的能力。而听力障碍儿童缺乏自然习得有声语言的环境,不能自然地通过运用言语交往来习得言语能力。所以,他们的语言学习要通过语文学习来进行。因此,普通小学的语文学习是一个"由语及文"的过程,听力障碍儿童的语文学习则是一个"文语并进"的特殊过程。可见,听力障碍儿童语文学习的任务要重得多也难得多。

(2)听力障碍儿童语文学习是在儿童过了语言发展的关键期之后才开始的。这样,就会使听力障碍儿童语文学习的难度增加。如果听力障碍儿童的学前培训普遍开展起来,以至达到普及,那么这一特殊性就会逐渐不复存在。

(3)在师生双方相互作用条件下的学习过程,是在双语环境中进行的(至少在目前中国大陆是如此)。因而师生间的沟通,很难达到像单语环境中那样透彻。这里说的双语环境,在我国指的是基于语音——听觉交际的汉语和基于动作——视觉交际的汉语手势语言。它不同于民族语和外来语混杂的双语环境,因为民族语和外来语都是基于语音——听觉交际的语言。聋校的这种双语环境,使处于语文学习(其他学科的学习也如此)过程中的师生双方,相互的理解受到很大的限制。很难达到心相通、情相融、意相会的境地。

(4)在语文学习过程中,听力障碍儿童能参与学习活动的"有效时间"是大打折扣的。同样一节课45分钟,对听力障碍学生和听力正常的学生来说,两类学生充分参与学习活动的"有效时间"是有很大差异的。这是因为听觉获取信息和视觉获取信息的差别造成的。视觉是一种要求主动性较强的知觉，相反，听觉则较为被动。

(5)在听力正常儿童语文学习的过程中，他们运用语言来思考问题。在这里，语言是思维的工具，问题是思维的对象。而在听力障碍儿童的语文学习过程中，语言起不到思维工具的作用，相反，语言成为思维的对象，就是说，语言是需要运用思维去解决的“问题”。再者，对听力正常学生进行新词语的学习是以他已熟悉的旧词语作为基础，以旧词来解释新词是普通小学语文学习中常用的方法；而在聋校语文学习中，这种以词解词的方法多数情况下难以沿用。

二、听力障碍儿童语文学习现状的评估

在聋教育史上，经过聋校正规教育而培养出来的杰出人才，在数量上虽不是凤毛麟角，但毕竟是极少数。从另一角度看，听力障碍学生的学习成绩严重落后于听力正常的学生，这种落后，从小学到中学，一直到大学都存在。中国如此，外国也如此。原因不是智力上的问题，而是语言上的问题。“由于语言表达方面有严重的问题，耳聋学生在学业上遇到种种困难是毫不奇怪的”(柯克)。可见，语言能力成了关系到听力障碍学生成绩好坏的全局性问题。那么，听力障碍学生语言能力低的原因又是什么？从逻辑上讲，一是听力障碍学生自身的问题，二是学校语文学习的问题。听力障碍学生自身的问题，就是听觉丧失给学习语言带来的极度困难。语文学习上的问题，就是现阶段的语文学习实践还没有找到一种方法足以抵消因听力障碍造成的困难，从而使聋校语文学习的成效可以和普通学校并驾。在杰出的听力障碍人才中，看一下他们的知识结构，不难发现，语文能力是一个主要的成分。很多时候，语文能力是表现听力障碍者智力的重要手段，也是区别听力障碍者知识水平高低的重要依据。

国外对听力障碍儿童的语文能力作过一些专题调查和标准化测验，我们这方面的工作尚没开展，国外这些调查和测验的结果有助于我们了解和分析当前听力障碍儿童语文学习的水平和特点。以此与我们听力障碍学生语文学习的状况做些比较，从中将会受到启迪。下面是若干调查与测验的结果，分别反映了口语能力、书面语能力和阅读能力三个方面的情况。

1. **口语能力方面** 美国开展了一项全国性调查，调查对象是从事听力障碍者教育的教师，要求他们按五个等级来评价学生的说话能力，结果统计如下：一级，完全可以听懂的占15.4%；二级，基本可以听懂的占29.4%；三级，难于听懂的占21.9%；四级，无法听懂的占20.5%；五级，完全不会说话的占12.8%。

2. **书面语能力方面** 下面是美国一本《聋人心理学》中搜集的语言样本，该书

作者认为这段文字代表了学语前耳聋的成年聋人的平均书面语言能力。

早上好(书面语言样本)

很好,我明白。我回答已经停止饮酒。我的生活变化多大呀!我的身体和我的头脑都更好了,我过去也是酒鬼,但从此我滴酒未沾而且我也不想喝。感谢上帝,但愿戒酒,我曾一度喝酒很凶所以我请求你与我一起祈祷,这样我可以戒酒。今天我恨酒精而且不能看见它。我们没有办法他不要紧。上帝祝福你们。谢谢很好。

下面再引一段我国一所城市聋校高中一年级学生的一篇日记中的片段。

今天下午发生一件小事,我认真地值日生。我看出来李刚行动,说明偷懒,感到生气。我看他扫地减负,我拿出拖布,擦窗台,整理东西很整齐。我看李刚拿着撮子,扫地完了。

据该生的班主任老师说,这个学生处于班级中中下等语文水平。

这两段话,基本意思能看懂,但聋人语言特有的"伤痕"则跃然纸上。

我国聋校有的老师也做过一些调查,使我们看到了同样的事实:调查对象为八年级学生(相当于普小六年级),要求他们书面回答八个很简单的问题,如你叫什么名字,家住哪里,父母工作单位,你最佩服谁等。班上 12 人,回答准确语言完整的只有 1 人。而不知家庭住址和父母工作单位的有 5 人,占 42%(崔玮兰,1989)。

3. 阅读能力方面 柯克在他的《教育特殊儿童》一书的第 5 版中,引用特里伯斯(Trybus)根据斯坦福成就测验的结果报告说,17 岁的听力障碍学生其阅读成绩相当于小学三年级水平;詹西玛利用同一测验发现,14 岁的儿童在阅读理解能力方面,仅达到小学三年级的水平;1977 年的另一项报告发现,在阅读理解能力上,9 岁儿童的测验结果相当于二年级水平,20 岁的学生测验结果相当于五年级水平。柯克根据许多人的研究结果而得出的一般结论是:近几年来对听力障碍儿童学习成绩所做的研究,并未发现有什么提高。大多数聋生的学习都是严重落后的。大部分成年聋人的阅读技能不会超过小学四五年级的水平。约有 30% 的耳聋学生在文化课程(包括阅读)方面能够达到一般儿童的水平。

总而言之,这些关于阅读的数字意味着对大多数聋人来说,阅读是极其有限地获得知识的手段;对超过 1/3 的人来说,阅读基本上是无法利用的工具。作者还指出,这种情况虽然是指的语言前致聋的人,但对于语言前的重听者,问题也同样显著,只是程度稍轻一点。

4. 听力障碍学生在语文水平上与听力正常儿童的进步幅度的比较 这也是一个评估听力障碍学生语文学习成效的指标。让我们来看一些数据:詹西玛发现,听力障碍学生在 8 ~ 18 岁的 10 年间所增加的词汇量,与正常儿童从幼儿园开始到二年级末之间所增加的差不多。在阅读理解能力上,听力障碍学生平均要用三年时间才能取得正常学生一年的进步。弗农提出,一般聋童从10~16岁,其阅读成绩增长了8个月,而一般听力正常儿童则增长了6年。

上面所引的数据,在不同研究者之间虽有出入,但反映了一个共同的事实,那就是聋童的语文水平严重落后。这种落后,在不同的年龄阶段,其幅度有所不同,在语文能力的不同方面其落后的幅度也会有所不同。聋与重听者,因听力损失的程度不同,对语文能力进步的影响又有区别。对此,柯克做了如下归纳:影响听力障碍儿童的语言发展和学业成就的关键因素是:听力损失发生的年龄;听力损失的程度;听力障碍儿童的真实智力;所受教育的质量和数量。

从多元智力理论的角度看,听力障碍学生的语言环境缺失导致了他们语言智能和数理逻辑智能发展受到了迟滞,但听力障碍学生的视觉空间智能、身体运用智能,以及以自然手语交往为基础的自我认知和人际关系智能等仍然有可能得到较好的发展,甚至超过正常儿童。听力障碍学生的思维以动作和形象思维为主,从思维的角度来说,确实处在较低的发展水平,但它又是习得语言最重要的基础。从智力和语言习得能力的角度看,听力障碍学生并没有缺陷,他们缺失的,仅仅是语言环境——即使用语言进行交往的过程。因此,教育者从如何习得语言的角度来思考和改进"教一句学一句"的方法与过程,用特殊的手段形成听力障碍学生使用语言进行交往的环境,让他们的语文学习以运用语言进行交往为中心,让他们通过与老师、家长进行语言交际的互动实践来发展语言,来进行语文学习和语言学习,是我们听力障碍学生语文学习应该研究和突破的方向。

三、识字学习的心理学问题

从学科心理学的角度,识字是整个语文学习的最初环节,对正常儿童来说是这样,对听力障碍儿童来说更是如此。识字又是整个语文学习的基本环节,它与语言训练、阅读、叙述、写作、写字都有密切的关系。所以,识字学习的心理学问题是我们这个语文学习心理学大问题中首先要讨论的问题。

(一)听力障碍儿童识字的心理学意义

对听力正常的儿童来说,识字是从运用口头语言过渡到学习书面语言的最初环节。它是学习文化的开始,是思想品德教育的必要手段。对听力障碍儿童来说,识字是学语的开端,稳定的视觉符号是学习语言的必不可少的物质依托。听力障碍儿童接受语言信息主要是它的视觉形式,即由文字符号序列排成的书面语言。从这个意义上说,听力障碍儿童不识字就不能习语。

识字的过程不仅是单纯地感知字形,而且要进行复杂的思维活动。因此,识字必然会引起儿童认识结构的某些变化与改组。这对发展儿童的认知能力是有积极作用的。

(二)汉字音、形、义的掌握及其相互关系

汉字是音、形、义三位一体的结构,三个方面的掌握虽是一个统一的过程,但在识字过程中,三方面的掌握又各具特点。

字形的掌握成为初学识字难点的原因

1. 字形的掌握 正常儿童识字学习的心理学研究表明,字形的掌握是初入学儿童识字的难点。研究发现,字形遗忘率高于读音、解义。就是说,见字读音、听音明义比较容易,而正确写出会读音,也理解意思的字(形)就比较难。还有实验表明,儿童默写中的错误,"形错"字超过音近、义近而相混的错字约3倍。可见,字形的掌握是正常儿童初学识字中的难点。

2. 字音的掌握 字音的掌握是识字学习的一个方面。对于正常儿童,字音学习涉及如下问题:培养语音分析综合能力,准确感知和发出字音,学会汉语拼音,克服方言对普通话语音的干扰,以及四声的掌握。这些问题,也是听力障碍儿童学习中遇到的共同问题,只是程度和方式不同而已。如方言的干扰,在听力障碍儿童中也存在,只是程度稍轻;感知字音在两类儿童中的方式不同。一个靠听觉感知,一个靠视觉和动觉(有时候也用听觉)感知。

此外,听力障碍学生在发音技能的掌握上,有两个难点:一是构音多半不清晰,二是声调掌握很难。构音不清多是发音部位不准和发音方法不对造成的。声调是汉语的特点,同一字的音,由于发音时声带的紧张度不同而发出高低不同的声调。通过听觉来把握声调也有一定的难度(如美国人学汉语或者像北方人学广东话都难以把握准),而靠看口形来体察声调之不同就更难了。因为不同的声调从外部口形上是分辨不出来的。四声之中,二声和三声对听力障碍者更难掌握。鉴于听力障碍儿童掌握声调很难,因而对于要不要让他们掌握声调,还是一个有待研究的课题。

字义(词义)学习在听力障碍儿童的识字学习中的特殊地位

3. 字义(词义)的掌握 字音、字形都是"外壳",字义才是"果实";不懂字义,就是不识字。可见,字义是字的主要因素,字义和词义学习是识字学习的核心。

对听力障碍儿童的字义(词义)学习,在我国聋校教学中是教师议论最多的话题,也是语文学习中的一个常议常鲜的话题。这一方面反映了字义(词义)学习在聋校教学(不仅是语文学习)中有举足轻重的地位,另一方面也表明这个问题还处在"开垦"的季节,离收获甚遥。但是,这方面的学习研究又是积累较丰的一个领域。因而,为我们已经提供了许多宝贵的经验和理念。

4. **汉字音、形、义统一联系的形成** 汉字是由音、形、义三个基本因素构成的复合体。识字就意味着音、形、义三个基本因素之间统一联系的形成。

(三)产生错别字的心理学分析

听力障碍儿童在识字中音、形、义三者统一联系形式的特殊性

根据学习心理学的研究,造成错别字的心理因素,主要在字形知觉和规则理解、学习负迁移、学习情绪和协调能力等几个方面。正常学生最常出现的错字,大体可分成四类:①增添笔画;②丢失笔画;③改变字形的一部分;④改变字形的结构。出现的别字也可分成四类:①音别字,即音同而形和义不同的字;②音同形近而字义不同的别字;③形别字,即形近而音和义不同的字;④双音节词的义别字,即双音节词中两字相互交替的字。

根据笔者的实践积累及国内的文献资料,四类错字在听力障碍儿童中均可发现。至于四类别字,除音同而产生错用的音别字,在听力障碍儿童中极少见外,其余三类别字也都存在。但这三类别字中,第四类是较常见的。第二类的别字,对正常学生来说,出错的原因主要在同音,而对听力障碍学生来说,出错的原因主要在形近。第三类的别字与第二类别字的出错原因,对正常学生来说是有别的。即:虽同为形近,但一个同音(第二类),一个不同音(第三类),所以,第二类别字,与音相同关系较大;而第三类别字,是学生把一个字(侍)当成另一个字(待),在这种情况下,学生多半不会读那个别字(侍)的音。对于听力障碍学生,这两类别字跟音同与否几乎没有关系,他们多半认形不认音。第四类别字,在听力障碍儿童中也很常见。这类错误的心理原因是双音词中两个字的单独意思很相近(如"休"和"息"都有停止的意思),结合成双音词后意思没有什么改变(休—息—休息,意思差不多)。因而两个字前后的位置便缺少意义上的可辨性。或者说,减少了语言的剩余度,从而使语言信息的抗干扰能力降低。另一种情形是,用一个近义字代替双音节中的字。其心理原因也与前一种情形相同。听力障碍学生的这类错误,除了与正常学生一样的心理原因外,还有一个原因,那就是他们对双音节词的前后两字位置的识记,缺乏字音的帮助,再加上两字的意思相近,剩下的就只有外形的标记了,因而记住较难。

错别字问题,除书写错误外,还有一个错读的问题。例如,把"联袂"读成"联决","破绽"读成"破定","澄清"读成"登清"。这种错读现象在听力障碍儿童中也可见到。有残余听力者比全聋者更常见,口语较好者比口语差者更常见,字的一部分为学生熟知者(如"绽"字的一部分"定")比不熟悉的字更容易读错。此外,还有多音字,如"快乐"(le)和"音乐"(yue),也是很容易读错的。只是这一问题因为听力障碍学生发音不清晰不易被发现,需要教师注意。

需要指出，在听力障碍儿童身上，有一种看上去像是双音节词的义别字，而实际上不能当作别字来对待。那就是把双音节词或双字词组写颠倒了。如："回家"写成"家回""吃饭"写成"饭吃"，"爱护"写成"护爱"，"爱情"写成"情爱"，"聪明"写成"明聪"，"锯子"写成"子锯"，"跌倒"写成"倒跌"，"剃头"写成"头剃"，这种颠倒十分普遍。这种错误，不是他们把"头"当成"剃"字，把"剃"字当成"头"字，写或认成别字了，而仅仅是记不住两个字的固定位置。别外，像"语言"与"言语"词义不同但有联系；"花红"与"红花"词义不同，没有联系；"斗争"与"争斗"词义交叉，而情感色彩不同，这些由词素换位构成新词是汉语构词的特点，数量不小，对听力障碍儿童的理解和记忆都较为困难。要想把这种位置记准，最好的办法是记准每个字的读音，然后熟读这个词或词组。语音动觉是十分有利于记忆的。例如，我们记一个电话号码时把这个电话号码连续念几遍就是这个道理。

总之，听力障碍学生的错别字问题与词语的掌握水平关系很大，因此，应该把听力障碍学生的书写错误放到他们的语言总体水平这个大背景中来观察。

四、写字学习的心理学问题

（一）书写活动的心理学分析

写字学习应该包括两方面的任务：一是把写字作为技能来培养，如练书法，就是单纯从培养技能的角度着眼的；二是写字又是识字不可缺少的环节，具有发展儿童认知的功能，可以说，不写字就不能识字或识字不全。聋校课程计划上设置的写字课，其着眼点是在培养写字的技能、技巧。因此，对写字学习的基本要求是："写字包括写铅笔字、钢笔字和毛笔字。要注意培养正确的书写姿势和习惯。"这就是说，作为单独设立的写字课和学习任务来说，主要是培养学生会用笔、会写字，写好字。然而，无论对听力障碍学生，还是对听力正常学生，写字的认知功能是不可忽视的。写字学习的心理学研究已经证明，写字与识字是互相促进的，写字能促进辨认字形的精确性，并加强对字形的记忆，而对字形的辨认又是形成书写技能的重要条件。听力障碍学生写字学习的实践经验也表明，写字和识字的关系极为密切，写字学习一定要和学词识字紧密结合起来。

我国聋校（聋班）教师在字形学习中运用彩色粉笔来帮助学生弄准笔画和笔顺的做法是简易而有效的。具体的做法可以有多种多样，主要靠大家去创造。现举几个例子，供大家举一反三。

生字中出现新笔画时用彩色标出。如学习"牙"和"车"时，这两个字的第二笔（撇折）都是新出现的笔画，用彩色标出就清楚醒目。

有些笔画学生分不清是几画，因而容易写错，用一种色代表一画就容易分清了。如“马”字，有的学生认为是三画，有的认为是四画。教师可用三种色分别标出三个笔画。其中第二画是关键，用鲜艳的色彩来标，学生就知道是三画，且印象很深。

对于容易写错的笔顺，也可用不同彩色来标出其先后顺序。如“田”字，有的学生先写外框“口”。如能让学生知道哪是最后一笔，则前几笔多半不会错，因此可用彩色标出最后一笔。

熟字做偏旁部首，如果其部分笔画有所改变时，学生往往按熟悉字的原笔画的写法来写，这是书写中常见的错误。如“雨”作为“雷”的部首，原来的钩变为横折；“木”字到“校”字中，原来的捺变为点，把改变的那部分用彩色标出，并与原字对照，就很容易掌握。

对形近字用彩色标出它们的不同点，如“辨”和“辩”字，将中间的不同部分用彩色标出。

(二)书写技能的形成与培养

书写技能主要属于动作技能，其形成过程与一般动作技能一样，要经过合理的练习，遵循练习的规律，才能练得得法，练得有效。

根据动作技能练习的一般规律，结合书写技能练习的特殊要求，在指导学生形成书写技能的练习中，应遵循下列几点：

1. **写字学习最基本的方法是直观学习法** 对书写动作与规则，如一笔一画地落笔、止笔，用力的大小以及笔顺规则等，一开始就要为学生做正确的示范，循序渐进地仔细讲解。示范时，要让全班学生都看得清楚，所以老师要站在恰当的位置上。

2. **练习初期，要让学生真正弄清书写的规则，并以此来指导自己书写** 在这一阶段，学生容易出现遵守一部分规则要求而又违反或忘记另一些要求的现象。因此不要让学生匆忙动手，而要在明确意识到书写规则后再动手。

3. **激发和培养书写练习的兴趣** 根据学习实践发现，正常儿童对书写练习感到枯燥，特别在学生最初时感到比较困难。而对听力障碍儿童，一般来说，倒比较喜欢书写，因为相对朗读和说话，书写反而容易一些，尤其是能看到“有形的”结果。

4. **要有一个良好的开端** 因此一开始就要进行严格训练，包括运笔、笔顺及有关姿势，直到形成习惯。因为一旦不正确的习惯形成，纠正起来比从头开始更加费力费时。

5. **书写要先求正确后求迅速** 书写速度的提高是练习的结果，开始时不能急于求快，但也不宜强调“慢工出巧匠”。经过练习，多余动作逐渐减少直至消灭，意识对书写动作的支配也逐渐减弱直至达到自动化，速度自然就快了。

6. **书写动作要反复练习才能形成技能** 在练习的全程中，要遵循一切技能形成所应遵循的练习规律。运笔的动觉（特别是指、腕等小肌肉动觉）反馈是协调视、动觉信息的重要环节。就是说，练习者通过手部肌肉运动的“自我感觉”（反馈）再与眼睛所知觉到的字形（书写的结果）进行“核对”，以此来调节下一个书写动作，这一过程多次反复，逐渐形成手眼协调，才能做到手随心遣。

7. **听力障碍学生书写练习** 最重要的一点就是要重视引导学生将音、形、义三种信息与运笔的动觉完整地结合起来 字形的视觉信息，字音的动觉信息以及字的意义信息三者有各自不同的作用。字形空间的视觉表象是书写的最初支柱，就是说我们是依据头脑中的“形”来书写的，所以突出字形中的弱成分形成正确视觉表象十分重要。老师应该重点培养学生边写边默念的习惯。对字义的理解会有助于对字形的分析和记忆，因而也是书写技能形成所不可少的。在音、形、义三者紧密结合的基础上进行书写练习，才可以做到心想“字”成，字成“音、义”现。

五、阅读学习的心理学问题

培养阅读能力是语文学习的重要任务之一。听力障碍学生语言材料的主要来源是书本（包括教材及书报杂志等），语言习得的途径主要通过学习活动。因此，阅读学习对形成听力障碍学生的语言，培养说、读、写的能力，以及促进其心智能力的发展都具有特别重要的意义。

阅读课是聋校语文学科的重头课，从一年级至九年级全设，课时量占五门课总量的三分之二还多强。可见，听力障碍学生语言能力的培养主要是通过阅读学习来实现的。

（一）阅读活动的心理学分析

阅读活动是一系列非常复杂的心理活动，包括感知、记忆、想象、思维等。因为阅读要经由感知而达于理解。感知过的材料，要经过想象、思维才能实现理解，为了要思维，头脑中必须要有足够的词汇、语法知识的储备，而且，理解了的语言材料也要积累起来才能转化为能力，所以，阅读活动中的心智活动是十分活跃的。

我们首先来分析一下阅读活动中的感知过程。阅读中所要感知的材料不是一个个的单字，而是一系列连续的字词、句段所组成的篇章。根据对阅读者的观察表明，阅读时眼睛并非连续不断地移动，而是做忽动忽停的跳动。对字词的感知发生在眼停的那一刻而不是眼动的时候，这在阅读心理上称为“眼停”。同样长短的一个句子,如果阅读者的知觉广度大则眼停的次数就少,反之,知觉广度小的人,阅读时眼停次数就要增多。不过,这里的知觉广度,并不完全服从于对无意义视觉符号(如白纸上的小黑点)的知觉规律,它受理解的制约。对理解的文字,知觉广度就大一些,不理解的文字,知觉广度就大为缩小。每次眼停时注视的时间也有长短,这与一个人的阅读能力、材料的难度以及阅读的要求(精读还是泛读)都有关,平均为0.3秒左右。即眼停次数多,注视时间长,阅读的速度就慢。所以,培养阅读速度,就要通过提高知觉广度来减少眼停,这是阅读学习中做具体指导时的一个基本原理。研究表明,每次眼停最多可见六七个字,称为"视读广度"(通俗点说,就是一眼看上去能看清几个字)。它是阅读中对有意义的文字的一种知觉广度,但比一般的知觉广度(7±2)要小。要注意的是,这里的六七个字的视读广度,是对听力正常的阅读者而言的,而且是上限。听力障碍者的阅读水平普遍低于正常人,所以,他们的这个数值要小得多。不过目前尚无人提供研究数据。随着阅读能力的增强,视读广度越来越大,从起初只能把一个字、一个词作为认读单位,逐步地把一个短语、一句话作为认读单位。

阅读必须要经由感知而达于理解,所以理解是学生掌握阅读技能的最主要标志。理解是借助想象和思维来实现的。以记叙文为例,阅读者对文中所记叙的事物和描绘的思想感情,怎么样才能理解呢?需要进行再造想象和思维。通过再造想象,阅读者的头脑中就会显现出与作品所描写的有关事物的形象。再通过思维活动,对文章进行分析和综合,从中概括出文章的基本观点或中心思想,这样就完成了对文章内容的理解,即作者所要表达的意思。

在这里感知的对象是语言文字,思维所把握的则是透过语言文字的思想内容。从感知到思维的心理活动过程,随时都有记忆参与其中。因为人的每一步认识都是基于先前的认识基础之上的。心理语言学的研究使我们看到理解过程中记忆的作用。研究表明,在我们理解句子,对句子的结构逐步进行分解的过程中,我们往往把前面已经经过分解的部分的原始形式逐步遗忘,只保留它们的意义表征。这是因为我们的短时记忆能量有限,不可能逐字逐句地容纳整个句子和语段,有些句子难理解,是由于记忆能量的限制和记忆的负担过重。[①] 这些研究结果,是我们分析听力障碍儿童阅读中的理解困难的一个"坐标",具有参照和向导作用。

(二)培养理解语言的能力是阅读学习的核心

语言能力包括两方面,即语言理解能力和语言表达能力。听和读属于语言理

---

① 朱曼殊:《心理语言学》,华东师范大学出版社,1990年版,第209页。

解能力,说和写属于语言表达能力。听力障碍儿童对语言的理解主要靠阅读。而语言表达主要靠写作。这是就大多数听力障碍儿童的实际语言能力而言的。因为听和说的作用在实际交际中都已受到很大的限制。由此可见,听力障碍学生理解语言能力的培养要把阅读作为核心。写作能力的培养主要靠作文学习,在后面将讲道。

理解可以有两种形式:听话理解和阅读理解。由于阅读理解与学习关系密切,所以在心理语言学中对阅读理解的研究较多,并产生了许多理论。首先对于阅读理解本身的看法,提出了一些很有价值的理解。根据我们一般人的经验性(来自生活实践或学习实践)看法和传统的观点,把阅读理解等同于词的识别加口头语言的理解,认为阅读就是从符号到语言、从书写字词到口头字词的过程,似乎儿童一旦能够认识书写形式的字词,从口头语言经验中得来的理解系统就会自动发挥作用,阅读的理解因而也就平稳地实现了。近二十多年来心理语言学的发展以及其他学科中有关阅读的研究结果否定了这一简单的看法。现在一般认为,阅读理解涉及广泛的知识,远不止是把已理解的字词的意义串联在一起。阅读理解涉及三个主要的成分:是阅读者有关外部世界的一般知识;是阅读者语言知识的掌握(包括他们的语音知识、句法知识、语义知识);是篇章结构组织的复杂性程度。

根据对阅读理解的这一见解,在阅读学习中,为了达到阅读理解的目的,我们的学习活动就不应只局限于解词、释句、做篇章结构的分析等,而应为学生提供相应的语言知识,丰富他们的生活阅历,使他们能够把文字材料放在一个更广泛的背景知识之上来理解。遗憾的是,我们以往的做法,往往忽视了这一点,至少重视得不够,或者想到了而没有实行。对正常儿童来说,还有口头语言经验来帮助对阅读材料的理解,而对听力障碍儿童,却完全要从“印在纸上的文章”出发了。所以听力障碍儿童的阅读理解,对于“广泛知识”的依赖将更大而不是更小。这是心理语言学研究给予听力障碍学生阅读学习的一点重要启示,是每个从事发展听力障碍儿童语文能力的人应当汲取的。

阅读学习应以句子为起点,这既是语言的结构规律,又符合阅读学习以培养理解语言的能力为核心的要求。为了说明这一点,我们在此将几个在语文学习中常用的语言学概念放在一起做一比较。

● 字和词。字是书写系统中使用的一种代表词或词素的书写符号,是书写系统中的概念。而词是语言里最小的、可以自由运用的单位,是语言系统中的概念。就两套系统的关系而言,词可以没有字而存在,而字不可没有词而存在。识字就是识别和识记词(词素)的书写符号。一般说来,正常儿童在入学前是识词而不识字,因此识字学习,无疑是要以词的书写符号作为教与学共同操作的对象。而听力障碍儿童则既不识字也不识词,因而对他们要进行学词识字学习。学词识字学习是听力障碍学生语文学习的基础。它是阅读和写作的"踏板"。但是,词的意义是不完整的,因而也是不明确的,它不能用来表达思想,不能实现交际的功能。

• 词与句。句子是由词和词组按一定规则构成的,能够表达完整意思的语言单位。从交际的角度着眼,只有句子才是真正能"自由运用"的单位。阅读所达到的理解,固然要依赖对词义的掌握,但理解的起点不是词而是句。或者说,理解是按一个句子一个句子为最低单位来把握的。从结构的角度看,句子又是最大的语言单位,就是说,以句子为单位,语言分析才得以进行,才能认识语言成分的关系和特征。众所周知的一个普遍的语言学事实是,同一个词处在不同的句子结构中其意思是不同的。例如,"企业法人不是人,法人代表才是人"和"他真不是人,连狗也不如"这两句中的"人",前一句是指"自然人",后一句是指"社会人",即从伦理规范上指的是具有社会性的人。

可见,只有从句子出发,才能从词的众义项中选择并确定最适合的词义,做出最恰当的理解。更进一步说,也只有把握住句子,才能正确地表达。所以,阅读学习以句子为起点,同时又为以后的写作学习铺好了基石。

段和篇的理解,其前提是对句子的理解。即使句子理解得好,段和篇的理解也还会有困难,但是,不理解句子,段和篇的理解就无从谈起。而句子理解了,对段和篇的理解便是水到渠成的事。至于对篇章的主题和中心思想的把握,那已不完全是语言文字学习所能完成的任务,还要配合思维训练共同完成。

对听力有障碍的学生,紧紧把握句意,是阅读理解的关键。尤其在阅读的初期,对听力障碍学生来说,词是词,句是句,在句子中的词还是当作孤立的词来理解。理解取决于从各个句子的深层提取意义。很多时候,即使学生知道了句子中每个词的意义,他们在理解时也会遇到困难。这种情形可能出现在三种阅读者身上:学习本族语的听力正常者,学习外语的听力正常者,学习有声语言的听力障碍者。三种人遇到的困难各不相同。听力障碍者困难最大,学外语者次之,学本族语者困难最小。词汇量小,对多义项的词只知一两个意义,对词(尤其是虚词)的语法功能不了解,这些都是阻碍听力障碍者阅读理解的重要因素。词,本来只是句子的成分,只是为了研究和学习的需要才从句子抽取出来,要培养听力障碍学生的阅读能力,必须把词"还原"到句子中去。

既然阅读者的理解需要通过再造想象和思维,既然把握句意是阅读理解的关键,那么听力障碍学生在阅读每一个句子时,能否在大脑中正确地显现出与作品所描写的相应事物的形象,产生正确的再造想象,就是他们理解的关键。因此我们可以说,培养听力障碍学生把句意还原为形象的能力,是培养他们阅读理解能力的核心任务。

按照这一理解,很显然,前面所述的“照顾人语言”要求听力障碍学生通过阅读句子做出相应的行为反应,就是一种开始阅读的正确方法。稍有区别的是,在这里,阅读句子做出相应的行为不是为了完成生活中的交往,而是再现句子的意义。聋校低中段教材中有相当数量“看句子做演示”的练习,就是一种符合语言理解和习得规律的好方法。遗憾的是,这个能够比较好地让听力障碍学生通过阅读进行形象还原的练习,在教材中所占比重太低。因此,教师在指导学生理解每一个句子时,都应该要求学生做出相应的动作演示,要求每一个学生能独立完成。随着语言难度的增加,还可以用自然手语的解释来形象地表示句意。

把句意通过动作演示还原为形象,就是把学生的再造想象进行外显。这不但可以帮助学生养成认真阅读认真思考的良好习惯,还可以使他们的理解错误外显。如“哥哥拉着弟弟的手”的“拉”和“他拉了拉了爸爸的衣角”的“拉”,“他推了我一把”的“推”和推车的“推”,都会通过动作演示而显示出他们的理解是否正确。在中高段阅读理解中,同样必须通过再造想象才能达到比较好的效果。

认知心理学研究表明,阅读者应该通过大量阅读来提高词汇量和阅读水平。美国著名语言教育家斯蒂芬·克拉生,提倡的自由自主阅读是指纯粹因为想阅读而阅读,不顺写读书报告,也不用回答章节后的问题。若是不喜欢读这本书了,也不必勉强读完它。① 克拉生认为“FVR 是非常重要的语言教育方式,也是我们学习母语、文学、第二语言或外语时,经常缺乏的学习方法。它本身无法造就最高阶段的语言能力,但却是达到语言流利水平的基石。”其他刺激语言发展以及提升语文能力的方式都不如 FVR 有效。

聋教育工作者必须认真思考以下问题:听力障碍学生缺乏独立阅读的能力是一个不争的事实,那么,他们的阅读只能靠老师一词一句去教,还是可以通过适当的引导,让他们在阅读中学习阅读?如果应该是在阅读中学习阅读,那么,正确而有效的方法又是什么?这是值得我们思考和研究的问题。

《聋校义务教育语文课程标准》(2016 年版)提出:“教师应加强对聋生阅读的指导、引领和点拨,但不应以教师的分析来代替聋生的阅读实践,不应以模式化的解读来代替聋生的体验和思考;要善于通过合作学习解决阅读中的问题,但也要防止用集体讨论来代替个人阅读。”“教师应重视聋生读书、写作、语言交往、搜集处理信息等语文实践,提倡多读多写,改变机械、粗糙、烦琐的作业方式,让聋生在语文实践中学习语文,学会学习。”这为我们听力障碍学生的语文学习指明了方向。

---

① 斯蒂芬·克拉生:《阅读的力量》,新疆青少年出版社,2012 年版,第 1 页。

我国聋校教师在听力障碍学生中高段的阅读学习中采用尝试学习的方法值得研究和探索。具体的做法在这里进行简要介绍,供大家参考。阅读尝试学习的主要做法是:

要求学生自读课文,联系上下文,查字典,想句子的意思。想句子意思的方法主要是:①用手语打出意思给同学看;②在心里画出图示讲给别人看;③在心里做出动作演示给别人看。通过这些方法让学生自己将句意还原成真实的情景。老师将这些方法用板书和示范讲解等方法明确提示给学生,并在巡视和交流讨论时按此要求进行评价。

在完成第一阶段的基础上再读课文,学习老师提问的方法,用书面语提出问题。提问完成以后,再带着自己提出的问题读课文,联系上下文,尝试用书面语回答问题。然后尝试连贯地用手语(演示、图示)讲课文内容。做好自问自答和课文讲解两方面的交流准备。

让学生发表尝试的结果,然后在老师的主持下,将学生分散的问题整合成比较完整的课文内容提问。依据共同整合的问题请同学回答。由学生采用手语讲解课文,演示课文内容等方法让学生自己解决课文的初步理解问题,完成过去由老师为主进行的课文讲读过程。

(三)朗读和默读的训练

朗读和默读是阅读的两种形式,也是阅读学习中最经常最重要的训练。在理论上,有两种看法需要澄清。有人认为,听力障碍学生口齿不清,朗读很吃力,进步缓慢,实用价值不大,因而不主张对他们进行朗读训练。另有人认为,朗读运用的是外部言语,默读运用的是内部言语,而内部言语是由外部言语转化而来的,听力障碍学生的外部言语处于一个很低的水平上,怀疑实现向内部言语的转化是否可能,因而对培养听力障碍学生的默读技能信心不足。据分析,除了这里讲到的认识问题外,聋校教师对听力障碍学生“读”的操练难以监督和检测也是一个重要原因。从学习控制论的观点来看,就是说,教师发出的指令,从学生那儿收回的反馈信息很少,很不明晰,从而反过来降低了教师发指令的频度。因此,影响到“读”的训练。相反,学生的纸笔训练占的比重较大。这恐怕也是听力障碍学生语文学习的一个误区。课堂内尚且如此,课外的练习就更加以纸笔形式为重了。这样一来,“以口语教学为主”的“主”就很难体现出来了,尽管我们都说赞成这一原则。为此,在观念上需要明确:①读是写的基础。读,不仅为写作积累语言素材,而且从读中可以学到写作方法。②朗读用的是口语,默读也要用口语;没有达到一定量的读而做纸笔训练,是违背了以口语学习为主的原则的。以口语教学为主的原则是提高听力障碍学生语文学习质量的一条被实践证明有效的原则。它应该在语文学科学习的所有环节得到贯彻和体现。

听力障碍学生的朗读训练应按照什么样的标准来要求才算恰当？对正常学生一般提出三条标准：读得正确，读得流利，读得有感情。对听力障碍学生主要是要求正确，适当地表达出感情，流利的要求从实际出发，达到基本连贯顺畅即可。我们认为，听力障碍儿童的口语能力个别差异很大。因此，对朗读的要求，总的原则应是从实际出发，因人而别，不要用一个标准来要求每一个人。

读得正确是最主要的。因为能否正确地读句子，是衡量学生是否理解句意的一个标志。读一段或读一篇文章也是同样道理。所谓正确朗读，是指用正确的普通话口形来读，不读错字、不丢字、不添字、不重复、不读破词、破句；要读出词语之间、句子之间、层次之间以及段与段之间的停顿。总之，要理解地读，这才是阅读的根本目的。至于有表情地朗读，那是以理解为前提的。不理解，不可能生情。表情只是感情的外部表现，离开理解，对所读的文章不知所云，表情就只能是装腔作势。虽然听力障碍学生阅读文章时其理解程度不一，但总体上与正常学生相比相去甚远。这就是"实际"，起码是今天聋教育仍面临的"实际"。尽管如此，有表情地朗读仍然应该是听力障碍学生朗读的重要指标。只是由于他们发音的局限，对大部分听力障碍学生而言，朗读的表情可以体现在声音的力度、速度以及面部表情和肢体动作上。

流利的要求，对正常学生也是高标准的。流利，不仅指快而无阻，而且要清晰而不含混。显然，如果依照正常的标准，这一要求对听力障碍学生的大多数是难以企盼的。对于大多数人通过努力而达不到的高标准，非但起不到激励作用，反而会挫伤积极性。所以要从实际出发，对学生分类要求。一般达到中等语速，基本连贯顺畅即可。

阅读学习心理的研究，对朗读和默读的不同效果做了比较。在三个方面存在差异：①从速度看，除了尚未掌握默读技能的一年级之外，各年级默读速度都比朗读快，这种差异，年级越高越明显。②从理解方面看，默读也优于朗读，不过理解方面的优势不如速度方面显著。一般说来，朗读有助于识记，默读有助于理解内容。③从识记方面看，朗读能力的发展水平是影响识记效果的重要因素。朗读水平高，识记效果较好；朗读水平低的效果较差。识记不同文体的材料效果也有差异，小学阶段的实验表明，大体上诗歌的识记用朗读效果较好，而对论说文的识记，则默读效果较好（潘菽）。这些研究结果，在聋教育实践中也得到了印证。

此外，朗读对于听力障碍学生的口语能力的锻炼也有很重要的意义。我们知道，听力障碍学生的口语素材不是来自生活语言，而是来自课本，因此，从某种意义上讲,在听力障碍儿童身上,说与读是"合一"的。离开读,单独的说的训练是十分有限的。经常进行朗读,可以培养语感,掌握正确的词序、句序,逐渐地把书本中的语言材料变成自己的语言财富。总之,朗读是听力障碍儿童通向有声语言殿堂的一条必经之路。

(四)复述和背诵

复述是检查阅读理解的一种方法,又是培养学生表达能力的一种训练。在普通小学,复述的方式可以是口头的也可以是书面的。但在聋校,复述更强调口头复述。复述可以有三种不同的程度:详细复述、扼要复述和创造性复述。三种复述,对学生的心理活动提出的要求不同,对学生语言和思维的发展所起的作用也不同。

- 详细复述。这是接近原文的叙述,主要依靠记忆来完成,对熟记书中的词句有较大作用。

- 扼要复述。是对课文基本内容依次序做最简练的叙述,它要求学生必须抓住课文的主要内容,并把它分为几个部分用概括的语言表达出来。这对学生的分析综合能力提出较高的要求,对学生的思维概括性是一个较好的锻炼。

- 创造性复述。要求学生掌握课文的主题思想,以此来概括课文内容,并以不同的方式改组原文,用自己的语言叙述。这种复述,要有超出原文的属于读者的创见,得出原文所没有得出的结论。这种复述,在普通小学,多半采用"改写"的方式进行。创造性复述不仅能发展学生的想象和思维能力,并能促进学生书面语言和口头语言的发展,特别是对写作能力的提高有积极的影响。

培养听力障碍儿童的复述能力,特别在初期阶段,要针对学生重新组织语言的困难,逐步进行引导。在吸收课文原句子进行复述的基础上,逐步做到以简驭繁,源自课文又不全盘照搬。这既可以培养学生灵活运用语言,又可使他们的思维更精练。

背诵是熟记教材,提高语文学习质量的重要手段之一。在语文学习中,背诵对于巩固字词,加深理解课文,提高读写能力,促进记忆力的发展,均有积极的独特的作用。此外,背诵还可养成学生认真读书、勤奋学习的好习惯。

背诵总要采用一定的识记方法,而时有效的识记方法的掌握又是儿童背诵技能发展的一个重要指标。听力障碍儿童的语音较差,朗读就困难;语词储备少,语词间能形成的联想也少;理解又不深刻,这些都增加了背诵的难度。因此,教给听力障碍学生一些背诵方法是阅读学习中不可忽视的工作。

要及时复习、反复背诵,最好达到"过度学习"的程度。这里强调的方法是人人皆适用的。但对学习上有困难的学生(不仅指听力障碍儿童),他们遗忘得更快，所以，巩固的功夫不能“恰到好处”，而要“过正矫枉”。但无论是朗读、默读还是背诵、默写，一定要在学生理解意义的基础上进行，离开意义的理解进行大量的朗读、默读、背诵和默写是一种“戕害”。这一点必须要引起教师的高度重视。

默写是提高听力障碍儿童背诵效果的必要方法。它可以检查（教师查和自查）背诵的质量（识记的准确性和牢固程度），又能加强记忆。“好记性不如烂笔头”，虽是经验之谈，但它确实表明，书写动作使之多了一条感觉通道参与识记，效果明显提高。口语较差的学生，更经常使用默写来进行识记。

除此之外，背诵前，指导学生通过朗读、默读、复述、填空、列小标题、编写提纲等多种练习，也是很有益的。

六、写作学习的心理学问题

（一）写作学习的意义

写作是听力障碍学生运用语言表达思想的主要方式，是他们与耳聪人社会发生联系的重要纽带，是他们扩大参与社会生活领域的重要武器。听力障碍学生的写作和阅读水平是他们语文学习成效高低的主要考核依据。如果只会读而不会写，那么学习任务只完成了一半。如将阅读和写作比较一下，写作能力更低。因为写作是比阅读更加复杂、更难掌握的一种能力。它所要求的心理上的操作也更高。

写作学习是语文知识和技能的一种综合训练，它对于将知识转化为能力起到了十分重要的作用。通过写作学习，学生的多方面能力都得到了锻炼。例如，写作是为了表达，而表达的内容来自于客观世界。因此，只有留心观察，善于观察，才能收集到足够用的表达内容。可见，写作可以使观察力得到很好的锻炼。观察到的事物，必须经过分析，才能正确认识它，抓住事物的本质及其内在联系，使表达做到有中心、有层次、条理清楚，这对一个人的思维能力是极好的锻炼。另外，写作不是原版实录，有剪裁、有取舍、有发挥、有评价，这中间就要展开联想、想象，要从记忆库中搜索词句，要使思想的逻辑正确地反映事物发展的逻辑，这将使人的认识能力受到很实际的锻炼。

（二）写作与表达

写作是用书面语言表达思想，与口头交谈有很大不同。听力障碍学生不能广泛地运用口语与人交际，因此，他们大多数人在面对面的交际活动中主要运用手势语。口头语言可以借助于语调、手势动作和表情等为补充及辅助手段，因此允许简缩，逻辑顺序要求也不那么严格。而书面语言虽不受时空限制，但它无法利用“书面”以外的其他线索作为补充和辅助手段，所以必须靠开展性和合乎逻辑、语法和语言来表达思想。因此在行文上要求更连贯、更完整、更少歧义性。写作时，有更多的有意性，比口头语言的要求要高。

手势语言在听力障碍者中间的交际地位，从比拟的角度，如同听力正常者的口头语言。口头语言具有的表达特点，手势语言也可分析出对应的一些特点。不过，表情对于手势语言而言，虽也处于辅助的地位，但它实际发挥的作用要比对口头语言的辅助大得多。脱离表情的手势语言，其信号功能是不完全的。口头语言中语调所起的作用，在手势语言里主要是依靠面部神情来体现的。如惊异的眼神表示感叹。手势语言的使用虽也有简繁之别，但由于手势语言没有书面形式，因此这种简与繁中表示了个体间使用风格的差异，而不像口头语言与书面语言之间那样，是一种表达方式的差异。从逻辑顺序来看，自然手语有自身独特的规律，因此，手势的比画是否符合书面语的逻辑顺序，连衡量的标准也难以确定，自然无法谈到要求上的宽严了。

因此，听力障碍学生运用书面语言进行写作，难以从手势语言的表达系统中获益，有时还会产生消极的影响。这种影响的心理机制是，学生首先在阅读中用手势语言去识记书面的词语，当写作时，又经过手势语言的中介作用，还原为书面的词语，而手势语言的“手势”并不与书面语言的词语一一对应，结果就不能都“还其本来面目”。另外，手势语言在词序、句序、虚词使用等方面都与有声语言（无论是口头或书面形式）各有自家的“家规”，我不受你管，你不受我管。这样，写作时书面语言的组织不可避免地要受到手势语言的干扰。因为在听力障碍者的交往系统中，手势语言处于强势，有声语言处于弱势。按照“力”的原则，强者对弱者的“模铸”作用是始终存在的。这就是说，听力障碍学生学习用写作来表达，不仅是一个书面语言的运用问题，还得克服手势语言的消极影响的问题。但这一问题的主要原因是听力障碍学生口语、书面语能力还处于弱势，还没有掌握好，而不应该理解为是手势语言的弊端，因而去限制手语的使用。在相当长的一段时间内，这种影响都不会消失。在一定意义上说，写作能力真正掌握之日，便是书面语言彻底不受手势语言影响之时。

（三）叙述学习的心理分析

在普通小学，叙述只是语文课中的一项学习内容和口头表达能力的训练。在聋校，由于叙述有它特殊的作用，所以把它作为一门课程来开设。或者说它是聋校的一门特殊课程，即从写句过渡到作文的一门语文学科的课程。目的是使听力障碍儿童的写作能力的培养能较顺利地走完全程（“全程”的含义是指学习过程的终点，而非写作能力的顶点）。其作用犹如在走向目的地的途中增加一个接力棒。从叙述与作文的学科性质看是相同的，主要都是为培养学生运用语言正确表达思想的能力。至于区别，是发展过程中的高低之分，叙述是学习写作的初级阶段，作文是高级阶段。叙述包括口述和笔述，要求会说或能写一段话；作文要求能写日常应用文和简短的记叙文。从而能用口头或笔头进行社会交往。

叙述以写句子为基础，一个句子虽能表达一个完整的意思，但只有一个一个孤立的句子是达不到交际的目的的。因而，要围绕一个中心思想或一个事件把许多句子串联起来，这才是叙述。

案例分享

听力障碍儿童的叙述学习，要抓住三个关键问题：①要学生写出或说出完整而通顺的句子，②各个句子表达的意思互相连贯，③围绕一个中心，使叙述有步骤、有层次、有始终。这三个方面反映了听力障碍儿童叙述中普遍存在的主要困难。

（四）作文学习的心理分析

作文是最高水平的书面语言表达形式。作文的体裁很广，但从学习写作的学习任务来看，在聋校九年义务教育阶段，要求学生能写日常的应用文和简短的记叙文。这一要求，是从三个方面考虑的：①从学生的实际语文能力考虑。一般来说，应用文都不会很长，句子的修饰成分较少，结构也不很复杂，适合听力障碍学生的低水平语文能力。②从将来适应社会生活的需要考虑。学生走向社会就业自立，生活和工作中常用到的就是应用文和记叙文。③从培养写作能力的步骤考虑。一切体裁的作文，记叙是基础。描绘景物、抒发感情、评论事理都建立在记叙之上。记叙文也是所有文体中最常用的一种文体。所以，从培养写记叙文入手，就为学生今后的写作能力提高打下了基础。

叙述有口述和笔述之分，而作文则只有用笔来写，这样，作文与笔述对学生在能力上的要求更为接近，只是在程度上要求更高。笔述向作文的过渡并无截然的界限，但作文更富有创造性，更需要独立的思考，在行文上要求更严谨。因此，虽然笔述与作文同为写作活动，都能在一定程度体现学生的文字表达能力和思想认识水平，但作文要求有更高的思想水平，对文字的组织要有更高的驾驭能力，才能完成一件称得起作文的作品。我国现阶段对听力障碍学生作文学习的要求，根据最新的《聋校义务教育语文课程标准》(2016 年版)的规定，对第三学段(7 ~ 9 年级)提出的要求是，能写简单的纪实作文和想象作文，努力做到中心明确，内容具体，感情真实，语句通顺。根据内容表达的需要，分段表述。学写读书笔记，学写常见应用文。这些要求都是最基本的。但从目前的实际学习所能达到的水平来看，这些要求对绝大多数听力障碍学生仍是追求中的目标。这个目标尽管许多学生达不到，但不能因此而降低要求。

在各门语文学科的学习中，作文学习是最难的，作文能力是语文能力最高的标志。一个有较高阅读能力的人未必有较高的写作能力，而有较高写作能力的人必有很高的阅读能力。这是因为：①阅读和表达所需的词汇量有差别。一个人在语言中经常使用的一些词，称为积极词汇。他自己不使用，只是在听别人说或看别人文章时能够理解，或猜出它们的意义的那些词，则称为消极词汇。一个人的消极词汇比积极词汇广泛得多。在阅读中，消极词汇和积极词汇都能用得上，而在写作中只能用到积极词汇。消极词汇只需记忆中的再认，积极词汇要靠记忆中的回忆，再认容易回忆难。②阅读是对现成的文字作品的感知和理解，而写作则要主动去组织文字甚至进行创造，因而需要运用更多的语文知识和技能。③阅读是在头脑中把文字符号译码成形象和概念；而写作是在头脑中把形象和概念编码成文字符号，这两种心理活动过程是不同的。前一过程较为直接，后一过程要经历较多的转换。这些都使得作文的心理历程比阅读的心理历程要复杂得多。特别是对于没有在口语实践中掌握语法规则而写作实践又十分有限的听力障碍儿童，要达到一定的写作技能是相当困难的。如果说，学生作文的质量是衡量语文程度的重要的客观标志的话，那么，听力障碍学生正是以其低下的文字表达能力鲜明地反映了语文学习的艰巨性，同时也表明，培养听力障碍学生的写作能力是何等重要。

第二节　数学学习的心理学问题

数学是研究数量关系和空间形式的科学。数学教育在培养学生的数学素养，促进他们逻辑思维能力、语言表达能力、创新能力等方面的发展有着不可替代的作用。语言是思维的工具。听力障碍儿童由于听力障碍，严重影响了他们的语言发展、理解能力和抽象概括能力的形成，给学习数学带来一系列的困难。为了提高数学教学的效果，必须重视研究数学教学中有关的心理学问题，以便按照心理学的规律，针对听障儿童特点，发挥他们的视觉认知优势，结合计算机技术，通过动作思维和形象思维，因势利导地培养听力障碍儿童的数学素养，是聋校数学教育必须解决的问题。

一、听力障碍儿童数学认知的特点

人类在获得数学知识后，将其进行主观加工及改造然后在大脑中进行储存的知识结构就是数学认知结构。数学认知结构不单是脑加工的结果，也是通过数学知识和人类的心理结构相互作用而产生的。目前,研究者对数学认知结构的研究包括如何在大脑中对数学知识进行组织及其组织特征等方面的内容。

罗江洪、王晶和吴汉荣对59名听力障碍小学生和118名听力正常的小学生的数学能力进行了比较研究,研究结果显示听障小学生在多项数学能力测试中得分均显著低于健听生的得分,只有方块计算及数字抄写这两项的得分与健听生没有显著差异。实验结果表明听障小学生的数学能力与健听生相比普遍较差。进一步的研究表明,在数字抄写这一项中两者没有显著差异的原因可能是数字抄写难度较低,抄写数字只要求被试者的视觉加工功能正常即可,而听力障碍儿童的主要信息来源即是视觉形象,因此在这项测试中听力障碍儿童的分数与健听生无差异。方块计算测试是要求被试计算全叠的方块的数量,要求被试要具有一定的空间想象能力,而这对健听生来说也具有一定的难度,因此健听生的得分与听力障碍儿童的得分没有明显差异。

在研究早期,多数研究者认为听力障碍儿童的数学认知困难是与其自身的生理特点有关,他们认为是听力障碍儿童本身的听力缺失及由听力缺失引起的相关认知缺陷导致听力障碍儿童在解决数学问题时具有一定的困难。随着对听力障碍儿童解决数学问题困难的研究更加深入,研究者对其原因的解读逐步发生着改变。有研究表明,听力障碍儿童的数学认知结构和健听生的数学认知结构没有质的区别,听力障碍儿童解决数学问题较为困难是因为其听力障碍导致的言语认知及经验受到了阻碍,加之教师的教学方法并不得当,并不是简单的某一个认知缺陷导致的(Serrano,1995)。

在已有研究的基础上进行了进一步的研究表明,听力障碍儿童对数学信息的识别、理解、转换等加工过程都会产生一定的理解和加工障碍,致使他们不能对现有的符号、概念和数学术语进行理解及表征加工,所以听力障碍儿童才会对数学文字问题中的数学信息产生解码困难。听力障碍儿童在数学学习的过程中,由于数学思维的离散性导致其不能够将原有的概念和知识与新学的概念及知识进行联系和整合,他们会将数学文字问题中的各个数学概念或词语单独认知和加工,而并不能将其联系在一起进行知觉。对数学问题的理解过程不仅是认知数学知识的过程,而且也是对自身的认知水平进行检验和调节的过程。Pau认为听力障碍儿童的元认知水平低下,不能够对自身的认知结构进行及时有效的组织和调节,致使其不能对数学知识结构进行优化,而且不能在理解数学问题的过程中对其进行监控,从而导致了听力障碍儿童在理解数学问题过程中所产生的相关问题得不到及时有效的解决,因此,元认知的不足致使听力障碍儿童数学认知及问题解决出现困难。

二、数学学习的分类

数学知识(数学概念、公式、法则、定义等)是一种语言信息,是客观事物的数形特征及其联系在人脑中的反映,是由数学认知活动而建立起来的认识经验。

数学技能是一种数学活动方式,是主体对数学材料作用以后产生的主体动作(主要是心智动作的经验),它对数学活动起着直接的调节与指导作用,是数学活动正确而顺利地进行的保证。数学技能在学生的数学活动中的自我调节功能,主要体现在活动的控制执行环节。由知识的作用而确定的数学活动程序,是在活动的控制执行环节中得以实现的。

数学能力是一种个性心理特征,它对数学活动的进程与方式起着直接的、稳定的调控作用。数学能力是在数学活动中获得的,是在掌握和运用数学知识、数学技能过程中形成的,因此,数学能力原则是属于数学活动经验范畴。当然,它必须是系统化、概括化了的那些个体经验,是种网络型的经验结构。

数学学习中的态度,作为数学学习的一种心理和神经中枢的准备状态,是长期数学活动经验的结晶,对个体的数学活动产生直接或动力的影响,其中包括兴趣、动机、性格等。

上述的知识、技能、能力和态度是紧密联系的有机整体。数学"双基"的掌握和积累是形成数学基本能力、态度的前提,能力与态度又反作用于知识和技能的掌握,制约着知识掌握和技能形成的速度、深度、难易程度和巩固程度。因此,数学知识的习得、数学技能的形成和数学能力、态度的培养同时存在于数学学习活动中,相互联系、相互制约,统一在同一个数学活动过程中,它们之间有同一性、同步性,从根本上说必须协调发展。

三、数学概念的学习策略

数学概念是人类对现实世界空间形式和数量关系简明、概括的反映,并且都由反映概念本质特征的符号来表示,这些符号使数学有着比别的学科更加简明、清晰、准确的表述形式。

概念教学是整个聋校数学教学的关键,正确理解数学概念是掌握数学基础知识的前提。由于有声语言的缺失,加上手语沟通的局限性,为数学概念教学带来了困难,听力障碍儿童对数学概念的理解和掌握存在着很大的障碍,尤其是对于综合性强及抽象程度高的概念,他们在理解和接受的过程中困难会更大。因此,在概念学习中必须注意以下策略。

(一)概念引入策略

聋校数学概念大致可以分成两大类:一是数的相关概念,二是图形的相关概念。它们的产生有两个主要途径:其一是现实生活的需要,其二是数学知识体系自身建构的需要。因此,数学概念的引入大致有如下几种方法:

1. **联系实际引入** 从概念产生的现实生活情境中引入,能较好地激发听力障碍儿童学习兴趣,从而获得良好的教学效果。因此,适当创设一定的生活情景,让学生经历概念产生的过程,是概念学习的有效方式。例如在"厘米与米"的认识、教学中,让学生先用不同的物品去测量课桌的长度,得出的数据是不同的,很自然地引起学生的思考为什么同样长度的课桌会量出不同的结果原因就在于单位长度不统一,从而产生了统一单位长度的需要,自然地引出长度单位的概念。

2. **从原有概念的基础上引入** 有的数学概念与概念之间的联系十分紧密,可以从学生已有概念知识基础上加以引申,直接导出新概念。这样,既巩固了旧知识,又学习了新概念,强化了新旧知识间的内在联系,能帮助学生建立系统、完整的概念体系,充分调动学习的积极性和主动性等。比如在"整除"概念基础上建立"约数""倍数"概念,由"约数"导出"公约数""最大公约数",由"倍数"引出"公倍数",再导出"最小公倍数"等。

3. **从计算方法引入** 有些概念不便运用实例引入,又与已有概念联系不大,就可以通过对运算的观察分析,发现其中蕴含的本质特征,揭示数量或形的本质属性,达到引出概念的目的。比如,教学"倒数的认识"时,可以先给出两个数相乘乘积是的几个算式,让学生计算出结果,再观察、分析,从中发现规律,引出"倒数"的定义。

(二)概念概括策略

由于数学概念本身的概括性和抽象性,学生对概念的理解必须有一个由具体到抽象、由特殊到一般的认识过程。在教学过程中,应当在充分直观的基础上转入抽象阶段,充分激发听力障碍儿童的抽象思维,让学生在抽象中概括、归纳、总结出概念的本质属性来,使学生从整体上、本质上理解和掌握数学概念。

1. **提供丰富的感性材料** 感觉是认识的初始阶段,当听力障碍儿童缺乏感性知识和经验时,必须给他们提供丰富的感性材料,作为揭示事物本质特征的基础,然后在教师指导下进行全面细致的观察分析,引出概念的本质特征。例如"分数"概念的教学,通过演示教具和操作学具,让学生把一个圆、一个正方形、一条线段,各自分成若干等份,标出其中的一份或几份。再让听力障碍儿童分析比较以上操作过程有何共同点，然后结合直观图把单位量可以是一个物体也可以是几个同类的物体平均分成几份，表示其中的一份或几份的数，叫作“分数”。这样，分数的概念在学生头脑中就初步形成了。

2. **营造探究的课堂气氛** 要激发听力障碍儿童探究的兴趣，鼓励学生积极主动地去开展分析、综合、比较等思维活动，教师就要善于营造探究的课堂气氛，要善于抓住主要矛盾，在思维的转折处和问题的关键处设疑，用“一石”在学生中“激起千层浪”，引导学生研究、讨论，才能使学生深刻理解概念的内涵，抓住本质特征。

（三）概念理解策略

当用定义把概念的本质属性揭示出来时，听力障碍儿童对概念的理解还是笼统和肤浅的。教师要采取措施帮助听力障碍儿童逐步理解概念的内涵和外延，学生才能较正确地形成并理解数学概念，从而建立起科学的知识体系。

1. **分析概念的关键性词语** 听力障碍儿童语言理解能力差，在概括出概念的定义后，要把定义呈现出来，给听力障碍儿童一个完整的认识，同时还要对定义中关键性词语进行“咬文嚼字”。如在概括出分数的概念后，可进一步剖析：单位“1”表示什么意思？“1”为什么加引号？“平均分”表示什么意思？“表示这样的一份或几份”是什么意思？只有把这些关键词语的意思弄清楚了，才能对分数的概念有深刻的理解。

2. **帮助听力障碍儿童用统一规范的手语精确表述概念** 在概念教学中，首先教师必须注意语言的准确和精练，尤其要统一规范概念的手语表达，否则就会影响学生形成准确的概念，甚至给学生留下错误的印象甚至干扰其思维。例如“减法”和“负号”“加法”和“正号”，如果在手语表达中不加以区别，就极易引起听力障碍儿童的误解。同时，应该舍得花时间，指导听力障碍儿童用符合汉语规范的手语准确、完整地表述数学概念，这对他们理解概念也大有帮助。

3. **通过变式突出概念的内涵和外延** 教学中会发现学生对“标准”例子能正确判断，但稍经变化学生就不会了。所以教学中教师不能总是重复某种例子或图形，这极易把学生的注意力引导到某些非本质的属性上去的，而忽视了本质属性。为突出概念的内涵和外延，例题的内容、叙述方式和图形的位置、形状应有适当的变化。

几何图形教学，开始时应该指导学生观察标准图形，因为标准图形可以直接揭示出概念的特征。结合这样的图形教学，能帮助学生比较容易地理解定义中的词语。在巩固概念时，需要运用变式图形进行比较，以便学生认识哪些是本质属性，哪些是非本质属性。例如三角形的教学，在画直角三角形时，一般都习惯于把直角画在左下方。如果不使直角位于各个方位上，听力障碍儿童对图形的理解就呆板，受感知因素的消极影响，有可能误以为只有直角在左下方的才是直角三角形。只有通过对变式图形的辨认、比较，把标准图形相等的两边在两侧的个别特征与本质特征区别开来，学生才能正确认识“两条边相等”是等腰三角形的本质特征，与相等的两边是否在两侧无关。

4. **注意比较有联系概念的异同** 数学中的一些概念是相互联系的，既有相同点，又有不同之处。听力障碍儿童认知比较笼统，极易混淆这类概念。教学中对这类概念，应用对比的方法找出它们之间的联系、区别。例如，“直线”和“线段”这是一对既有联系又有区别的易混淆概念，教学中要引导学生通过观察、对比和分析，理解两者间的联系和区别。

（四）概念巩固策略

听力障碍儿童对概念的掌握不是一蹴而就的，必须通过及时的巩固来加深对概念的理解。教学中可采用如下方法。

1. **自举实例** 自举实例就是让学生把已获得的概念简单地运用于实际，通过实例来加深对概念的理解。

听力障碍儿童缺乏生活经验，知识面狭窄，加上语言表达能力差，往往很难举出例证，在教学中教师应该加强这方面的训练，在学生通过分析、综合、抽象概括出概念以后，经常让他们举例说明，所举之例可以是正例，也可以是反例，以加深对概念的理解。

2. **加强实际应用** 学生是否牢固地掌握了某个概念，不仅在于能否说出概念的名称和定义，还在于能否正确地应用。通过应用可以加深理解，增强记忆，提高数学的应用意识。例如，教学圆的认识后可设计一个问题情境：如果体育老师让你们在操场上画一个足够大的圆，应该怎么办？这一问题有效地激发了学生学习的内部动力，使他们积极进行思考，进而增进对数学概念的理解。

3. **形成体系** 概念形成后，学生能否把新知纳入到原有的知识系统，这是学生是否真正掌握概念的重要标志。教师在平时的教学过程中要丰富学生的认知结构，扩大概念的记忆库，建立概念的系统性，帮助学生分清同类概念之间的各种关系，建立概念的“树状”结构和“网络”体系，以帮助学生有条理地、系统地掌握这些概念，从而建立了牢固的数学知识体系。

概念是数学基础知识的基础，概念教学至关重要，只要我们遵循听力障碍儿童的认知规律，注重概念教学的研究与实践，就能够提高聋校数学教学的成效。

四、数学原理学习策略

数学原理是一种在数学概念学习的基础上，对概念与概念之间关系的学习。

因此数学原理学习的本质是就是学习数学概念之间的关系。聋校义务教育阶段数学原理学习的内容一般包括计算法则、公式、性质等,它们都与现实世界的具体事物有一定的距离,这种距离往往会加大学生的理解难度,因此数学原理的习得过程是复杂的。

像数学原理这样具有高度复杂性知识的教学,需要有综合性的教学策略,而且在不同的学习阶段要采取不同的教学策略。根据聋校教学的实际,主要策略有以下一些:

(1)问题性策略。在数学原理教学中,以问题为出发点是首要的一个策略。主要基于两个理由。①数学是自然的、水到渠成的,任何数学原理都有其产生的背景,它往往建立在解决某些问题的需要的基础上;②用难度适当的问题而引起的认知冲突,可以激发学生的求知欲望和思考的积极性,提高学生的数学学习兴趣。

因此,教学中教师要为学生创造一个适合他们探寻知识的问题情境,激发他们内在需要,为他们真实进入"经历""体验""探索"奠定积极的情感基础。创设问题情境时要注意三点:问题情境要具有适应性,与学生实际生活和认知水平相适应;问题情境要具有一定的吸引力,能激起学生参与的兴趣;问题情境还要有层次性,能满足不同程度学生的个别化学习需求。教学过程中,教师首先要和听障学生共同对问题进行讨论,使听障学生明确要急于解决的问题,但现有的认知水平却又无法解决,从而使他们处于一种认知冲突的状态中。

(2)过程性策略。所谓过程性策略,是指在数学原理教学中,教师应注意分析原理所蕴含的数学活动,并以此为线索安排教学过程,引导学生经历和完成相应的数学活动过程而理解和掌握数学原理。这样,学生既充分把握了原理的信息意义,做到"知其然且知其所以然",从而实现完整的意义学习,又使学生大致经历了该原理的形成过程,也就是说学习并掌握了原理所反映的数学思想方法,从而实现了所学原理的智能意义。

(3)变式策略。变式策略是促进学生理解的重要手段。通过设置变式,可以达到增加理解原理的角度和途径以及增加理解活动层次性的目的。这里的变式主要是过程性变式。过程性变式的主要教学含义在于教学活动过程中,通过有层次地推进,使学生分步解决问题,积累多种活动经验。

在理解数学原理的过程中,通常都会涉及一些过程性式。

如教学"有余数除法"一课,教师可引进"分豆子"活动,通过设计"动手分豆子—脑中分豆子—算式运算"三个教学环节,帮助学生越过了从实物到算式的形式化难关。脑中分豆子就是"实物分豆子"的一种变式,是一种"表象操作",它是从"实物操作"到"符号操作"的中介。这样,学生学习数学就是在具体、半具体、半抽象、抽象之间的铺排，是穿行于实物与算式之间的形式化过渡。

案例分享

（4）精加工策略。精加工策略是一种非常重要的教学策略。在教学原理的教学中，对细节进行追究，厘清应用原理的条件，分析原理的特例，用自己的语言叙述原理，用恰当的例子解释原理等，都是深入细致地认识原理的手段。

（5）系统化策略。系统化、结构化的知识迁移能力强，在新的认知活动中能发挥积极、有效的作用。系统化策略就是教学中要注意引导学生把整理学习内容、建立新旧知识的联系作为必需的学习过程，及时将当前学习的新知识纳入到已有认知结构的适当位置，使之形成具有较强结构功能的新认知结构。数学的严谨性、抽象性的学科特点，及听障学生数学思维的离散性特点，使得数学教学中强调系统化策略更显重要。系统化可以从“不断分化，综合贯通”两个方面进行。

“不断分化”是解决所学知识在已有认知结构中与上位和下位知识的关系和联系问题，要将新知识恰当地置于它的上位知识之下、下位知识之上，形成一个上下联系恰当而紧密的、层层分化的结构系统。实际教学中，利用“不断分化”策略引导学生学习能使学生按照知识的逻辑层次关系进行有序思考，减少认知的盲目性，更好地领会概念、原理之间的关系。因此，数学知识的逻辑层次关系是实施系统化策略的依据。

“综合贯通”主要解决所学知识与已有认知结构中已经掌握的、处于同一层次或系列知识的关系与联系的问题，通过揭示新知识与同一层次相关知识的联系与区别，把新知识纳入已有认识结构中去。例如，在数及其运算的认知结构中，分数、小数、百分数、比值等都是同一层次的知识，在这些知识的教学中，“综合贯通”策略的使用非常重要。

五、数学基本思想及教学举例

《全日制聋校义务教育数学课程标准》在的总目标中指出，通过聋校义务教育阶段数学学习，听力障碍儿童能初步获得适应社会生活和进一步发展必需的数学基础知识、基本技能、基本思想、基本活动经验。聋校数学课程目标在原来“双基”，即基础知识、基本技能的基础上，拓展到了“四基”，即基础知识、基本技能、基本思想、基本活动经验，增加了“基本思想”和“基本活动经验”的目标要求，其中将数学的“基本思想”列为课程目标，这是我国聋校数学教育的一次重大进展和突破，对学生后续的数学学习和未来的生活工作，都将有着深远的意义。

（一）基本数学思想的内涵

数学思想，是对数学知识的本质认识，是从具体的教学内容和对数学的认识过程中提炼上升的数学观点，是建立数学和用数学解决问题的指导思想，它具有概括性、层次性、迁移性等特点。数学方法是指用数学思想解决问题时逐步形成的某一类程序化的操作。一般说来，数学思想与数学方法是密不可分的，数学思想是相应数学方法的精神实质和理论基础，而数学方法是实施其数学思想的技术手段和表现形式。由于人们在学习与研究数学的活动中，很难把思想与方法严格区分，所以常统称为数学思想方法。

基本的数学思想是指那些体现数学本质特征的，最基本、最重要、最具统摄性的数学思想。其他数学思想都可以由它派生出来。史宁中认为：数学思想本质上有三个，第一个是抽象，第二个是推理，第三个是模型。因此，可以将聋校数学的三类基本思想概括为：抽象思想、推理思想和建模思想。

在聋校数学中，数学概念的形成、理解和深化的过程中都蕴含着抽象思想，主要包括对应思想、数形结合思想、分类思想、集合思想等。推理是数学思考的一种重要形式，它是数学得以发展、数学知识得以建构的一种重要思想，主要包括归纳思想、转化思想和类比思想。数学模型就是根据特定的研究目的，采用形式化的数学语言抽象、概括、表征研究对象的主要特征、数量关系所形成的一种数学结构。在聋校数学中，用字母、数字以及其他数学符号建立起来的代数式、关系式、方程、不等式以及各种图表、图形等都是数学模型。在这些知识的应用过程中都蕴含着建模思想，它是数学与外部世界建立起密切联系的重要桥梁。

（二）渗透基本数学思想教学的意义

1. 加强数学思想的教学有利于听力障碍儿童学习巩固数学基础知识 数学思想作为数学知识的一般原则，是数学内容价值的核心体现。一个人的数学修养不仅仅表现在他所知道的数学结论和他能解多少题目，更表现在他对数学思想的领会和潜意识的作用。研究发现，一个人无论在小学、初中、高中学过多少数学知识，离校后不到两年，大部分都会很快遗忘，但是他们在学习数学的过程中所形成的思考问题的方法，将伴随、影响他们终生，使他们受益无穷。数学思想对于数学知识而言是上位的、抽象的、包摄性很强的知识和观念，学习并领会数学思想，有利于对下位数学知识的理解和同化，有利于新知被顺利地纳入学生已有的认知结构中去。

2. 加强数学思想教学是培养听障学生思维能力的重要保证 听障学生由于听力缺损导致语言发展迟缓，影响思维的深度和广度，抽象思维能力水平较低。学习并领会数学思想，对于听障学生认识、分析、解决问题有着非常重要的指导作用，它告诉我们怎样思考、从什么角度进行思考，它指引我们如何用数学的眼光去透视事物、提出概念、解决问题。数学思想教学是听障学生形成思维能力的纽带，是知识转化为思维能力的桥梁。

3. 加强数学思想教学是数学教学改革的新视角 促进学生全面、持续、和谐地发展是新课程改革的指导思想和总目标。“知识与技能”目标仅仅是三维目标的一个方面，是培养创新人才的基础。但要促进学生的全面发展，就必须推进“过程与方法”“情感态度和价值观”两个维度目标的实现，而加强数学思想教学和渗透，正是实现上述两个维度目标的把手和突破口。

(三)数学思想渗透教学举例

1. 转化思想的渗透教学案例[①] “化曲为直”的转化思想是曲面图形周长和面积学习的主要思想方法。在圆周长的教学中，教师通过让听障学生围一围、剪一剪，滚一滚、量一量等方式，将求圆的周长转化成求线的长度，让听障学生初步感知可以用“化曲为直”的方法来探讨圆周长的计算公式。

接着在圆面积的教学过程中，先请听障学生把圆依次等份为 4、8、16 等分以后，请他们动手拼成近似的平面图形，再继续将圆分割成 32、64 等份……，继而拼成一个近似的长方形。教学中听障学生通过剪、摆、拼以及多种感官协同参与活动，依次拼出以下四组图形(图 10-1)。听障学生在亲身经历了“曲”变“直”的过程后，自然就沟通了“曲线图形”与“直线图形”之间的联系，达到化未知为已知、化复杂为简单的目的，将圆的面积转化成长方形的面积，从而推导出圆的面积公式，这个过程也渗透了极限的思想。使学生在潜移默化中掌握转化的思想。

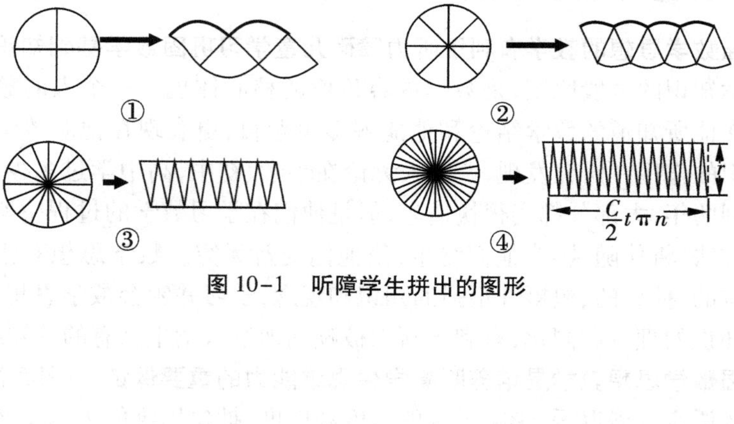

图 10-1 听障学生拼出的图形

① 本案例选自周志英《在聋校几何图形教学中渗透转化思想的研究》,《现代特殊教育》2015 年第 1 期。

2.“数形结合”思想的渗透教学案例[①] $\frac{1}{2}+\frac{1}{4}=$如何使听力障碍儿童理解通分的必要性？

有老师曾这样处理：

$\frac{1}{2}$相当于 1 个$\frac{1}{2}$，2 个$\frac{1}{4}$，……

$\frac{1}{4}$相当于 1 个$\frac{1}{4}$，

聋校老师们都有同感，像这种从“数”到“数”的抽象讨论方式，教学中听力障碍儿童很难真正理解。如果将上述“理性”的抽象思维过程形象化、视觉化，即充分利用分数的直观图将数与形结合起来（图 10-2），让听力障碍儿童“看得见”思维过程。听力障碍儿童才会真正体会“只有平均分得的份数相同，也就是分数单位相同，分子才能相加减”的道理，从而理解通分的必要性及异分母分数相加减的算理。

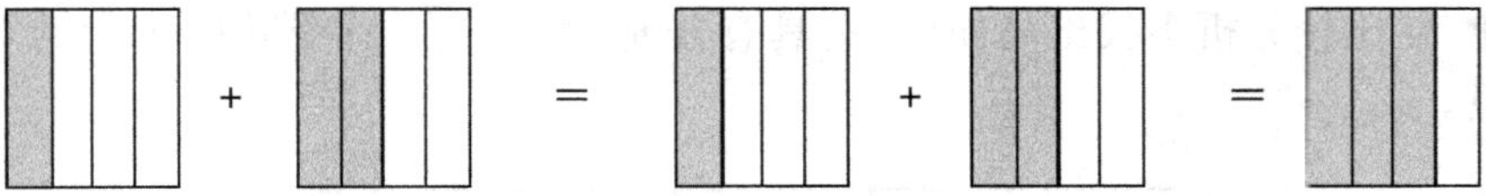

图 10-2 分数的直观图

类似的如分数、小数、百分数的认识，分数乘除法的意义等都可以用直观图形来帮助听力障碍儿童理解这些概念的意义和算理。利用以“形”助“数”的方法，学生表象清晰，记忆深刻，对算理的理解透彻，既知其然又知其所以然，其教学效果显而易见。

3.“一一对应”思想的渗透教学案例[②] 一一对应思想是人们对两个集合元素之间的联系的一种思想方法。在聋校一年级数学教材数的认识中，就出现了一一对应思想。在教学中，教师要有意识地运用“一一对应”的方法培养学生的对应意识，逐步形成对应的数学思想。比如在教学“9 的认识”时，可以根据课本进行改编，通过讲故事创设情境：快到元旦了，我们来布置一下教室，班里一共有 8 个小朋友，加上老师呢？引出数字 9。我们每人手里有 1 个气球，一共需要几个气球呢？每人发了一颗棒棒糖，一块蛋糕，大家都坐下来，需要几把椅子？让学生比较后，引

① 本案例选自周志英《“数形结合”——为听力障碍儿童架起一座学好数学的桥梁》，2015 年浙江省特殊教育论文评比一等奖。

② 本案例选自赵庆春《简论数学思想在聋校数学教学中的渗透》，《现代特殊教育》2014 年第 7、8 期。

导学生得出物体不同，但数目相同，都是 9 个。再将图形隐去，剩下 9 个点。

在上例中教师通过把气球、蛋糕、棒棒糖等不同的事物与点子图一一对应起来，利用对应的思想，从形象生动的实物中逐步抽象出了点子图，完成了从不同的实物中抽象出数字 9 的教学。即在一一对应的过程中完成了由具体到抽象的教学过程，促进了学生思维能力的展。

4. 函数思想的渗透教学案例① 在教学（图 10-3）“算一算，填一填”练习时，一般让听障学生依次计算出结果，达到除数是整数的小数除法的计算训练目标就算完成了教学任务。但对学习能力较好的孩子，还可以进行深层的拓展，从函数思想渗透的角度来设计教学，让学生再仔细观察被除数和除数有什么变化，商有什么特点，并思考其中的原因。相信他们可以在整数除法的基础上，从商不变的规律出发，迁移出类似的小数除法。所以，出示习题（图 10-4、图 10-5）后，听障学生由于之前的观察思考已为“一个数除以小数”做了必要的知识铺垫，从而较快地理解如何除数转化成整数，即除数扩大多少倍，被除数也相应扩大多少倍，商不变的性质。通过练习的整合不仅让听障学生解决了一两道练习题，更让他们从中体会到变化的规律，在比较分析中找出简便的、更具有普遍性的方法，感受其中蕴含的基本函数思想。

被除数	1.5	15	150
除数	5	50	500
商			

图 10-3 “算一算，填一填”练习

180		24		
18	÷	2.4	=	
1.8		0.24		

图 10-4 习题练习一

	30		
13.5÷	0.3	=	
	0.03		

图 10-5 习题练习三

① 本案例选自童骏华《让函数思想“无声”潜入听力障碍儿童的数学学习》，《现代特殊教育》2014 年第 12 期。

六、数学基本技能的训练和掌握

(一)数学技能的含义及特点

数学技能是顺利完成某种数学任务的动作或心智活动方式。它通常表现为完成某一数学任务时所必需的一系列动作的协调和活动方式的自动化。这种协调的动作和自动化的活动方式是在已有数学知识经验基础上经过反复练习而形成的。如学习有关乘数是两位数的乘法计算技能,就是在掌握其运算法则的基础上通过多次的实际计算而形成的。

数学技能与数学知识和数学能力既有密切的联系,又有本质上的区别。它们的区别主要表现为:技能是对动作和动作方式的概括,它反映的是动作本身和活动方式的熟练程度;知识是对经验的概括,它反映的是人们对事物和事物之间相互联系的规律性的认识;能力是对保证活动顺利完成的某些稳定的心理特征的概括,它所体现的是学习者在数学学习活动中反映出来的个体特征。

数学技能,按照其本身的性质和特点,可以分为操作技能(又叫作动作技能)和心智技能(也叫作智力技能)两种类型。

1. **数学操作技能** 操作技能是指实现数学任务活动方式的动作,主要是通过外部机体运动或操作去完成的技能。它是一种由各个局部动作按照一定的程序连贯而成的外部操作活动方式。如听力障碍儿童在利用测量工具测量角的度数、物体的长度,用作图工具画几何图形等活动中所形成的技能就是这种外部操作技能。操作技能具有有别于心智技能的一些比较明显的特点:①外显性,即操作技能是一种外显的活动方式;②客观性,是指操作技能活动的对象是物质性的客体或肌肉;③非简约性,就动作的结构而言,操作技能的每个动作都必须实施,不能省略和合并,是一种展开性的活动程序。

2. **数学心智技能** 数学心智技能是指顺利完成数学任务的心智活动方式。它是一种借助于内部言语进行的认知活动,包括感知、记忆、思维和想象等心理成分,并以思维为其主要活动成分。如听障学生在口算、笔算、解方程和解答应用题等活动中形成的技能更多的是一些数学心智技能。数学心智技能同样是经过后天的学习和训练而形成的,它不同于人的本能。另外,数学心智技能是一种合乎法则的心智活动方式,所谓合乎法则的活动方式是指活动的动作构成要素及其次序应体现活动本身的客观法则的要求,而不是任意的。这些特性,反映了数学心智技能和数学操作技能的共性。

（二）数学基本技能的作用

1. **在知识习得过程中的作用**　在建构主义观点看来，知识习得是以主体已有的知识和经验为基础的主动的建构活动，在这一过程中，主体已有技能的职能是实现客观的数学知识向主观的经验结构的转化，在数学学习的基础阶段这一点显得尤为突出。

2. **在数学思考过程中的作用**　数学思考渗透在各种具体的数学活动中，在聋校义务教育阶段，这种活动主要是各种数学知识和技能的学习。在数学活动过程中，主体首先完成由具体的情境向数学对象（如概念、法则等）的抽象，这意味着达到了一个新的层次。但数学思考并没有因此停滞，因为一旦有了上一层次思考的结果，还会以此为基础做更高层次的抽象，这就是数学的“自反抽象”。数学也随着人们思考的发展而具有了无限发展的可能性，但这并不是说数学完全是主观臆造的，没有客观性。其实，数学活动是按一定程序进行的，因此在数学思考过程中数学基本技能作为一种合乎数学规则的活动经验其作用就显得尤为重要了，一方面，它使得数学思考有一定的规则可循，从而顺利完成思维层次飞跃；另一方面，思考成果又是一定规则的体现，能够得到数学共同体的认同，又有了客观性。

3. **在问题解决过程中的作用**　数学技能是一定的数学活动中，主体对数学材料作用以后产生的主体经验，它对数学活动起着直接的调节和指导作用，是数学活动正确而顺利进行的保证。要使活动朝着预定方向前进，按照预定顺序进行，达到预定目标，必须要有对活动的调节和控制，即在学生头脑中应该建立起着前后动作相继发生的动作经验链索。而数学技能就其存在形式就是一种链索型的动作经验。另外，对数学材料的处理方式和变换方式的有效性需要有相当的动作经验作保证，这一过程中数学基本技能对数学活动的调节控制作用是必不可少的。在技能习得之初，教师引导、帮助学生理解技能的规则，并在操作过程中主动地利用规则控制和调节自己的行为。

4. **在情感体验过程中的作用**　数学积极的情感体验主要是指解决问题的成功感，克服困难的成就感，学好数学的自信心等，这与数学基本技能的具体运用是分不开的。学生在数学活动过程中，按照一定的数学规则，运用自己已熟练掌握的基本技能得出正确的结果，从而得到成功的体验；另外也表现为在一定情境中，当学生遇到障碍，能主动运用基本技能进行调节，从而攻克难关，解决问题，获得成就感。在这样的成功体验中，学生解决问题和学习数学的自信心会逐步得到加强，成功的次数越多，自信心也就会越强。这种自信心正是数学教师在学生数学基本技能的训练过程中应该促使学生努力培养的，这种成功解题的自信心，不但是学生走进考场时需要的,也是学生今后走向社会所需要的。

(三)促进数学基本技能获得的数学措施

认知心理学认为,熟练基本技能的获得需要经过三个阶段:认知阶段、联系阶段、自动化阶段。

1. **认知阶段** 主要帮助学生了解技能的构成要素和操作方式。这是一个与数学知识掌握同步进行的过程,是数学技能形成的第一个阶段。在此阶段,首先要使学生学会所学数学技能的操作程序,其次要使这些操作的动作结构在头脑中得到清晰的反映。为此,教师在教学中应当引导听力障碍儿童充分开展自主的、独立的活动,以建立对构成活动的各个动作及其执行顺序和执行方式的亲身体验,体会对于动作、动作顺序与动作执行方式的各种规定的必要性,并要尽量让学生自己概括出动作及其执行顺序,从而建立起对活动的完整映象。由于听障学生认知发展水平的限制,在活动前需要有教师的指导,在数学技能的形成过程中则需要教师进行动作示范,而且示范要正确,讲解要确切,动作指令要明确。

2. **联系阶段** 学生在了解数学技能的基本成分和操作方式后,通过再现的方式将数学技能的操作活动程序按步骤付诸执行。在这一阶段,学生通过应用数学技能的实践操作,以熟悉数学技能所含的各个产生式,再将这些产生式合成前后连贯的程序,然后经过适当的训练,达到迅速、精确和无意识地执行程序,实现步骤与步骤之间的自动匹配。为了顺利实现产生式的合成程序化,教师要注意到:

(1)要使学生明确,在进行实际操作前,应该先确定活动的目标,这是顺利完成操作动作的前提。例如,列方程解应用题,首先要让学生明确,主要目标是找出等量关系。

(2)开始时,要使学生养成依据规定的动作顺序进行系列操作,依次完成每一个步骤的习惯,还要养成在每个动作完成以后进行及时检查的习惯,以确保操作的前后连贯以及步骤与步骤之间的良好匹配。只有这样才能使学生确切地了解活动的结构,在头脑中形成完备的动作映像,获得正确的动作经验,使活动方式具有稳定性,为动作定型奠定基础。例如,列方程解应用题的动作顺序一般是:①阅读题目,找出关键词;②设未知数,将其他语言转化为代数式;③相关信息的组织,一般可以用直观图、表格等表示数据;④分析等量关系,列方程;⑤解方程;⑥根据实际意义选择和检验答案。

(3)要使学生明确每个操作步骤的根据,特别是那些与数学知识相关的步骤,这是知识掌握与技能形成同步的要求。例如,应用题教学中,第一步要找出“相遇”“比……多(少)……”“增加了”等词,因为这些关键词往往决定了问题的等量关系，必须首先使听力障碍儿童明确其意义；第二步，用未知数表示相应的量，这是一个“数学化”的过程；第三步，用图、表等组织信息，把相关信息集中，便于观察它们的内在联系；第四步，根据相关等量关系，以“一个量用两种方式表示”为依据，列出方程；第五步，解方程的相关知识；第六步，依据问题的实际意义。

(4)要注意变式的作用。使学生在变化的数学情境下进行技能训练，使活动方式能够在直觉水平上得到概括，从而形成关于活动的表象，有利于学生对数学技能的掌握，并为自化创造条件。

(5)应要求学生用自己的语言叙述操作的目标、步骤及其依据。数学技能作为一种活动方式，主要借助于内部语言默默地进行，而内部语言是由外部语言转化而来的。在认知阶段和联系阶段，外部语言作为心智活动的标志及执行工具，在数学技能自动化的过程中具有十分重要的意义。在边做边说的场合下，活动易于向言语执行水平转化。所以，用自己的语言对数学活动的全过程进行描述，是数学技能训练中一个重要措施。另外，用自己的语言描述数学活动过程，对于促进学生对活动的理解也具有重要作用，而且也是检验理解和技能掌握水平的一种手段。

(6)应注意掌握活动的节奏，并适时向下一阶段转化。练习对于数学技能的形成是必需的，但并不是练习得越多效果越好，这里有一个练习度的问题。所谓练习，就是学生对学习任务的重复接触或重复反应。这里的重复是学生对已经了解的数学知识、数学活动经验应用到具体情境中的一种重视，而不仅仅是机械重复。

保持练习的兴趣和加速运算技能形成的注意事项

3. 自动化阶段　由于自动化阶段实际上是联系阶段的延续，在联系阶段得到程序化的数学技能，在自动化阶段得到进一步的精致和协调。随着对操作行为有意识控制的逐渐减少，数学技能达到娴熟的程度。因此，在这一阶段，主要是提供具有一定复杂程度的综合性练习，使学生得到对数学技能进行精致和协调的机会。如通过一定的变式训练，才能使学生学会识别与特定的操作行为相联系的条件图式，从而不仅能正确地执行每一个操作步骤，而且还懂得如何适当地使用技能。

以上我们对数学概念与原理(作为陈述性知识)、数学思想方法(作为程序性知识中的认知策略)和数学技能(作为程序性知识中的自动化基本技能)分别进行了讨论。数学技能、数学思想方法是深深地嵌入实践活动中的，需要学生的深入体验，才能学会和提高。从教学角度看，其可操作性差，不像数学概念、原理那样“看得见、摸得着”，因此数学思想方法、数学技能的学习对于听障学生是困难很大的，其教学策略还有待于更深入的研究。

第十一章

听力障碍儿童的劳动技术教育

【本章提要】

劳动技术教育在聋校教育中的地位与作用:是聋校的一门重要课程,具有特殊补偿功能。聋校劳动技术教育的原则:扬长补短的原则;定向培养的原则;学习专业知识与开展实践活动相结合的原则;专业技术学习与职业道德培养相结合的原则;文化课与劳动技术课有机结合的原则;按年级分层次实施劳动技术教育的原则。

目前我国聋校开展劳动技术教育存在的问题及解决对策。

第一节　劳动技术教育与听力障碍儿童的心理发展

一、听力障碍儿童劳动技术教育概述

现阶段我国听力障碍儿童的劳动技术教育的实施,主要有两种形式:在全日制聋校实施,即义务教育阶段的劳动技术教育,通常是初等劳动技术教育;另一种是在职业学校实施,即完成义务教育后的劳动技术教育,通常为中等和高等劳动技术教育或职业教育。义务教育阶段的劳动技术教育是在聋校作为一门课程来对待的,本章讨论所涉及的问题以此范围为限。

1956 年,教育部制定的《聋哑学校使用手势教学的班级的暂行教学计划》中列有"职业劳动"课,1957 年教育部制定的《聋哑学校口语教学班级教学计划(草案)》中同样也列有"职业劳动"课。1984 年教育部制定的《全日制八年制聋哑学

校教学计划(征求意见稿)》中称作“职业技术”课。1993年国家教育委员会制定的《全日制聋校课程计划(试行)》中则用了“劳技”课的名称,“劳技”课分两段进行,1~4年级为“劳动”课,5~9年级为“劳动技术”课。2007年,经国家教育部修订,《全日制聋校课程计划(试行)》更名为《聋校义务教育课程设置实验方案》。《实验方案》中采用了“劳动”课的名称,课程分为三阶段实施,1~3年级为“生活指导”课,4~6年级为“劳动技术”课,7~9年级为“职业指导”课。

在1956年和1957年的教学计划中,职业劳动课是从五年级起开设的。1~4年级有一门“手工劳动”课,从课程的承启关系看,“手工劳动”相当于1984年教学计划中“手工劳作”和1993年课程计划中的“劳动”。在1957年教学计划“关于各科教学的简要说明”中对“手工劳动”做了这样的说明:“聋哑学校低年级手工劳动教学是为五年级起实施职业劳动教学做好初步准备”;“它的教学任务是:①培养聋哑儿童对于容易操作材料加工的实际技能和技巧;②通过手工劳动教学扩大聋哑儿童的知识范围,促进他们的机敏性和创造才能的发展;③树立热爱体力劳动的观点,养成体力劳动的习惯,锻炼他们的坚定意志和顽强精神。”在1984年的教学计划“说明”中对“手工劳作”是这样说明的:“手工劳作课的教学要求是使学生学会使用简单的生产工具和掌握初步的手工劳作技能,发展他们的创造能力并培养学生的劳动观点,为在高年级实施职业技术教学做好准备。”1993年的课程计划“各门学科的基本要求”中,对“劳动”课的要求是:“通过自我服务、家务劳动、公益劳动和简单的生产劳动,使学生掌握一些基本的劳动知识和技能,教育学生热爱劳动、遵守劳动纪律,培养正确的劳动观念和良好的劳动习惯,以及热爱劳动和劳动人民的感情。”2007年的实验方案中对“劳动”课的设置,则旨在通过生活实践、劳动实践和职业技术训练,帮助聋生逐步形成生活自理能力、劳动能力和就业能力。

从以上四个时期的劳动技术课的设置及对课程所做的说明来看,20世纪50年代的“手工劳动”课与“职业劳动”课,80年代的“手工劳作”课与“职业技术”课,前后两段的接续十分明确,前一段的教育是为后一段教育做“准备”。到了2007年的课程设置实验方案,虽然没有明确说前一段是后一段的“准备”,但其内在的逻辑关系仍然体现了课程性质的衔接与递升。

有的学者在论述劳动教育与劳动技术教育两个概念时,虽然分别做了界定,对“劳动教育”的界定是:“劳动、生产、技术和劳动素养方面的教育。”对“劳动技术教育”的界定是:“对学生实施劳动和生产技术的教育。”但有的认为这两个概念实质上并无大的区别,或者说两个概念在本质上没有区别。

不过,一个学术概念的界定,与一门学科课程的内容不是完全重合的。所以,本章讨论的劳动技术教育实际上不限于只对学生实施“劳动与生产技术”的教育。

此外，在论及历史上和境外听障教育中的相关领域时，名称还会交互使用。先做如此说明，希望读者阅读本章时心中有数。

从国内外聋教育史看，听力障碍儿童的职业技术教育几乎是与文化教育同步产生和发展的。像欧美及日本等国的一些聋校，其职业技术教育有着很长的历史，内容主要是对听力障碍儿童实施与之将来求职有关的职业知识、生产技术和职业适应能力方面的教育。实践表明，听力障碍儿童在接受文化知识教育的同时接受劳动技术教育，对其成人后自立于社会非常必要。我国聋校的劳动技术教育相对于普通学校来讲很早就受到了重视。从 1887 年兴办第一所聋校起就设置了职业技术教育课。据《烟台盲哑学校百年回顾》介绍，其前身启喑学校最早开设的是竹编课。后来男生学习木工、校园农作、烹饪；女生学习花边、台布、绒工、缝纫和烹饪。职业技术教育的目的是为了使聋学生能够掌握一些技术，以作为谋生的手段。新中国成立初期，上海市教育局于 1953 年在当时的上海市聋哑儿童学校内附设了一个“青年技术班”，设木工、实用美术两个专业。木工以做玩具为主，兼做家具；实用美术包括印染图案和电影动画。1956 年，这个“青年技术班”发展成为上海市聋哑青年技术学校。这是我国最早成立的一所对聋青少年实施职业技术教育的技工学校。1988 年，中国教育学会特殊教育研究会在山西省吕梁地区召开了“全国聋校职业技术教育经验交流暨学术研讨会”。参加这次会议的有来自全国 24 个省（市）、自治区的聋校从事劳动技术教育的干部和教师，交流了数十篇学术论文，并出版了《聋哑学校职业技术教育初探》一书。2000 年和 2001 年先后有两部有关劳动技术和职业教育的研究专著问世，一部是《特教学校劳动技术与职业教育概论》（天津人民出版社，2000），是由赵树铎主持的一项全国教育科学规划“九五”重点课题成果，该项课题为“三类残疾儿童的劳动技术教育与职业教育问题研究”。另一部是《盲聋哑学校职业教育的理论与实践》（黑龙江人民出版社，2001），是由刘俊卿主持的全国教育科学规划“九五”重点课题的成果，该项课题为“盲聋哑学校职业教育研究与实验”。这两项课题的立项反映了我国教育行政对残疾人劳动技术与职业教育的重视，也反映了我国教育科研人员对这一领域的关注。

国内外有些聋人学校在听力障碍儿童接受正规的职业技术教育之前先对他们提供职业性向教育，使其从小初步了解一些社会职业常识，如医生是干什么的、售货员是干什么的、邮递员是干什么的等。另外，给听力障碍儿童安排一些简单的编织、缝纫、园艺、陶艺等实际操作科目，对他们进行诱导性的职业技术培养。在这一阶段还不是本义上的职业技术教育，其主要目的在于培养听力障碍儿童的兴趣爱好、诱发他们的特殊潜能，使其从小开始接触社会，为进入高年级后接受定向的职业技术教育打好基础。

随着听力障碍儿童年龄的增长，当他们成长为青少年时，劳动技术教育应作为其学习的一项重要内容。从聋人的生理和心理特点方面讲，学者们认为，听力障碍者的智力跟一般人没有两样。因此，除了需要听觉的工作，如接听电话；或需要语言表达或应对的工作，如除柜台洽谈的工作之外，几乎没有不能胜任的工作（林宝贵，1994）。目前，有人力听力障碍者列出了一份长长的适应性职种：主要有服装设计与制作、美工、办公自动化、编织、理发、美容、车工、锻造、铆焊、建筑、印刷、摄影、雕刻、齿科技工、园林、园艺、农作物栽培、养殖、烹饪，等等，远不止这些。目前，随着国家对教育事业，特别是特殊教育事业的重视程度的加强，在国家、省、市出台的一系列文件的不断推动下，我国一些聋校，逐步开设了丰富多彩的“劳动”课如：彩陶、园林种植、折纸、插花、面点、钩织、平面设计等。当然，这些课程基本上以操作实习为主。较为系统的专业理论知识培训除一些职业学校外，在许多聋校还没有能被安排到劳动技术教育计划中去。此外，部分聋校通常在自己的学校内只开设一部分“劳动”课，而另一些专业课则是通过校企合作等形式，将听力障碍学生安置到企业里接受短期培训，学校派巡回教师负责辅导学生，并协调学校、学生与企业之间的关系。

近些年来，残疾人的生涯教育（兼有职业教育与生计教育双重含义）已被特教界列为特殊教育的发展趋势之一。听力障碍儿童的生涯教育同样愈来愈受到特殊教育工作者的关注。他们主张，只有给听力障碍儿童提供适当的职业训练，使他们最终具备了谋生的技能，才是解决他们日后自立于社会根本途径。例如在美国、英国、瑞典、日本等国，以听力障碍儿童的社会适应和职业适应作为教育的培养目标，重视对他们进行日常生活技能、社会适应能力以及职业指导与准备等方面的培养，从而使听力障碍儿童的劳动技术教育与文化知识教育及品德教育日益紧密地结合起来。

二、劳动技术教育与听力障碍儿童智力因素的发展

智力的发展包括智力提高与智力运用，这两方面是相辅相成的。如今人们常把发展智力称作是“通向21世纪的致富之道”，指出支撑未来社会生产力迅猛发展的要素已不再是开发利用原材料和人的体力，而是尽一切可能发挥人的智力，即所谓“知识经济”时代的到来。从这个意义上说，提高全民族的科学水平是一项具有战略意义的伟大任务。

社会发展对残疾人同样提出了挑战。残疾人要与健全人共同创造美好的未来，共同享有劳动的成果，必须从发展残疾人的教育抓起，这是提高残疾人素质的根本途径。残疾人教育是残疾人事业的基础。文化知识教育、劳动技术教育、身心

康复教育是残疾人教育的基本内容。它对促进残疾人自立自强、平等参与社会生活,从而成为社会主义建设的参加者具有重要作用。

劳动技术教育与听力障碍儿童的智力发展是特殊教育工作者值得研究的一项课题。在我国,听力障碍儿童的劳动技术教育虽有很长的历史,但就其现状来会说,与国家的发展和社会的需要相比还是落后的,这种落后反映在深层次上是教育观念的落后。例如,由于我国长期自然经济的历史,使得人们对聋教育的期望值较低,往往只满足于让聋人掌握体力的、简单的技艺。从为21世纪培养人才的高度来认识听力障碍儿童智力发展的意义,还没有被引起足够的重视;劳动技术教育作为发展听力障碍儿童智力的重要途径还没有被深入研究;通过劳动技术教育培育听力障碍儿童成为现代化的劳动者,使他们能适应社会生产的需要,也能像健全人一样过上小康生活,这个涉及听力障碍教育根本目的的问题还没有作为当务之急认真考虑。如能认真地从解决诸如上述问题入手,我国听力障碍儿童的劳动技术教育将会有长足的发展,并将进而推动整个听力障碍儿童教育的发展。

三、劳动技术教育与听力障碍儿童非智力因素的发展

劳动技术教育不仅是发展听力障碍儿童智力因素的重要途径,而且也是培养听力障碍儿童非智力因素的重要途径。

劳动是人类生活的主要内容,是人类创造物质文明与精神文明的主要手段,也是残疾人参与社会、贡献社会、分享社会劳动成果的前提和主要方式。残疾人在劳动中表现出来的奋斗精神和创造才能是其人生价值的主要体现。这里所说的"奋斗精神与创造才能"从心理学的角度讲,正是劳动者所具备的良好的智力因素与非智力因素完美结合的体现。通过劳动技术教育这条途径,从小培养听力障碍儿童良好的非智力因素品质,在一定意义上说比通过文化课培养更有效、更真切、更深刻。这是因为,听力障碍儿童不仅在学习语言、发展思维上必须要与认识周围的世界密切结合起来才能取得满意的效果,而且他们在兴趣、情感、意志这些非智力因素的培养上也同样必须要与参加实践活动、认识周围世界密切结合起来才能奏效。劳动技术教育是理论与实践相结合的极好的教育形式。在劳动技术教育的实践活动中更容易培养听力障碍学生稳定的兴趣,高尚的情操,锻炼顽强的意志、养成良好的性格。例如,在服装制作技术课上,听力障碍学生要分别承担着量体、剪裁、制作、熨烫等不同工序的操作,他们只有切实负责、分工合作才能完成好全套服装的生产任务。在这种劳动实践中,培养听力障碍学生明确的劳动目的性和责任感,要比通过学习一篇教材培养他们这方面的品质更真切、更见效。一般来说,通过劳动技术教育可以使听力障碍学生获得情感、意志锻炼的直接经验,了解掌握生产劳动

的目的，培养有计划、有步骤、按照严格程序工作的习惯，加强遵守组织纪律和规章制度的自觉性，珍惜时间、讲究效率的务实精神，切身体会到成功的取得要有克服困难的勇气和坚持不懈的毅力，从而有助于培养他们热爱劳动、热爱劳动者的优良品质。

总之，劳动技术教育需要听力障碍学生具有良好的非智力因素；同时，劳动技术教育又是培养、发展听力障碍学生非智力因素的重要途径。

第二节　聋校的劳动技术教育

一、劳动技术教育在聋校教育中的地位与作用

（一）劳动技术课是聋校的一门重要课程

我国听力障碍儿童的劳动技术教育主要是通过在聋校设置劳动技术课的形式实施的，即在九年一贯制的义务教育阶段实施。别的国家也有另外的一些做法，如美国克拉克聋校，周末所有中级部的学生都参加课外活动。活动包括美术、木工、缝纫、烹饪、体育等。高级部课外活动在每天下午 3 ~6 点举行，包括体育、缝纫、烹饪、美术、印刷、木工、摄影、制图等。在每天的课程中没有劳动技术的教育内容。我国 1956 年的手势教学班级的暂行教学计划和 1957 年的口语教学班级教学计划（草案），在 1 ~4 年级设“手工劳动”课，5 ~ 10 年级设“职业劳动”课。也就是说，从入学到毕业，劳动课贯穿整个学习过程。1984 年的《全日制八年制聋哑学校教掌计划（征求意见稿）》，在 1 ~4 年级设“手工劳作”课，5 ~8 年级设“职业技术课”，占总课时的 11.8%，也是贯穿全学程。1993 年的《全日制聋校课程计划（试行）》，在 1 ~4 年级设“劳动”课，5 ~9 年级设“劳动技术”课，占周活动总量的 10.6%，同样是一贯到底，从入学到毕业。2007 年的《聋校义务教育课程设置实验方案》则根据聋生的成长规律和认知发展特点，进一步细化了“劳动”课的名称。

这些名称不同而在聋校教育中占据相同位置的劳动类课程从有聋教育以来就受到重视，而且越来越受到重视。1998 年发布的《特殊教育学校暂行规程》在第一章“总则”有关“培养目标”中指出：“培养学生……掌握一定的日常生活、劳动、生产的知识和技能”；在第三章“教育教学工作”的第 27 条十分强调地指出：“特殊教育学校要特别重视劳动教育、劳动技术教育和职业教育。学校要对低、中年级学生实施劳动教育，培养学生爱劳动、爱劳动人民、珍惜劳动成果的思想，培养从事自我

服务、家务劳动和简单生产劳动的能力，养成良好的劳动习惯；要根据实际情况对高年级学生实施劳动技术教育和职业教育，提高学生的劳动、就业能力。”国家中长期教育改革和发展规划纲要（2010—2020 年）中，针对特殊教育，特别提出要“加强残疾学生职业技能和就业能力培养。”

（二）劳动技术教育对听力障碍儿童具有特殊补偿功能

听力障碍学生的缺陷补偿主要是通过各种途径替代、改善或恢复受损伤器官和组织的功能。其内部条件是受损伤机体自身具有功能代偿机制；其外部条件是通过适当医学的、工程的、社会的和教育的手段使听力障碍学生获得功能训练和心理康复。劳动技术教育就是从外部条件对听力障碍学生生理缺陷的一种补偿教育，它具有以下几项重要作用：

1. **劳动技术教育有助于促进听力障碍学生身心的全面发展** 为了满足听力障碍学生特殊需要，聋校除了要设置文化知识教育的各门课程外，还需要设置听觉言语训练和劳动技术教育的课程。这三个方面的课程设置，是形成聋校完整的课程结构所不可少的，它们彼此间互相促进、互为补充。

劳动技术教育课在促进听力障碍学生身心全面发展方面所起的重要作用表现在：它使听力障碍学生在听觉言语训练和文化知识学习的基础上增加了专业技术学习和训练，从而使他们不仅学到一般的基础文化知识，还能学到某些与工农业生产和社会服务直接相关的专业技术知识；不仅有助于形成听力障碍学生的心智技能，而且有助于形成他们的动作技能；不仅培养和发展了听力障碍学生的一般能力，而且也培养和发展了他们的特殊能力。上述这一切都是围绕着促使听力障碍学生智力因素与非智力因素的不断发展，从提高身心素质上把听力障碍学生培养成适应现代化生产需要的有社会主义觉悟的有文化的劳动者，为他们毕业后参与社会生活、适应社会需要打好全面的素质基础。

2. **劳动技术教育有助于促进听力障碍学生的社会化进程** 人的社会化是持续终生的过程；它是通过不同内容的社会化培养来完成的，其中掌握劳动技能对人的社会化起着重要的作用。听力障碍学生因听觉言语缺陷直接给其社会交往造成困难，他们在接受或给予社会物质文明与精神文明影响方画与健全人相比要差得多。要补偿听力障碍学生这方面的缺陷，促进他们的社会化进程，必须依靠教育，特别是劳动技术教育。这是因为，听力障碍学生作为社会一员，他们毕业后步入社会所需要的不是怜悯，而是与健全人平等的相处。他们只有掌握一定的劳动技术，以此为立足之本才能从事社会劳动，才能自立于社会成员之中。自立是听力障碍学生毕业后生存与发展的基础，没有自立，便谈不上自强、自信和自尊。因此，听力障碍学生接受劳动技术教育是培养他们成为合格的社会角色、促进其社会成熟的基本准备之一。

有业可就与就业后培训

3. **劳动技术教育为听力障碍学生的劳动就业创造了直接有利的条件** 劳动就业是指劳动者从事一定的社会劳动并取得劳动报酬或经营收入。残疾人的劳动就业不论在国内还是在国外都是一个非常突出的社会问题。近年来,我国政府正在采取包括立法在内的一系列措施努力解决残疾人的就业问题。就听力障碍学生来说,他们毕业后的劳动就业,主要有两个问题:一个是仅仅有业可就还是满意的职业适应;另一个是就业后培训还是就业前培训。这两个问题都与劳动技术教育密切相关。

二、聋校劳动技术教育的原则

我们在这里提出的几项聋校劳动技术教育的原则,是指在对听力障碍学生实施劳动教育过程中应当遵循的基本要求和基本原理,它是在总结大量的聋校以往劳动技术教育实践经验的基础上形成的,在一定程度上反映了聋校劳动技术教育的客观规律,遵循这些原则,有助于搞好聋校的技术教育。这些原则主要有:

(一)结合听力障碍学生的生理特点,坚持扬长补短的原则

听力障碍学生由于不同程度的听力丧失使得他们双耳听不见或听不清周围的声音,但他们视觉比较敏锐。对听力障碍学生进行劳动技术教育,在选择专业时首先应考虑他们的生理特点,哪些专业适合他们学习,不受其生理缺陷的限制(傅强,1990)。例如,国内外许多聋校都开设了美工、缝纫、木工,这“老三类”专业就是遵循这一原则设置的。另外,听力障碍的生理缺陷在某些高噪声环境的生产劳动中反而成了利于劳动保护的长处。例如,聋人在从事锻造、冲压、铆接、研磨、纺织等工种劳动中比健全人更能适应噪声环境。因此,听力障碍学生在学习上述专业技术时,他们往往可以更少受干扰,更易于展示自己的能力和才华,培养和锻炼精湛的技术。随着经济和社会的不断发展,适应听力障碍学生作为劳动技术课学习的专业也越来越多。像发型设计与制作、服装设计、美术工艺品生产、食用菌种植、海珍品养殖、平面设计、面点,等等。学习这些劳动技术,对听力障碍学生来说,可以扬长补短,有利于毕业后在劳务市场上与健全人竞争。

(二)充分考虑听力障碍学生的个性特长,尽量做到定单培养的原则

定单培养有两层意思:①指选择适合学生个性特长的专业进行培养;②根据学生将来的去向选择适合当地需要的专业进行培养,如农村来的学生学习种植、木

工、缝纫等，而城市的学生则可学习园艺、烹饪、平面设计等。

像健全学生一样，每个听力障碍学生的个性也是各不相同的。聋校提供的劳动技术教育种类如若能与听力障碍学生的个性特长相适应，就既能促使其个性得到充分发展，又能使劳动技能提高较快。因此，聋校的劳动技术教育既要考虑听力障碍学生群体的生理特点，又要充分考虑这一群体中每一个体的个性特长，坚持因材施教、立足育人，以切实提高劳动技术教育质量。为了使聋校的劳动技术教育力求适应听力障碍学生的个性特长，要千方百计创造条件搞好定向培养。在具体做法上主要是拓宽劳动技术教育课的专业设置和向听力障碍儿童提供早期诱导性的职业性向教育。

所谓拓宽劳动技术教育课的专业设置，就是尽量多开设一些能适应各个学生特长的、满足他们兴趣爱好的职业课程，使他们有更多的选择余地，以便个性得到充分发展，并有利于形成较高的职业能力。所谓提供早期诱导性的职业性向教育，就是在听力障碍儿童正式接受劳动技术教育之前，以选修课或课外兴趣小组的形式向他们提供多种诸如书法、绘画、编织、陶艺、摄影、理发、养殖等学习实践活动，向他们传授一些启蒙的职业知识和技术，以诱发他们展露天资特长，为以后选择劳动技术专业进行定向培养做好准备。

定单培养并不是说让听力障碍学生只接受单一的专业技术培训，而是要让他们集中时间、集中精力掌握好一门最适合其个性特长的职业技术。在此前提下，可适当地再学习一两门其他专业技术。这样有主有辅，一专多能，更有利于听力障碍的学生毕业后适应社会择业的需要。

（三）坚持学习专业知识与开展实践活动相结合的原则

在劳动技术教育中，掌握知识与技能是达到全面提高听力障碍学生专业素质的途径。知识靠学，技能靠练。只有坚持学习专业知识与开展实践活动相结合，才能有效地培养听力障碍学生较强的职业适应能力。

专业知识包括专业理论知识与技术知识两个方面，它是实践经验的理论概括和总结。要把听力障碍学生培养成能够适应现代化生产需要的劳动者，必须让其掌握一定的专业知识。听力障碍学生由于听力语言缺陷给他们学习专业知识带来困难，教师更应采取措施指导他们学好专业知识。

掌握专业知识，是为了更好地掌握专业技能，因此，还要让学生参加专业技能训练，开展实践活动。这种训练除了必要的课堂实习之外，还应创设条件，让学生“进入角色”真枪实弹地演练。如到企业参加见习、实习等，通过这样的实践活动，可以检验听力障碍学生专业知识的牢固程度与专业技能的熟练程度。

（四）坚持专业技术学习与职业道德培养相结合的原则

职业道德包含的内容很广，诸如职业认识、职业理想、职业纪律、职业习惯、职业态度以及职业责任等都可包括在内。其中职业责任为核心成分，在一定意义上，职业道德比劳动技术更重要。对听力障碍者来说，职业道德的培养尤应引起重视。因为听力障碍者就业率和失业率的高低，自然与他们掌握的从业本领有关，但在现实中的情况表明，更与他们对职业的认识、对职业角色的认同以及正确的职业习惯和态度有关。有一位聋校的毕业生，好不容易在一家私营企业找到一份工作，可是才干了两天就跟雇主吵了起来，理由是他和雇员们都在干活时而老板却在“休息”。在他看来，老板应和他们一样干活。这说明这个学生对自己的职业角色没有认同，原因是他对职业分工缺乏基本的了解。台湾学者林宝贵在论及台湾地区启聪教育今后的发展课题时，着重提到了“就业习惯与态度的培养”，并对此做了这样的解释：“为何特别强调工作的习惯与态度的培养，而没有特别强调工作能力的培养，乃因听障学生很聪明，模仿能力又强，学习简单的工作技能并不难，更何况学校一向以职业训练为导向。但是为何学生毕业后的就业情况不佳，离职率特别高，偶尔还看到集体抢劫或犯罪的问题，是因为从小没有养成刻苦耐劳的习惯，或与雇主、社会人士沟通有困难……今后该关心的问题是我们的听力障碍学生的就业意愿、就业态度、就业习惯的培养更甚于工作技能的训练。”① 从我国大陆的现实情况来看，职业道德的培养是听力障碍学生劳动技术教育的重要组成部分。坚持职业道德培养与专业技术学习相结合，是在劳动技术教育中贯彻全面发展方针的具体体现，是培养听力障碍学生成为四有人才的客观要求。特别是残疾学生，只有具备良好的职业道德，毕业后才能以自己的一技之长为人民服务，才能使学到的专业技术有用武之地。他们要立足社会，必须以高尚的职业道德塑造自己的形象，才能赢得社会的理解和接纳。

（五）坚持文化知识课与劳动技术课有机结合的原则

全日制聋校是实施九年义务教育的学校，不同于聋人文化补习班，也不同于聋人劳动技术培训班或职业学校，它要使听力障碍学生在德、智、体、美、劳诸方面都得到发展，就必须坚持文化知识课与劳动技术课有机结合，使二者相互促进、相互补充，统一在全面育人上。要处理好文化知识课与劳动技术课的关系，文化知识课是劳动技术课的基础，劳动技术课是文化知识课的必要补充，二者有机结合、不可

① 林宝贵：《听觉障碍教育与复健》，（台）五南图书出版公司，1994 年版，第 113 页。

偏废。通过劳动技术教育，培养听力障碍学生掌握一技之长，毕业后具有谋生的能力；通过文化知识教育，为听力障碍学生学习劳动技术打好智能和知识基础，也为他们毕业后继续求学深造准备好条件。有的学校往往顾了一头而忽视了另一头，这样做就偏离了义务教育阶段的育人目标。

（六）坚持按年级分层次实施劳动技术教育的原则

近年来随着聋校教育改革的不断深化，劳动技术教育有了新的发展，不少大中城市的聋校相继办起了初级职业中学和职业高中，劳动技术课出现了较高的层次。这种按年级分层次地对听力障碍儿童实施劳动技术教育的做法，是符合教育规律的，其必要性主要基于以下两点考虑：

1. **基于听力障碍儿童身心发展的需要** 同健全儿童一样，听力障碍儿童无论在生理上或心理上都处于一个迅速发展的时期。他们在社会生活条件和教育条件的影响下，经过儿童、少年直到青年时期，表现出非常明显的发展变化：即从一个无知无识的幼小儿童发展成有一定思想观点、知识经验和劳动能力的独立的社会成员。听力障碍儿童从入聋校到毕业，其年龄一般是从7～20岁，跨越了从学龄初期到学龄晚期整个儿童心理发展的年龄阶段。他们的身高、体重、骨骼、肌肉、心脏和神经系统的生长发育，他们的感知觉、注意、记忆、思维、情感、意志等心理活动在不同年龄阶段存在着明显的差异。只有按年龄分层次地实施劳动技术教育，才能有针对性地依据他们在不同年龄阶段身心发展的不同特点制定培训计划，从而使劳动技术教育不仅有了坚实的客观基础，而且也有利于促进听力障碍儿童身心的和谐发展。

2. **基于劳动技术课教学任务的需要** 聋校的劳动技术课要向学生传授基本的生产知识、培养初步的劳动技能和良好的劳动习惯，使学生通过学习某些劳动技术对身心缺陷给以补偿以增强适应社会劳动的能力。近年来，全国各地聋校的劳动技术教育普遍出现了向中等职业技术教育发展并日益与社会生产和市场经营相联系的趋势。1988年全国特殊教育研究会召开了全国聋校职业教育经验交流暨学术研讨会。从与会的24个省（市）、自治区的聋校职教经验材料中，明显看到了聋校的劳动技术课的课程设置在向两端延伸：即在低年级未设置职业技术课前增设劳动教育课，在八年级之后继续办职业初中和职业高中。1997年国家教委基教司在辽宁省鞍山市召开的“全国特殊教育学校劳动技术和职业教育经验交流会”上，辽宁代表总结了辽宁省劳动技术与职业教育四种办学模式：职业高中（职业中专）、职业初中、初中分流和从4～5年级开始渗透职业技术教育内容。这四种模式显示了全省已“形成多形式多层次的特殊教育学校职业教育的体系”。由此可见，按年级分层次对听力障碍儿童实施劳动技术教育已成了事实。当前的工作不是探讨该不该按年级分层次实施劳动技术教育，而是需要通过调研，认真总结经验，因地制宜逐步加以改进完善，使按年级分层次地实施劳动技术教育越办越好。

需要说明一点，这里谈到的层次，虽已经超越了义务教育阶段，但作为原则，同样是适用的。分层次也是个别化教育理念的一种体现，与国内近年来提倡的分类教学的精神也是完全一致的。

（七）合理利用本地资源重视成本效益的原则

聋校学生人数少，设置的专业课程种类多，这样就需要有大量的资金用于满足师资、设备等方面的需求。而我国目前仍处于社会主义初级阶段，教育经费不足的状况不会在短时期内得到解决。因此，聋校要办好劳动技术教育还必须面对现实，坚持自力更生，合理利用本地资源，重视成本效益的原则，以“劳”养“教”。不宜把听力障碍学生的劳动技术培训搞成消费型的纯实习性劳动，而应该由消费型转变为生产型，一边进行劳动技术教育，一边在实习生产中创造财富。这样，既培养了听力障碍学生良好的职业道德，学到了专业技术，又使他们体验到社会需求与商品生产的密切关系，增强努力学好技术的自觉性，同时也为聋校改善办学条件、扩大劳动技术教育规模提供了资金保证。总之，要从我国的国情出发，努力做到劳动技术教育与生产劳动创收相结合，这样，聋校的劳动技术教育才能呈现良性循环状态。

以上我们提出了七条聋校劳动技术教育的原则，此外，也有一些别的提法，如有人提出八条义务教育阶段聋校劳动技能课教学原则，还有将盲校和聋校作为一体，提出“盲聋哑学校职业教育的教学原则”。内容互相交叉，表明了不同的研究者在反映聋校劳动技术教育的客观规律上认识的侧重点有所不同。这是很正常的现象。

三、聋校劳动技术教育发展中的问题及对策

我国各聋校的历史与办学条件不尽相同，各地区的经济发展也不平衡，因此各聋校劳动技术教育的发展状况和存在问题也是各异的。据调查了解，目前聋校劳动技术教育中普遍存在的问题主要有以下几个方面：

（一）对听力障碍学生劳动技术教育的目的认识滞后

听力障碍学生的劳动技术教育也应遵循各类教育这一根本目的是毋庸置疑的，但是它必须还应有自己具体的、特定的教育目的。长期以来，人们普遍认为听

力障碍学生劳动技术教育的目的是教给他们一技之长，以此作为毕业后自食其力的谋生手段，从而减轻家庭和社会的负担。简言之，就是谋求“有碗饭吃”。如果说，这种认识，在过去国家处于缓慢的经济发展和落后的社会生产的历史状况下，还有一定积极作用的话，那么在国民经济和社会生产力迅猛发展的今天，这种认识则起阻碍听力障碍学生劳动技术教育深入发展的作用。根据未来我国经济、社会发展的需要，大多数新增劳动力基本上要能够受到适应从业岗位需要的最基本的专业训练；在一些专业技术性要求较高的劳动岗位，就业者要能够较普遍地受到系统的严格的职业技术教育。因此，听力障碍学生劳动技术教育的目的应该是：从听力障碍学生的特点与本地区经济发展的实际出发，大力培养有社会主义觉悟的智能型的现代化劳动者，为其平等参与社会生活、适应社会需要服务。总之，要把对听力障碍学生劳动技术教育的目的从“生存观”推进到“发展观”，这是时代的反映，也是时代的要求。

认识上的滞后往往造成行动上的失误。要提高对听力障碍学生劳动技术教育目的的认识，关键在于采取强有力的教育行政手段，只是一般地宣传号召是不够的，单靠会议推动其力量也是短暂的，要有制度化的措施，要有目标化的管理，要组织广大的聋教育工作者认真学习国家有关发展残疾人职业技术教育的政策、法规，落实有关听力障碍学生劳动技术教育的发展规划。将听力障碍学生的劳动技术教育作为中央和地方各特殊教育研究机构重要的研究课题。要把有关听力障碍学生劳动技术教育的业务培训纳入聋校劳动技术课教师继续教育的范畴。利用学术刊物积极开展对听力障碍学生劳动技术教育的交流讨论。

（二）有待制定聋校劳动课课程标准，并编写教材

课程标准是规定某一学科的课程性质、课程目标、内容目标、实施建议的教学指导性文件。教材是课程标准的具体化，它是教师教学和学生学习的主要材料。多年来，在聋校教学计划中虽设置了劳动（职业）技术课，但始终未制定劳动（职业）技术课的课程标准。少数地方的教育行政部门及聋校虽着手编写了部分专业的劳动或职业技术课教材，但很不系统，质量也不理想。制定课程标准、编写教材已成为发展我国聋校劳动技术教育需要解决的一个较为突出的问题。

为了解决好这个问题，国家教育部门已着手编制聋校劳动技术课程标准，以便在各地试行。课程标准既要有全国性的统一要求，又要从实际出发，因地制宜，不要定得过死。课程标准应力求反映社会生产力的发展水平和生产发展前景的需要；要突出实践性教学环节，加强职业基础理论知识学习和劳动技能训练；教学安排中要注意增强适应性、实用性和灵活性；要符合听力障碍学生的特点。教材的编

写宜调动地方的积极性。责成各地方教育行政部门组织力量，依据课程标准，结合当地实际需要，编写聋校劳动技术课教材（起初，可一纲多本）。在使用过程中，不断收集情况，经过调查研究，待条件成熟时进行修订。在此基础上，创造条件，进行教材交流、选优，以逐渐推出一批较好的聋校劳动技术课教材。

（三）支持聋校发展劳动技术教育的服务体系薄弱

近年来，聋校的劳动技术教育虽有较快的发展，但从总体上看基本上是各自为战，处于一种分散发展的低水平状态。一些成绩比较显著、有特色的学校的经验未能得到了很好地总结推广，而大多数聋校的劳动技术教育在师资、教材、设备、实习场地、资金投入、产品投放市场等方面存在着许多问题得不到妥善的解决。造成这方面问题的重要原因之一是缺乏有力的管理决策，包括来自教育行政的管理和基层学校的教学管理；未下大力气建立支持聋校发展劳动技术教育的服务体系；没有想方设法挖掘潜力、充分利用现有的人力、物力、财力资源，形成聋校劳动技术教育发展的优化结构。

要建立支持聋校发展劳动技术教育的服务体系应该从两个方面着手：①要制定具体实施残疾人劳动技术与职业教育各有关法规的配套改革措施，以使听力障碍学生的劳动技术教育在发展上得到政策法律保障；②集中各方面优势力量办好一批起示范和骨干作用的听力障碍学生劳动技术教育的中心学校。这种学校在布局上要兼顾各省（市）、县的地区平衡，以便于其发挥好指导辐射作用。中心学校应在有关听力障碍学生劳动技术教育的师资培训、实习场地、设备、教材、考核标准、教研、科研、信息情报、咨询等各方面对负责联系的各聋校提供支持与服务。建立起这种支持聋校发展劳动技术教育的服务体系，在客观上形成了全国范围的纵联网与横联网，其纵联网有利于宏观控制，其横联网有利于微观指导。

（四）由学校走向社会的就业渠道不畅通

搞好劳动技术教育使听力障碍学生具备就业能力，有助于他们的社会就业，但不等于解决了他们的社会就业。劳动技术教育与社会就业二者之间有一个过渡和转变的问题。国际上发达国家与地区特教界已将这一问题进行专题研究，提出了诸如“转衔教育”“转衔计划”“转衔服务”“转衔阶段”等若干相关的概念，十分重视转衔教育在特殊需要的学生发展中的意义。所谓转衔，就是指人一生中某一时期必然要经历的转折和衔接。其特指的含义，就是特殊需要的学生从学校毕业走向就业的转折和过渡时期所面临的各种问题。目前国外解决这一问题的办法主要有两个：一个是设立聋人职业介绍所和综合培训中心，听力障碍学生毕业后由职业介绍所帮助联系工作。因就业能力或文化水平达不到雇主要求者,可进入综合培训中心去“补课”,一般是缺什么补什么,然后等待机会,再次争取受雇。另一个办法是听力障碍学生毕业后经校方联系,直接被分配到各家工厂或公司实地接受职业技术岗前培训,合格者则留在该单位就业,不合格者则被淘汰。目前我国听力障碍学生劳动技术教育与社会就业的过渡和转变虽已被引起一定的重视,但是这个问题却始终存在着。真正能解决对口培训、对口就业的聋校是极少数,不具有普遍意义。大多数聋校还是职教归职教、就业归就业。听力障碍学生毕业,年近二十,仍要开始做学徒,这样不仅影响了他们的发展前途,而且也造成了国家在人力和资财上的浪费。随着社会主义市场经济体制的建立,人才的选择和录用机制更不利于聋人就业,面对这一形势,有人分析了当前影响聋人就业的不利因素,并提出了一些解决的方法,其中提到“重塑与市场经济体制相适应的就业观”和“实施预备就业制”,是很有现实性的对策。

解决这一问题的根本出路首先在于切实贯彻政府对残疾人教育、就业及社会保障的有关法律,真正做到有法必依、违法必究。其次,应把职业指导作为听力障碍学生劳动技术教育的一个重要环节。这是因为,要妥善解决听力障碍学生毕业后的就业问题,不但需要有正确的就业方针与政策法律保障,而且也需要聋校在教育上的配合,端正听力障碍学生的就业意向,使之同社会实际需求相吻合。在具体做法上应将重意放在帮助听力障碍学生了解社会对人才的需求与了解自身具备的条件,如组织本地区聋人就业问题讲座、实地参观、对听力障碍学生进行心理测试及与学生家长谈话等。实践表明,重视与加强对听力障碍学生的职业指导,有助于从实际出发,解决好听力障碍学生毕业后的社会就业问题。

【思考题】

1. 劳动技术教育对听力障碍儿童具有哪些特殊补偿功能?
2. 简述在聋校开展劳动技六教育应遵循哪些原则。
3. 调查当地聋校劳动技术教育中存在的主要问题。

第十二章

聋校教师的心理品质及修养

【本章提要】

聋校教师的作用通过其应扮演的角色体现出来:家长的代理人,语言的启蒙老师,知识的传授者,集体的领导者,模范公民,心理辅导工作者,人生道路的向导和朋友,纪律的监督和执行者,学生表示“敌意”的目标。

其中语言的启蒙老师是聋校教师特有的角色。

聋校教师应具备的心理品质:认知、情感、意志。公正是教师优良个性的核心品质。

教师威信的作用,是学生接受教育的基础和前提,具有强大的教育力量。

影响教师威信形成的因素。客观方面:社会、家长、校长以及学生等方面对教师的态度,其中最重要的是社会对教师的态度。主观方面:教师的品德和思想作风,教师的知识和才能,教师的多种才艺和动手能力,教师的进取心,爱护和关心学生,教师的仪表和生活作风,善于区别对待不同年龄的学生。

由于多数家长难以与聋孩子沟通,因此聋校教师的这种作用更大。我们见过不少聋童的家长对老师说:“我的孩子不相信爹妈说的话,但相信老师。”这位家长的话,很有代表性。的确,家庭教育与学校教育无论对健听孩子还是对耳聋孩子的成长都具有不可互代的作用。但是,学校教育对耳聋学生的成长,其作用要远远大于对健听学生的作用。正因为如此,聋校教师的职责更艰巨、更光荣。

第一节 聋校教师的角色

教师从开学的第一天进入教室开始，就被几十面“镜子”从不同的角度反映着，他们是处在最严的监督之下进行着教育教学工作的。学生对教师的言行特别敏感、格外注意，并表现出自己的态度和体验。有的学生对教师尊敬、顺从、亲切；有的不即不离；有个别学生则对教师“敬而远之”，也有的学生故意要试探一下教师水平的高低；甚至抱有敌对态度的学生也不是绝无仅有。总之，没有一面“镜子”的反映是完全正确的。聋校的学生虽然表现得不这么“个性化”，但多半也会有各种不同的态度。此外，社会公众和家长也会从不同角度看待教师。

应如何看待教师的作用呢？美国心理学家索里和特尔福德把教师在各种活动中扮演的角色归纳为八种。这八种角色都在聋校教师身上得到充分的体现。此外，还有一种角色是聋校教师特有的，那就是“语言的启蒙老师”。

一、家长的代理人

“告状式”的家访和“算账式”的反馈都应极力避免。多站在家长的立场来思考、选择教育方法，不用他们不能接受和理解的方法对待学生。向家长通报的内容，能得到认同，使他们明白，这对学生未来的发展至关重要，而不是吹毛求疵或小题大做。对于差生的问题，也不要一下子与家长摊牌，注意家长的可接受程度，既要报喜，又要报忧。千万不要为了解恨去告状，这会刺激教育方法简单粗暴的家长打骂学生，学生因为受了皮肉之苦憎恨教师，学生产生逆反心理，站在教师对立面，增加以后教育学生的难度。要提高家长教育子女的认识，增强其教育子女的信心，帮助其改进教育方法，提高其教育技巧。要充分考虑到家长因手语不通与孩子沟通不畅的特殊困难，教师应起到一个桥梁作用。弥合因沟通不畅造成的隔膜。在学生面前适当夸大与家长的亲密合作的关系，也会促进学生更亲近教师、信任教师，按照教师的要求去做。

学生一入学，就发现一个有父母特点的权威人物主持班级工作，自然就把与父母联系着的希望和要求迁移到这位教师身上，用在家时对待父母和兄弟姐妹的态度和反应方式来对待教师和同学。比如，在家庭中为了满足某种需要，用哀求、发脾气、威吓的方式，在学校里最初也采用同样手法。而教师和同学不同于父母和兄弟姐妹，使学生逐渐意识到他们的区别，懂得了在家庭中允许的任性，在学校就不允许。因此，有经验的教师对新入学的学生，总提醒他们学会过社会集体生活，心中要有他人，懂得爱和合作。教师虽然也以爱和善为出发点，但其教育措施和处理问题的方式却要保持客观和冷静。学生为了赢得教师的关心和爱，就必须努力做出好的表现，改变自己不适当的反应方式，适应学校和教师的要求，向社会化方向前进。

大多数教师都兼当了父母的角色，对学生充满着期望和热情关怀，把父母的角色扮演得很愉快、自然、逼真。教师的这一角色，要求教师要与家长很好地合作。对优秀生和差生的家长要一视同仁，不要冷落差生的家长，甚至要多花费些时间和精力，主动与他们沟通情况，不要把学生的缺点、错误简单地归于家长的不良影响，或因学生落后而指责家长教育失误。家长是学生的第一任教师，最了解学生，多听家长的意见，更好地了解学生成长的过程和影响因素，切不可把家长讲述的内容，当作把柄来指责学生。

二、语言的启蒙老师

这是聋校教师特有的角色。目前在我国，听力障碍儿童学前教育尚不普及，绝大多数家庭中父母往往又不懂得如何教孩子学语言，且多半家长也是等待孩子到了学龄期，把孩子送到聋校，由老师去教。这就使得听力障碍孩子的语言启蒙教育推迟到进入聋校之后。这一任务也许会随着学前聋儿的听力语言康复工作的推广乃至普及而逐渐减轻直至卸任。但是，目前这副担子仍然很重，且责无旁贷。尤其要强调一点，语言启蒙教育不应看作是语训教师一人的责任，在校内，全体教职员工都有责任。出了学校，家长也有责任。不过，话虽这么说，但是由于如何发挥全体教职员工对聋儿语言发展肩负起神圣职责的机制尚未建立，因此，实际上都难以做到，在校内，真正“落实”还有一定难度。至于家长方面，教师若主动一点，争取到家长的合作，应是做得到的。家长的作用，不可小视，在某种意义上，家长的作用是教师代替不了的。所以，家长在送孩子进聋校之前那种等待心态，在孩子进了聋校后应及时扭转。家长工作的主导方面在教师，从家长态度的改变到训练方法的掌握，都需要教师宣传和传授。有的地方采取举办家长学校的办法是可借鉴的。

总之，当好聋儿语言启蒙教师的角色，关系到聋儿的一生，放松和敷衍是不可原谅的。

三、知识的传授者

教师是知识的宝库，是活的教科书，是足智多谋的人，是发动、指导和评定学习及负责学习进行的人。

教师要把大部分时间用在将知识和技能传授给学生上，担负起“授业”“解惑”

的任务。但是,传授知识并不只是把知识呈现给学生或简单地告诉学生答案,教师应该成为学习活动的指导者。因为听力障碍学生学习不好,往往是因为不会学习。教师应当帮助他们,教会他们通过预习抓住难点,以便课堂上集中精力弄懂,课下不会就问,先复习后做作业,

帮助学生主动学习,珍惜时间,学会安排时间,告诉他们通过什么方法,在何处怎样找到答案,不要学生刚一提出疑问,就马上详细地把答案告诉他们,而要让他们细心琢磨,反复思考和联想,只给他们指出解决问题的方向,留下思考的余地。不仅使学生学会,而且要使学生会学。不给学生现成的"金子",而是教给他们"点金术"。教师要把主要精力用于指导学生学习,端正学生学习态度和提高学习技巧上,组织一些学习经验交流会,提高学生学习能力,开发学生智力。

教师若想成功地扮演知识传授者的角色,自己必须精通业务,有渊博的专业知识和精湛的教学艺术。

除了具备一定水平的知识储备之外,教师还应具备各种特殊能力。教师要有分析教材、处理教材的能力,要将新的教学内容和学生已有的知识经验紧密结合起来,新旧知识的亲和力越强,学生就越感兴趣,就越容易接受、保持和运用。教师还要有思维的条理性、逻辑性以及富有表现力的各种语言形式相配合的能力。所罗门认为,学生知识掌握程度与教师表达的清晰度有显著相关。希勒认为,教师讲解内容含糊不清与学生学习成绩相关。诺尔认为,教师思维流畅性与他们教学效果等级有显著相关。由此可见,教师讲解问题一定要有理有据、准确、逻辑性强。教师组织教学活动一定要注意系统性、条理性;还要有诊断学生学习困难的能力,这是特殊教育中制定"个别化教学计划"时所需要的基础功底。教师的教学方式要灵活多样,教学态度要认真,做到诲人不倦、百问不厌,要谦虚、不摆架子、不炫耀自己,以欣赏的态度鼓励同学们去争论一些有疑惑的问题。

教师对所教的学科和教学活动,要有饱满的热情和浓厚的兴趣,认真钻研、不断完善和改进自己的教学,经常总结自己和他人的经验教训。学生被教师热情的工作所感染,被教师精益求精的工作所激励,就能自觉地去学习。学生在教师热情鼓励下,将激发起创造精神。瑞安斯的研究表明:有激励作用、生动活泼、富于想象并热爱自己所教学科的教师,其教学成果较为成功。在教师激励下,学生的行为更富有建设性。可见,教师能否引起学生的学习兴趣,能否激发起学生的求知欲,对于教学是否成功有重要作用。不少科学家都能追忆起,教师在他们学生时代的幼小心灵里,如何播下对科学产生兴趣的种子,教师当年所提供的赞赏和接纳的气氛,使他们终生难忘,激励他们以后闯过科学道路上的一道道险阻难关。由此可见,唤起学生热爱学习,激励他们在智力活动中表现自己,并把那些无动于衷的学

生从惰性中解救出来,这是教师多么重要的责任。

四、集体的领导者

教师是班集体的领导者,他的地位、知识经验决定其对班集体的一切应负有全面责任。不管教师多么宽容人,如何承认学生的个性,也不管他与学生的关系如何融洽、不分彼此,但他必须意识到,有效的教学与有效的领导、管理是分不开的。在学校,学生的学习和其他活动都是按集体的方式组织起来的。集体之中的各种因素和力量可以促进学习,也可以有意无意地妨碍学习。精神振奋、团结一致、奋发图强的集体,总比涣散的集体更能催人向上;郁郁不乐、消极、沉闷、对立情绪很强的集体,会压抑学习兴趣、破坏学习活动的进行;和谐的人际关系会促使学生相互激励、热情帮助、更加努力学习。个人的行为方式是由个人的特征和所在的环境所制约的,年龄越小的学生,其行为方式就越受环境所制约,因为他的自我意识薄弱,还没有明确意识到自己是个什么样的人,应当如何去做。难怪有人说,生活在批评环境中的学生容易学会谴责;生活在敌意环境中的学生容易学会对抗;生活在嘲弄环境中的学生容易学会畏怯;生活在鼓励环境中的学生容易学会充满信心;生活在接纳环境中的学生容易学会爱和合群;生活在融洽环境中的学生容易学会宽容;生活在分享环境中的学生容易学会慷慨;生活在诚实和公正环境中的学生容易把握什么是真理和正义;生活在友善环境中的学生容易懂得世界是生活的好地方。可见,集体环境对人的个性形成有多么大的作用。这就是常说的"环境育人"。

因此,有经验的教师都巧妙地花费时间和精力,用多种方法调动各种力量去建立一个愉快、安静的学习环境,让学生感到班集体有如一个和睦的大家庭。教师要教育好班集体,又使学生在这个集体中受到教育,不可能总是一个一个地教育学生,那会顾此失彼。因此,教师要建设好班集体,培养好班干部和对集体有较大影响的"中坚"力量,为他们出主意,创造更多的锻炼机会,帮助他们处理好班级日常工作和各种矛盾,自己则从烦琐的事务性工作中解脱出来,用制度管学生,用学生干部管理班级,用健康的舆论引导班级,教会学生分辨是非、善恶、美丑。

学生健康成长是教师辛勤工作的结果。与此同时,学生也在"教老师"如何才能成为受欢迎的老师,要求教师要具有良好的领导作风和才能。教师要随着学生年龄的增长、知识的增多、心理的成熟而改变领导方式。

五、模范公民

教师担负着传递社会文化和价值观念的任务,要宣传社会的政治原则和伦理道德,是教育人的人,是成人社会的代表和具有社会价值的人。因此,人们理所当然地要求教师成为学生和公民的榜样,要求教师要严于律己,用自己的模范行为教育学生,因为身教重于言教。教师要有这样的意识:让学生想到真善美的代表时,能首先想到教师,能把教师的话当成人生座右铭。要求自己的一言一行都成为学生的表率,千万不要做怕公开的事,使自己的言行都能经得住现实和历史的考验。无论自己的境遇如何困难,都要努力献身于学生的成长和进步。

学生是容易受别人的行为影响的,特别是易受他们所尊敬的那些人行为的影响。教师的做比说对学生的行为更有持续影响。因此,即使小事情,教师也要注意。因为教师无小节,处处是教育。

在社会行为的学习中,模仿是很重要的一种方式。学生都模仿自己心目中的权威和英雄,按照他们的行为模式去做,以便自己也能享有盛誉,受到社会赞许,而感到心安理得、轻松愉快。诚然,学生可能模仿好人,也可能模仿坏人,但都容易模仿有奖惩权、说了算、有吸引力、可信赖、受尊敬的人。学生对一位教师好,也喜欢学习他讲授的那门课程,愿意模仿他的姿态、字体、衣着、风度。

优秀的教师会成为学生崇拜和模仿的对象。他们的行为可以令人鼓起信心,勇于尝试;一个愿意探索和解决困难问题的教师,就能带动和鼓励一些学生迎着困难上。如果一个教师对本职工作显示出厌倦情绪,就会影响学生专心致力于学习,使他们失去热情和兴趣。如果教师缺乏自信,学生就犹豫不决。自信的教师往往信赖学生,自尊的教师往往尊重学生。被信赖、受尊重的学生也往往愿意信任、尊重他人。教师不但要教知识,更要“传道”、教做人。越诚实的人,就越容易与人共处。学生喜欢诚实、讲真话的教师。在言行不一的地方,会培养出伪君子和背信弃义的人。因此,在学校里一定要让真理和信任占上风,教师站在这圣洁的讲坛上说的每句话,都应算数。将人类全部的高尚品德集中于教师一身,也不显得多。而教师身上的任何一点不良品德,都可能断送自己的前程。

学生对教师的仪表也有严格要求,要求教师既不要衣帽不整、不修边幅,也不要穿着过分华丽奇特;既不要道貌岸然,也不要轻浮。教师的仪表通过衣着、发型、一般修饰、言行举止反映出来。

有的教师不愿意当模范公民,觉得太累、太吃亏,为了“自由”和不受限制,希望做一个普通的人。但是,社会不允许他这样做,教师的态度、行为偏离了社会的期望,就会引起人们的异议或反对。因此,教师必须按照社会期望和要求不断调节自己的言行,不断地完善自己,成为模范公民。

六、心理辅导工作者

在社会生活中,教师很难保证所有的学生都没有心理创伤,都不需要心理咨询。一些调查研究表明，学生的挫折容忍力低，有这样和那样的心理障碍的学生比例高。虽然学校不是专门的心理咨询机构，但是，人们期望教师有这方面的知识和技能。有些心理障碍处于萌芽状态时，一个暗示就能解除，而到根深蒂固时就积重难返了。尤其是对那些随班就读的听力障碍学生，对他们进行心理辅导比课业辅导还重要。

因此，教师要能够帮助学生学会有效的生活方式，对学生能以同情的态度进行疏导和劝慰，减轻他们由于各种原因造成的焦虑，解除他们的紧张情绪，采取鼓励和安排任务来使他们摆脱懈怠、疏懒状态，满足其正当的心理需要，给予情感上的支持，使其有安全感，为培养学生的健康人格、积极的情绪、坚强的意志而负起责任。

为了做好上述工作，教师要成为一个宽容和谅解人的人，要创立一种宽容和谅解的气氛。教师要给学生提供一个有利于敞开心扉的环境，让其把困难和烦恼的问题在公正、宽松的场合讲出来，教师要帮助学生正确认识自己和他人，鼓励学生进行自我教育、自我约束、自我完善，虚心听取他人意见，坚持自己的正确观点，不被错误舆论所左右，从惧怕权威、缺乏自尊心和自卑感中，把学生解放出来，愉快地生活、有效率地学习。我国目前尚无专为聋人设立的心理咨询服务机构，教师的这一角色更是责无旁贷。

七、人生道路的向导和朋友

首先，聋校教师要当好学生的向导。因为听力障碍孩子社会经验比较缺乏，在家时，受到的家庭教育也远不如健听孩子那么充实丰富。进入聋校之后，尤其农村孩子，大都有过独立生活，所以，从日常生活到心理生活上都面对着重新适应的问题。教师的这种责任，就是当好学生的向导，从一年级甚至毕业离校，这一责任，只是随着年级的升高有所变换，但始终不会减轻。聋童的家长也是这样期待教师的。这是聋校教师的特殊角色。其次，聋校教师还要成为学生的朋友，甚至知己，这是与普通学校教师相同的角色。有效的教学与有效的交往密不可分，有效的交往有赖于教师对学生的尊重和帮助。

普遍认为，那些持友好、民主的态度，亲切、热情地关怀照顾学生，经常使用表扬和奖励的手段，对教学非常精通的教师，对学生帮助最大。中学生评价较高的实习教师，具有友爱、愉快、态度沉着冷静、对班级管理严格、知识丰富的特点。可见，受学生欢迎的教师，必须扮演好学生的朋友这一角色。

因此，教师对学生要热爱、同情、平等相待，坚持做耐心细致的思想工作，鼓励学生进步，以毕生的精力帮助学生创造美好的明天，把学生看成是可信赖、受尊重的朋友。教师用权不当,学生肯定会有反感和不满,压制学生,通常能使学生更遵守纪律、服从管理,但一有风吹草动失去控制时,将呈现土崩瓦解的局面。因此,教师要宽容大度、有人情味,这样,师生间才会有亲密感,班集体才能成为团结友爱的集体,学生才能把心里话坦率地告诉教师,有不同意见时,也能直接提出,觉得教师可敬但不可怕。

教师在扮演学生的朋友和知己这一角色时,绝不要忘记自己的教师身份成放弃教师的威望和权力,应亦师亦友,和而不同。一个过分地把自己等同于学生的教师,是不会从学生那里得到任何有益的帮助和支持的,既得不到友谊,又丧失了权威,尽管他们的确出自于真心实意地要与学生打成一片,但毫无成效。因此,师生间的友谊必须建立在学校规章制度所允许的基础上。一个追求与学生表面友好,但实际上是品位不高、功利色彩很浓关系的教师,是绝不能公正地担负起纪律执行人的责任的。还有些学生,为了得到“特殊”待遇而讨好教师,教师只有不接受他们的讨好,保持一定的距离,才能取得威望。

教师一定要明白,不应只从学生的爱慕反应中得到满足和欣慰,而主要应从学生健康成长中得到满足和欣慰。

八、纪律的监督和执行者

纪律对于高效的教学和学生良好个性的塑造都是必需的。因此,教师除了完成常规的教学任务以外,还要评定学生操行等级,维持课堂秩序,判断学生行为的正确与错误,施行奖励和惩罚,制止、裁决打架和冲突,评说争论的是是非非,平息混乱局面,稳定学生情绪,组织领导和协调学生的活动,并教会学生自己控制自己,使学生能自觉地服从纪律,有秩序地开展活动,不敢明知故犯,敬畏教师的原则性。同时,也不要使学生迷信和盲目崇拜教师,因为教师也会有失误和过错,是人而不是神。

教师在开学初新组建一个班级时,一定要抓紧工作,把有影响的活跃分子迅速地吸引到自己周围,形成良好的班风。学生刚步入一个新班级,往往能控制、约束自己,模仿、顺从别人,有积极行为表现,努力给人留下好印象。人的言行,有时是认真考虑后选择的,有时是循着惯例行事的。大家都这样干,自己也这样干;上次这样干,下次也这样干。因此,教师在开学初,千万不要放松。否则,以后想严加管理,也很难管住。学生一天之中可能遇到几种类型的教师,在较严厉专制的教师课上所积累起来的消极紧张情绪,便可能在容忍学生越轨行为的教师身上,以相当大的力量发泄出来。有的校长认为宽容民主的教师压不住阵角,就推崇严厉专制的手段。其实,不是宽容民主的方式失效,而是学生的错误认识所致,应当帮助学生学会服从真理,不管真理以何种方式出现,养成学生服理不服力的品质。

教师在承担执行纪律的角色时,运用一些技巧,会收到意想不到的效果。有的学生在课堂上违反纪律,这是他明知故犯,他想借此表示自己不听教师那一套,在同龄人面前炫耀自己是个大胆能干的人。这时与他说理和解释,是多余、无效的劳动,正确的做法是做一简短有理的批评,继续讲课。教师对学生行为的无休止讨论和争辩,只会使问题复杂化,把闹事者推向大家注意的中心,反而使他实现了扰乱课堂秩序或赢得众人注意的意图,或者使闹事者感到自己在同学面前出了丑,产生怨恨情绪。教师在抓纪律时,千万不要唠叨琐碎,或只顾纪律忘了学习。

九、学生表示“敌意”的目标

学生受到教师不公正的对待,长期挨批评、受排斥、遭打击,就会把教师当作痛苦的根源,对教师有“敌意”,甚至会把这种敌对情绪迁移到新教师身上。

尤其是初中阶段的学生,正处于“消极反抗阶段”,常常不欢迎来自成年人的帮助,甚至在迫切需要帮助的时候,也是如此,专门与照管他们的成年人作对,找麻烦,并以此为乐。在同龄人面前,炫耀自己如何把教师顶撞得哑口无言、面红耳赤。他们之所以这样,就是因为觉得自己不需要教师的帮助、管教和赞许,可以不依赖成人而独立自主了,再加上价值观念不稳定、心理变幻无常所致。

学生对教师有敌对情绪的另一原因,就是教师经常制止学生去做高兴做的事,强迫他们去做不喜欢做的事。通常,人们在什么情境下做什么和怎么做,都是按照自己的看法,而不是根据别人的看法,学生也不例外。教师事先如果未了解学生的看法,就改变学生的行为,很容易引起学生紧张、烦躁和焦虑。很少有人愿意受到阻挠,青少年就更不愿意了。

如果教师受到攻击时,能继续保持愉快,面对眼前学生的恶作剧能平静如常,或如果他能渡过课堂中的混乱、紧张和受仇视的时期,而不陷入敌对、慌乱的状态,并能忍受个别学生、甚至全班学生暂时的反抗或仇视,他就能仍然保持作为一名教师、朋友、顾问的角色,坚守住自己的岗位。有的教师习惯将矛盾上交,找领导来撑腰,不明白在学生眼里这是败下阵来求救兵的表现。

人们对教师的期望越多,教师所必须扮演的角色也越多。这些角色互相重叠,又互不一致,甚至互相矛盾,角色和期望之间也常有冲突。教师很难把所有角色都扮演得很成功。怎样才能摆脱角色冲突,不使任何人失望,满足每个人的要求呢?教师要依据当时的情景,明确自己的主要角色及其言行规范,分清轻重缓急,采取先后兼顾或舍末求本的行为方式,妥善处理。

教师必须了解自己所扮演的角色,明白学生、家长、其他教师和校长如何认识自己的作用,评价自己的品行、学识。如果教师能进行正确的自我评价,那么,在受到谴责时,就不会垂头丧气、一蹶不振;在受到表扬时,也不会趾高气扬。在任何情况下,都能选择受学生欢迎和自己所认可的方式,有效地教育学生。

总之,教师在由学生组成的“乐队”中起着作曲家、指挥者和第一小提琴手的重要作用。教师在表现自己的同时,也在指挥、鼓励、评定着学生的表现。

第二节　聋校教师应具备的心理品质

一、认知方面的品质

教师一定要有敏锐的观察力,这是了解学生的根本。师生间许多隔阂,都是由于双方互不了解所致。尤其是聋健之间的沟通,语言上的阻隔,要靠观察入微来弥补,教师一定要学会从隐蔽的、稍纵即逝的细节中,发现学生有重要意义的内心活动,从蛛丝马迹中掌握事物的本质,经常仔细地观察学生面部表情、行为举止、体态、衣着乃至声调的细微变化,“视其所以,观其所由,察其所安”,从学生反常情绪、异样的眼神、急促的喘气声和超强的手势、牢骚话中发现问题所在,从班级的某些微妙的变化中,诊断出存在的不安定因素,因势利导地做好预防工作。禁于未发是一种极为可贵的能力,解决了潜伏的问题,避免了事后对犯错误的同学批评。敏锐的观察力能使教师对教室每个角落发生的大小事件,都能时时了如指掌,学生的一举一动都难逃过自己的眼睛,就是背过身子在黑板上写字,也不会认错搞恶作剧的学生,能及时瞄准对象,制止事态扩展,安抚人心。

1. **教师要有良好的记忆力**　记得多、记得牢、记得准、记得快。如果教师对教学内容记得滚瓜烂熟,这本身就是对学生智力的挑战,学生从内心里会钦佩教师,并模仿和赶超教师。如果教师能第一次见面就能叫出某个同学的名字,说出他的优点、特长和事迹,学生就会非常高兴,把教师当成最了解自己的人,愿意完成教师布置的任务。

2. **教师要有良好的思维品质**　良好的思维品质表现为①思维的广阔性,善于全面地考察问题。比如:学生旷课,教师要考虑到各种原因,有的学生是为了反抗教师过分严厉压制和处罚而旷课。凡此种种,教师必须心中有数。②思维的深刻性,善于透过问题的现象而深入问题的本质。比如,从高年级学生在课堂上常有不愿意发言的现象中,教师要透过这一现象看本质:由于学生自我意识的发展,生怕说错了给老师和同学留下不好的印象,不再追求因积极发言而得到的教师表扬,听听别人的发言,更有利于问题的掌握,因此,常坐在下面"按兵不动",这是心理发展的结果。③教师的思维要有敏捷性,能迅速地作出反应。比如,当发现学生目光呆滞、淡漠时,教师马上就要着重强调或放慢速度,令其深思。第四,教师的思维要有逻辑性,思维的逻辑性指思维能遵循逻辑的规律。思维逻辑性强的教师能够自觉地服从思维逻辑规律,使自己的思想首尾一贯、不相矛盾、根据充足,达到正确的结论。对事件的推断不以偏概全,而以事实为根据、以原则为准绳、说话办事滴水不漏,处处显示出逻辑的力量。最后,教师的思维要有独立性,要听取学生的正确意见,但要有主见,不能轻易地改变初衷,朝令夕改。

3. **教师要有丰富的想象力** 教师对学生在接受和理解自己的讲授、劝导、指教时的心理活动,以及采用不同的教育措施可能产生的后果的想象力,对创造性地进行工作有很大的影响。具有丰富想象力的教师,不仅了解学生的学习现状,而且能根据学生的特点,预测他们的发展前景,给予某种教育影响。具体地分析每一个学生,为每一个学生指出一条符合他实际的成功之路,以高度个别化的方式应用一般规律。别人的宝贵经验,也不一定完全适合自己。因为没有绝对相同的教师,也没有绝对相同的学生。只有创造性地工作,不强求一律,让学生各得其所,各自都表现出各自的价值,享受到生活中的欢乐,才是成功的教育。这就需要教师具有丰富的想象力。这种丰富的想象力是与思维过程中的分析、综合判断、推理以及丰富的实践经验分不开的。

二、情感方面的品质

教师要热爱教育事业,喜欢学生,包括喜欢差生。教师要有把学生培养成人民需要的适应现代社会的人才的热情和志趣,心甘情愿地当教师,这才能尽心竭力地去工作。教师要爱学生,正如高尔基所说,只有热爱孩子的人,他才可以教育孩子。不喜欢学生的教师,永远不可能成为优秀教师。优秀的教师,对学生寄予无限希望,把学生看成是自己生命的延伸,对有缺点的学生,同样不放弃,能够发现他们的潜力,不把学生中发生的形形色色的问题,看成是琐碎的、可恶的。学生讨厌那些事业心不强的教师,他们甚至在学生面前都表现出厌烦学生和教书育人这项工作,流露出即将另有高就,对学生持放任自流、敷衍了事的态度,对学生的成长起不到激励和指导作用,也就从学生那里得不到尊敬和爱戴,得不到乐趣。这样一来,造成恶性循环,更加消极地对待工作,更生硬、烦躁、苛刻地对待学生,甚至急切地要求离开教育岗位。

教师爱学生,师生间才能形成相互理解、信赖、尊重的关系,教育的效果才会好。教育学生是不能用计算机程序的,使人感动的教育才是好教育。教师的职责是帮助学生自愿地发扬优点、克服缺点，使之不断地自我完善。要想使教师的批评教育产生效果，必须首先引起学生内疚、自责和产生改正的愿望。但是，批评教育不能直接引起学生的内疚和自责，这又要让学生首先对教师的道德标准、价值观念能够认同，认同以后才能内化为自己的道德标准和价值观念，自己去批评自己的错误言行。重要的是帮助学生形成正确的道德标准和价值观念，将教师的教育变成学生的自我教育，只想制服学生，达不到使学生变好的目的，教师只管学生于一时，不能对学生一生负起责任是不行的。

教师要善于表达自己的情感。这正如马卡连柯所说，没有面部表情，不能给自己的脸部以必要的表情，或者不能控制自己情绪的人，不能成为一个优秀教师。教师应该这样来要求自己，使每一个举止都要有教育意义，而且应该经常清楚地知道，当时自己希望的是什么，反对的又是什么。就是说，优秀教师的表情能随情景、客观要求和学生状况的变化而改变着自己表现的倾向、方式和分寸，以便有效地感染教育学生。

有些教师在学生面前摆出一副从无笑容的长脸，并以缺乏表情称为“严肃”。由于教师做作和故意掩饰，其仪表显得呆滞与刻板，使学生不敢接近，师生间保持相当大的距离。如果教师不笑，学生就不敢笑；教师愁容满面，学生只能忧心忡忡；教师愤怒，学生哪敢不低头俯视？

苏霍姆林斯基认为：教师的大喊大叫，并不能收到预想的结果，有时反而引起学生内心的消极反抗，有时则使学生觉得教师无能。有的教师原以为，责骂一个学生可以使他在班上感到羞耻和孤立。然而，常常事与愿违，学生们反倒同情被责骂的学生，站在他的一边。这是因为学生们往往同情弱者和同龄人，认为教师做得太过分了。当一个团结得很紧密的团体的所有成员感到某一成员受到不公正的责备时，大家都会感到像自己受到了责备一样，就会对教师产生不满和厌恶情绪，教师的责备失效。相反，师生间的“悄悄话”或“近体效应”，可以缩短师生距离，减轻学生压力和精神负担，彼此之间更加理解和尊重，使学生心悦诚服地接受教师意见，而且能植根心底，牢固又深远。

教师爱护学生、关心学生不一定非得处处表现的面色柔和和平静，但是，其情绪基调必须轻松愉快、自然乐观、稳定而有自制力、分寸感，不喜怒无常或忽冷忽热。为个人情感所俘的教师，不但失去处理偶发事件的最佳时机，还会扩大事态，使问题变得棘手。因此，有经验的教师都主张采纳简单易行、不花本钱、行之有效的微笑教育的方法，使学生“亲其师”，自然就“信其道”。如果师生间无积极的情绪气氛，再好的教育内容也会在一定程度上受到学生的漠视甚至排斥。一些研究表明：人们宁愿选择能力中等、态度沉着、委婉、敏捷、客观公正的领导者，也不愿选择能力强,但喜怒无常、暴躁、生硬、好训人的领导者。与这种难以共处的领导者共事,意味着工作效率减半,健康水平减半。这也适用于师生关系。

教师赞扬学生,不要采用大报告和长文章的方式,话越精炼、越富有哲理,就越使人觉得重要,记得住甚至铭记终生。有时,教师与学生点点头,拍拍肩膀,找共同感兴趣的话题或生活上的事谈一谈,打个招呼,帮助学生整理一下衣着打扮,把自己的情感渗透在与学生接触的言谈举止中;对待年级越低的学生,教师的情感就越要充分地表露出来,以便引起学生的共鸣;而对待年级越高的学生,教师的情感就越要含蓄、委婉、深沉,效果才好。否则,教师经常表白和宣传自己如何关心、爱护、帮助学生,赤裸裸地去讨好学生,就会使感情贬值,效果一定不好。

三、意志方面的品质

教师要有良好的意志品质。为把学生培养成适合现代化需要的人才,要自觉地克服困难,这就要求教师有百折不挠的毅力,有坚定的原则和信念,态度严肃、认真而又诚恳、明朗,措施果断又以理服人,要刚中有柔,把当机立断和深谋远虑结合起来,也要柔中有刚,在积极和善的态度中蕴藏着坚定性,既不要冒失、草率、也不要优柔寡断。

教师对该追求的目标一定要追求到底;对不该追求的目标,一定要管住自己;有非常强的自制力。在与学生交往过程中,在受到学生攻击和被学生所厌弃的时候,一定要有极大的克制力,决不能意气用事地对待学生的不礼貌行为,对学生不能采取报复措施,不能用体罚、羞辱、挖苦、讽刺和孤立等手法来对待学生,要记住,任何时候都不要与学生对着干,防止矛盾激化。

教师在受到学生攻击时,不要被激怒;面对学生的恶作剧时,不要受挑逗。如果教师能渡过混乱、紧张和受仇视的时期,能不陷入敌对、慌乱的状态,泰然处之,那么,这位教师就仍然能担当起朋友、顾问和领导者的责任,坚守住自己的岗位。有的教师习惯于将矛盾上交,总找校长、主任为自己撑腰、压阵,这在学生眼里,是教师败下阵来求救兵的表现。其实,教师不要把自己的意志强加于学生,让学生立刻屈从。有时,教师要求学生将自己的意见仅当作信息考虑,反而会收到意想不到的效果。

四、教师优良个性的核心品质

教师的良好个性是学生学习的榜样,而学生的良好个性既是学习的结果,又是影响学习的重要因素。可见,教师的良好个性品质的重要性。因此,有人说,将人类所有最优秀的个性品质集中于教师一身,也不算多。前面分别论述了教师个性品质中的知、情、意三个方面，在这里，我们把学生特别关注的，因而也是教师个性品质中很重要的一种品质——公正，单独提出来加以讨论，这很有现实意义。

教师一定要公正地使用权力，这才能得人心。每个学生都讨厌不公正的教师，又往往喜欢偏爱自己的教师。在学生眼里，教师不要有“亲信”，要与学生保持等距离，不能以个人的感情好恶来定是非，要赏不避仇、罚不避亲，不要假公济私或公报私仇。不公正、黑白颠倒比平均主义、大锅饭的害处还大。教师由于强词夺理会失去学生的信任或使其效仿。教师敢于暴露缺点，谈自己的问题，作自我批评，不会影响自己的形象，这是有信心、有力量的表现，表明自己真诚、坦率、不虚伪，会使学生学会服从真理，实事求是地处理问题，明白人人都会有不当之处，都必须约束自己，不要只抱怨指责别人，要懂得公平、尊重他人意见和权益。

学生是以各种感情、期望、猜测盯着教师的。有的教师怕学生说自己不公平，就对每个学生都表现出疏远和冷淡，这是不对的。因为所有的学生都讨厌淡漠无情的人。当某个学生有特殊困难需要教师去关怀、体贴和帮助解决时，教师为了“一视同仁”而不敢给予特殊关怀、照顾和体贴，这不但会使这个学生感到失望，甚至所有通情达理的同学都不赞成教师的做法，不满意教师。在有特殊困难的同学需要帮助时，教师要敢于帮助，公开告诉全体同学为什么要对这类同学关怀，让每个同学都支持教师这样做而不嫉妒。

第三节　教师的威信

一、教师威信的作用

教师都希望自己在学生心目中享有崇高的威信。它是学生接受教育的基础和前提，具有强大的教育力量。因此，赫尔巴特才说，绝对必要的是教师要有极大的威信，除了这种威信外，学生不再重视任何其他的意见。”教师越有威信，对学生的言行制约性就越大，越能明显地影响着全班同学，甚至不需要每次都证明自己是正确的，学生就确信教师讲授和指示的真实性和确切性，表现出掌握知识和执行指示的主动性、自觉性。正如加里宁所指出的那样，如果教师有威信，那么，教师的影响会在学生身上留下痕迹。

二、影响教师威信形成的因素

(一)客观因素

影响教师威信形成的客观因素包括社会、学生家长、校长、学生对教师的态度,其中最重要的是社会对教师的态度,因为大气候决定小气候,社会环境和氛围制约着每个人。教师的社会地位,包括社会舆论导向和劳动报酬多寡,而在现阶段,提高教师的物质待遇应是影响教师威信形成的更现实的因素。否则,教师这一职业就难以成为人们关注、向往、追求的职业,教师在每个人心目中的威信就不会都那么崇高。

(二)主观因素

影响教师威信形成的主观因素是多方面的,主观因素对该教师威信的形成起着根本性的作用。①教师要有高尚的道德品质和优良的思想作风,它渗透和体现在教师的一言一行中,使学生产生由衷的敬爱感,能吸引或诱导学生去模仿。②教师要有渊博的知识和非凡的才能。知识丰富是一种力量,容易得到学生的信任,才能超群才能保证事业的成功,能赢得学生的敬佩。③教师应是一个多面手,聋校教师尤其需要如会即兴表演,会简笔画,富有表现力的手语,大小事情都会几手。④爱学习、爱思考,对新事物敏感,具有观念更新、知识更新的自觉性和能力。⑤教师要对学生有深情厚谊,关心、爱护学生,平等相待,使学生感到教师和蔼可亲、师生关系融洽,没有心理距离,教师的威信就容易形成。⑥教师的仪表、生活作风和习惯,也是影响威信形成的因素。⑦教师还要注意自己给学生的第一印象。教师第一次与学生接触,留下了愉快的印象,借助光环效应的机制,以后就“一好百好”,以善意猜测教师。如果第一次留下不愉快的印象,也借助光环效应的机制,以后就“一坏百坏”,以恶意猜测教师。因此,第一印象对教师威信形成起着重要作用。⑧教师还要注意到自己的学生所处的年龄阶段,不同年龄的学生对教师主观因素的敏感度不同。

小学生很注重教师的性格和情感方面,对温柔、慈祥、亲切、像妈妈那样关心自己,给自己能带来愉快的教师非常崇拜。中学生对教师品德、工作态度和教学方法看得很重,对品德好、教书好的教师很敬重。大学生把教学质量放在首位,对业务熟练、学术上有独特贡献的教师非常钦佩,尽管这样的教师没有表现出对学生的亲亲热热。那些从事社会科学的教师,如果能不回避复杂的社会现实问题,不隐瞒自己独特的又一时不能被社会所接受的观点,不人云亦云随风倒,后来被实践证明自己的观点是正确的，当初遇到的磨难越多，因之而得到的威信就越高，甚至产生轰动效应。再有，能够给学生以人生哲理的教育，使其受益匪浅，这样的教师也会在学生中享有很高的威信。

教师的威信是在与学生交往中、教育和教学实践中逐渐形成的。教师必须在各方面都做得相当完满，并且没有被学生明显指责的缺点、错误的教师，才能在学生中享有威信。而且在这部分学生中享有威信的教师，不一定在那部分学生中享有威信，或者这方面享有威信，在那方面没有威信。各个方面在全体同学中都享有威信的教师，是不存在的。教师的威信不容易获得，难于保持，容易丧失。教师有一件事情办得糟，事后又处理得不好，威信就会一落千丈。要想保持自己的威信，教师必须时时、处处、事事心中都有学生，正确地对待自己，不断完善自己。教师在犯错误以后，必须向学生讲清犯错误的原因、背景、条件、过程和改正的决心、方法，得到学生的谅解，才能保持威信。

【思考题】

1. 教师要扮演哪些角色？如何才能扮演好这些角色？
2. 试述教师的认知、情感、意志方面的品质与教书育人工作效果的关系。
3. 公正为何是教师优良个性的核心品质？
4. 教师的威信有什么作用？
5. 影响教师威信形成的因素有哪些？
6. 如何保持教师的威信？
7. 为什么说聋校教师的职责更艰巨、更光荣？
8. 总结你当好聋校教师的成功经验和体会。
9. 分析聋校某些教师工作中的失误。

第十三章

聋校的管理

【本章提要】

《特殊教育学校暂行规程》提出的聋校教学管理应遵循的五项基本准则。教学过程管理的五个环节:备课、上课、作业、个别辅导、复习与成绩考查。开展德育工作应贯彻的八项原则。聋校教师在需要上不同于一般教师的特点:对社会理解的渴望,与外界交流的企盼。影响聋校教师工作动机的心理因素:兴趣、爱心、价值观、抱负水准。聋校教师心理挫折的表现:对事业的自豪感与缺乏社会理解的冲突,工作责任感与工作疏离感的冲突,多角色与角色期待的冲突,理想化与现实性的冲突。

学校管理作为一种实务,它存在已久,而作为一门学科,它还很年轻,但发展很快。聋校管理就更为年轻了。但是,聋校管理是离不开一般学校管理的基本原理的。所以,尽管从学科建树上,聋校管理尚未形成独立的学科体系,但这并不妨碍我们运用一般学校管理学的研究成果来观察聋校管理的问题,并结合聋校管理的实践,总结出体现了科学管理规律的经验,用以指导聋校的管理工作。

学校管理学研究的基本内容很广,从管理原理上看,主要涉及学校的目标、过程、体制、原则、方法、校长及学校领导班子等;从学校管理实务看,主要涉及对教师、学生以及对德、智、体、美、劳诸方面的管理。鉴于本教材侧重于应用的考虑,我们论述如下几个问题:聋校的教学管理、聋校的德育管理、聋校的教师管理以及聋校领导者如何实现领导。

第一节 聋校的教学管理

教学活动是学校的主要活动,因此学校管理活动中最大量的是教学管理。教学管理是学校管理的核心,其中教学思想管理是前提,教学质量管理是核心。聋校教学管理是指为了实现教学目标,按照聋校的教学规律和特点,对教学工作全过程进行的管理。

一、聋校教学管理的基本准则

依据教育部颁发的《特殊教育学校暂行规程》,聋校教学管理应遵循的基本准则如下:

(一)特殊教育学校的主要任务是教育教学工作,其他各项工作应有利于教育教学工作的开展。学校的教育教学工作要面向全体学生,坚持因材施教,改进教育教学方法,充分发挥各类课程的整体功能,促进学生全面发展。

(二)特殊教育学校应按照国家制定的特殊教育学校课程计划、课程标准进行教育教学工作。

《聋校课程设置方案》提出,为保障和促进课程对不同地方聋校、学生的要求,并考虑到聋教育体制的特殊性,实行国家、学校两级课程管理。

教育部总体规划聋教育课程,确定国家课程门类和课时。制定国家课程标准,试行新的课程评价制度。学校在执行国家课程的同时,应视当地社会、经济发展的具体情况,结合本校的传统和优势以及学生的特点、兴趣和需要,开发和选用适合本校的课程。各地教育行政部门要对课程的实施和开发进行指导和监督,学校有权利和责任反映在实施国家课程中所遇到的问题。

(三)特殊教育学校应当依照教育行政部门颁布的校历安排教育教学工作。特殊教育学校不得随意停课,若遇特殊情况必须停课的,一天以内的由校长决定,并报县级教育行政部门备案;一天以上的,应经县级人民政府批准。

(四)特殊教育学校不得组织学生参加商业性庆典、演出等活动,参加其他社会活动不应影响教育教学秩序和学校正常工作。

(五)聋校的基本教学语言文字为汉语言文字及中国手语。少数民族学生为主的学校,可使用本民族或当地民族通用语言文字及中国手语。

二、教学管理的领导和组织

(一)聋校教学管理的领导

“特殊教育学校实行校长负责制,校长全权负责学校的教学和其他行政工作。”(《特殊教育学校暂行规程》第七条)聋校的校长是教学的领导者、组织者,对学校教学管理工作和教学质量全面负责。聋校的教导主任是校长的助手,是学校教育教学第一线指挥员。

校长在教导主任的协助下应抓好以下几方面的工作;制定并实施学校工作计划,审查教研组及各学科教学计划;保证课程标准和教学计划的贯彻执行,对尚无课程标准和统编教材的科目,要从实际出发制定相应的教学内容和质量标准的暂行要求;参加教研组的备课和教研活动,指导教研组工作;了解掌握教学情况,进行教学检查,改进教学方法,提高课堂教学水平;组织教师学习进修、交流教学经验、培养教学骨干;优化教学环境,改善教学条件;管理好教务行政工作。

(二)聋校教学管理的运作系统

1. **聋校教学管理的行政班子**　“特殊教育学校可按编制设校长、副校长、主任”,“特殊教育学校可根据规模,内设教务、总务等工作机构(或岗位)和人员,协助校长做好有关工作”。(《特殊教育学校暂行规程》)根据我国聋校通行的做法,一般都由 1 名副校长具体分管全校教学工作。教导处通常设主任 1 名,规模较大的学校也可增设副主任 1 名。教导处的正副主任也要按分工负责的原则开展工作。

2. **聋校教学管理的基本单位**　教研组是按学科设置的开展教学研究活动的基本单位。较大的学校,教研组除按学科分组外再按年级划分,如高年级语文组,中年级数学组等。由教研组长负责依据学校计划制定教研组活动计划,教研组内教师开展教研活动。特殊教育学校要积极开展教育教学研究,运用科学的教育理论指导教育教学工作,积极推广科研成果及成功的教育教学经验。

三、教学过程的管理

教学过程是师生组成的双边活动,教师、学生、教学内容、教学手段是组成这一过程的四要素。教师是教学过程的主导因素,学生是教学过程的主体因素,教学内容和手段是教学过程的客观因素。因此对教学过程的管理,实际就是对教师和学生的管理。

(一)对教师教学过程的管理

教师教学的过程是由备课、上课、课外辅导、作业批改、成绩考评五个基本环节所构成。

1. **备课** 备课要认真领会各科的课程标准,深入钻研教材,整体把握教学内容知识体系之间内在的联系和衔接,了解听力障碍儿童已有的知识经验和技能水平,了解他们的学习方法和习惯,注意学生的年龄特点和个体差异。具体到备某篇教材时,要明确教学目标要求,明确和突出重点,适当分散难点,从教材特点和学生实际出发选择教学方法,精心设计教学全过程,做到内容、目标心中有数,练习与作业分层设计。

特别要强调的一点是,要促进信息技术与学科课程的整合,逐步实现教学内容的呈现方式、学生的学习方式、教师的教学方式和师生互动方式的变革,发挥信息技术的优势,充分利用聋校专用设施设备,积极开发课程资源,为学生的学习和发展提供丰富多彩的教育环境和学习工具。

2. **上课** 教师在教学过程中应把实践性学习方式作为主导教学与学习的方式,教学活动应尽可能地在有内容的活动中进行,教师与学生积极互动、共同发展,积极倡导学生主动参与、乐于探究、勤于动手,培养学生语言理解与运用的能力、搜集和处理信息的能力、获取新知识的能力、分析和解决问题的能力以及沟通、交往与合作的能力。

要关注个体差异,采用适合不同个体需要的沟通方式,制定个别化教学计划,实施个别化教学,以满足不同学生的特殊需要,使每个学生得到充分的发展。课堂教学是对听力障碍儿童进行教育康复的主要途径,必须认真做好。

3. **作业** 作业形式要灵活多样,能够激发学生的学习兴趣,既有利于基础知识的巩固、基本能力的培养,又要有利于培养学生的动手实践能力和创造性思维能力。尽量避免机械重复、单调乏味的作业。作业布置要紧扣教学重点,分量要适量,要针对学生的差异提出不同的要求。批改作业要认真、及时、规范。要求做到全批全改,有些重点作业,最好能面批面改,使学生从批改中真正获益。作业讲评要鼓励先进,启发和帮助后进,切忌挫伤学生的自尊心和积极性。要重视培养学生自我检查作业、自我订正作业的习惯和能力,养成良好的作业习惯。

4. **个别辅导** 个别辅导是聋校必要的教学形式之一,个别辅导是课堂教学中因材施教的补充和延续,也是实施个别化教育的有效途径之一。教师对学习成绩优异和学习上有困难的听力障碍儿童应加强有针对性的个别辅导,要根据不同的差异和兴趣选择不同的辅导需求,以弥补课堂教学之不足。特别值得注意的是,个别辅导应倾注特别之情感,特别之爱心,对学优生是如此,对学困生更应如此。这样才能真正促进“不同学生的不同发展”。

5. **复习与成绩考评** 要根据听力障碍学生的特点重视复习课模式的设计与复习方法的选择,帮助学生归类整理学过的知识,查漏补缺,加强基本知识和基本技能的训练,达到巩固知识,掌握规律、发展思维、提高能力的目的。

对听力障碍儿童学习的检查、测验和考试要严格按照上级教育行政部门的有关规定施行。

(二)对学生学习过程的管理

在教学过程中,不仅要有教师活动,还要有学生活动,要保证教与学的统一,使教师活动和学生活动都达到最优化,方能达到教学过程的最佳效果。所以要实现教学过程的最优化,不仅要使教授过程最优化,还要使学习过程最优化。它包括:

1. **学生具备良好的学习习惯** 即学生在上课前能进行必要的预习,要准备好学习用书、用具,按要求自制学具;学生有基本固定的课堂学习小组,针对问题能及时开展小组讨论;学生能及时做笔记,识记重点。

2. **学生的学习状态良好** 学生在学习过程中参与率高,学习自由度大,在教师的指导下能努力攻克本节课的难点,掌握重点。

3. **学生有饱满的学习情绪** 在学习过程中学生能始终积极主动、兴趣浓厚、注意力集中,且信任、尊重老师,能与老师配合协调默契。

4. **学生的学习效率高、质量好** 一般课堂教学目标的达成,尤其是能力和情感目标的达成不能通过一节课或几节课完成,教学质量的优劣要通过较长时间才能显现。而这里说的效率高、质量好,是通过本节课学生所能反馈出的结果对学习过程的效果做初步评价。

四、教学改革的管理

聋校教学工作的质量要通过科学的管理和改革来提高。因此,聋校的教改实验应作为教学管理的重要环节来抓。教改既是阶段性工作,又是长期性工作。从发展来看,教改不是一次完成的“运动”,而是处于不断运动中的探索。从工作步调来说,一个时期用在改革上的动作力度可能要大一些。因此,对教改实验要持积极、慎重的态度。凡属教材、学制方面的改革和整体教改实验需经上级教育行政部门批准方可实施。学校应安排一名领导干部主管教改工作,要把教改实验纳入学校重点工作,并开展专题研究,组织有关人员进行阶段性的检测评估。

教学管理需要执行两方面的职能:①稳定秩序,组织协调和控制日常教学活动的职能;②引导和激励教师在教学上进行变革创新的职能。长期以来,我国聋校的教学管理应该说较好地执行了第一种职能,而第二种职能,发挥得不理想。不少学校领导对于教改究竟改什么,怎么改,缺少全面的构想和明确的计划。因此,管理思想的更新、管理观念的现代化是教学改革的关键。这就要求在教学改革的管理上,首先要弄清教学上的利弊,并找准前进的方向,才能自觉而清醒地带领广大教师开展扎扎实实的改革实践。

党的"十七大"后,我国特殊教育的宏观形势发生了急剧的变化,"发展"成为特殊教育的面临的重要课题。教育部颁布的《特殊教育提升计划(2014—2016)》把"提升教育教学质量"作为三项重点任务之一,明确提出要"深化特殊教育课程教学改革",要改革教育教学方法。加强个别化教育,增强教育的针对性与有效性。开展"医教结合"实验,提升残疾学生的康复水平和知识接受能力。探索建立特殊教育学校与普通学校定期举行交流活动的制度,促进融合教育。以培养就业能力为导向,强化残疾人职业学校专业特色,建好实习实训基地,进一步加强对残疾学生的就业指导。

在新时期,聋校面临新的挑战与机遇,如何抓住机遇,加强教改实践,这是促进聋校内涵发展的关键因素。

五、教育科研的管理

重视引导教师积极开展教育科研;努力探索教学规律,可以有效地促进教学质量提高,加强教师队任建设。为此,聋校应建立教育科研工作小组,把教育科研管理作为学校教学管理的一项重要工作切实抓紧抓好。学校教育科研管理,是指学校教育科研管理者对教师从项目申请到项目实施、完成的全过程管理。教育科研管理的目的就是要遵循科研活动的规律,通过对众多变量关系的协调、服务,积极创造一个适合科研发展的环境,使教师的智慧能在适宜的环境中得到最充分的发挥,从而使教育科研活动得以顺利完成。

教育科研管理一般包括这样一些工作:制定并贯彻实施学校教育科研管理条例,使教育科研工作有章可依;组织教师学习教育理论、掌握科研方法;从学校改革与发展的需要出发,制定科研课题;以课题为依托鼓励教师积极参加教科研活动;建立较规范的科研课题管理制度,以保障课题研究扎实地进行;建立、保管并使用好教科研档案;制定切实有效的教科研奖励条例,鼓励教师积极参与教育科研,促进教师专业成长。

在教育科研管理中,要求聋校管理者树立"以科研为先导,促进教学与科研协调发展"的理念。

首先，校长应在学校先奠定“以科研为先导”理念，校长的精神面貌影响着整个学校的风貌。校长应在学校向广大教师和科研管理者宣传这种理念，同时通过倡导、组织、支持多元化的教育科研活动来提高教师参与科研的积极性和科研能力。其次，作为学校的科研管理者，应先响应校长的科研理念，在广大教师面前首先树立“以科研为先导”的理念，积极倡导和组织各种教育科研活动，多种渠道引导教师参与科研。再次，教师作为参与科研的主体，也应转变以往“教学第一”的陈旧观念，真正树立“以科研为先导”的理念。

六、教学队伍的管理

目前我国聋校，按规定都要实行校长负责制。校长对教师实行聘任职务制度，这样做有助于组建一支强有力的教学队伍。特殊教育学校教师应具备国家规定的相应教师资格和任职条件，热爱特殊教育事业，具有职业理想，践行社会主义核心价值观，履行教师职业道德规范，依法执教。具有人道主义精神，关爱残疾学生，尊重学生人格，富有爱心、责任心、耐心、细心和恒心；为人师表，教书育人，自尊自律，公平公正，以人格魅力和学识魅力感染学生，做学生健康成长的指导者和引路人。掌握特殊教育的专业知识和技能，完成教育教学工作，享受和履行法律规定的权利和义务。

特殊教育学校要加强教师的思想政治、职业道德教育，重视教师和其他人员的业务培训和继续教育，制定进修计划，积极为教师和其他人员进修创造条件。教师和其他人员进修应根据学校工作需要，以在职、自学、所教学科和所从事工作为主。

特殊教育学校应建立健全考核奖惩制度和业务考核档案，从德、能、勤、绩等方面全面、科学考核教师和其他人员工作，注重工作表现和实绩，并根据考核结果奖优罚劣。

七、教学的指导与检查

学校要制定教学检查制度。校长、教导主任要有目的、有计划地深入课堂听课，指导和检查各科教学，听课后要与任课教师交换意见，肯定成绩、指出不足。

校长、教导主任要到教研组参加备课和专题研究，指导和检查教研组工作，掌握学校教改动态。要有目的、有重点地检查课堂教学、备课笔记、各种作业、抽测学生的知识和能力，召开学生座谈会，从多方面了解教学情况，并进行分析，在全体教师会上做总结。组织教师互相观摩，也是值得提倡的一种教学指导与检查的好形式。有的学校开展的“教学诊断课”活动，就是这种发动教师互检互评的好形式。此外，学校还要重视做好听力障碍儿童家长的工作，定期召开家长会，听取家长意见，改进教学管理。

八、教学行政管理

教学行政管理即教务常规管理，主要包括教学运行管理、教务例行工作管理和教学档案管理三方面的工作。它是教学管理的基础性工作，其职能是通过对各项教学活动的合理组织、指挥、调度和监督，建立稳定协调、有活力的教学秩序，以保证教学工作的顺利进行。科学、合理地安排好学校活动日程表、作息时间表和课程表并严格执行，是教学运行管理的职能。教务例行工作主要有开学前的制定计划，开学初的布置与落实，学期中的检查与分析，学期末的考评与总结等。

教学档案主要有教师业务档案，学生学籍档案和学校教学档案。《特殊教育学校暂行规程》中规定：对教师“学校应建立健全考核奖惩制度和业务考核档案”，对学生也要建立完整的学生档案。

第二节　聋校的德育管理

聋校德育管理是指为了实现德育的培养目标，按照聋校的教育规律和特点，对德育工作的计划、组织、实施等各方面进行管理。《特殊教育学校暂行规程》指出，特殊教育学校要把德育工作放在重要位置，要结合学校和学生的实际实施德育工作，注重实效。

一、德育管理的领导和组织

《特殊教育学校暂行规程》对德育管理的领导和组织提出了十分明确的要求：学校的德育工作由校长负责，教职工全员参与，做到组织落实、制度落实、内容落实、基地落实、时间落实；要与家庭教育、社会教育密切结合。

（一）聋校德育管理的领导

聋校的校长是德育的领导者、组织者，对学校德育管理工作和德育质量全面负责。聋校的德育副校长协助校长分管学校德育工作，德育主任（政教主任）是校长的助手，是学校开展德育工作的第一线指挥员。

校长在德育主任（政教主任）的协助下应抓好以下几方面的工作：依据党支部的建议和学校的工作计划制定并实施学校德育计划；审查班主任工作计划，定期布置、检查班主任的工作；总结交流经验，指导班主任做好优秀生、特长生和后进生的工作；审查学生共青团支部（总支）、少先队大队和学生会的工作计划并指导其开展工作；指导教师开展好学生的课外实践活动和文体活动；指导教师组织学生参加公益劳动、开展勤工俭学及职业实训等活动，向学生进行自立自强、残而有为的思想教育；指导生活辅导教师做好学生的生活服务、辅导和管理工作，定期召开学生座谈会和家长会，听取意见和建议。

（二）聋校德育管理的组织系统

1. **建立德育领导小组**　校长或书记任组长，主管德育的副校长（政教主任）任副组长，组员包括负责学生团队工作的教师、年级组长（有些聋校的教研组与年级组是合一的），思想政治课教师、心理健康教师和生活辅导部负责人。这是德育工作组织落实的一种做法，当然也可以有别的做法。但是，实践证明，组织落实是德育工作能有成效的重要保证。因此，不管采取何种形式，德育工作队伍是必不可少的。

2. **建立一支强有力的班主任队伍**　特殊教育学校要在每个教学班选配、设置班主任，负责管理、指导班级的全面工作。要选择合适的教师来担任班主任。班主任要履行国家规定的班主任职责，加强同各科任课教师、学校其他人员和学生家长的联系，了解学生思想、品德、学业、身心康复等方面的情况，协调教育和康复工作。

班主任每学期要根据学生的表现对学生进行综合评价，并写出个性化评语。德育主任（政教主任）直接指导、帮助并协调班主任的工作。

二、聋校德育的培养目标

德育即对学生进行政治、思想、道德和心理品质教育。它对坚持学校的社会主义性质，保证人才培养的正确政治方向，促进学生全面发展，起着主导的决定性作用。聋校德育的培养目标为：培养听力障碍学生爱祖国、爱人民、爱劳动、爱科学、爱社会主义的思想感情，初步了解辩证唯物主义和历史唯物主义的基本观点，具有为人民服务的思想和集体主义观点，具有良好的品德，养成文明礼貌、遵守法纪的行为习惯；形成健康的心理素质和良好的个性品质，具有辨别是非和自我教育的能力。初步树立自尊、自信、自强、自立的精神和维护自身合法权益的意识，形成适应社会的基本能力。

三、德育工作的内容、途径和原则

（一）德育工作的内容

聋校德育的基本内容是向听力障碍儿童儿进行“五爱”教育，共产主义理想和道德品质教育，适应社会需要、参与社会生活教育，中国近现代史和国情教育，法制教育。具体来说，主要包括：对听力障碍儿童进行热爱祖国、热爱中国共产党、热爱人民、热爱集体、关心他人的教育；热爱劳动、自立自强、艰苦奋斗的教育；努力学习、热爱科学的教育；历史和国情常识教育；讲文明、有礼貌、遵守纪律的教育；培养良好心理素质的教育；民主与法制常识教育；辩证唯物主义常识教育。

（二）德育工作的途径

德育贯穿于学校教育教学工作的全过程和学生日常生活的各个方面，渗透在智育、体育、美育和劳动教育之中，与其他各项互相促进、相辅相成，对促进学生的全面发展，保证人才培养的正确方向，起着主导作用。实施聋校德育工作应通过各科课堂教学、班级工作和各种教育活动、团队活动、社会实践活动、家长学校和社区融入等途径进行。

学科课堂教学是对学生进行思想品德教育的主阵地，是聋校教育工作最重要的渠道。其中思想品德课与思想政治课是向学生比较系统、直接进行思想品德教育的重要课程。语文、数学、常识、体育、律动、美术、劳动技术教育等学科教学对培养学生良好的思想品德也起着重要的作用。例如，在艺术类课上，培养学生的兴趣、爱好和特长，发挥美育功能。美育要结合学生日常生活，提出服饰、仪表、语言、行为等方面的审美要求。从而培养学生乐观向上，讲文明懂礼貌的良好品质。在劳动技术课上，学校要对低中年级学生实施劳动教育，培养学生爱劳动、爱劳动人民、珍惜劳动成果的思想，以及从事自我服务、家务劳动和简单生产劳动的能力，使其养成良好的劳动习惯等。

丰富多彩的社会实践活动，对听力障碍学生的素质教育不可或缺。通过活动的开展，可有效激发学生创新精神、团结协作精神、吃苦耐劳精神和集体主义精神，可有效提高学生的劳动意识、环保意识、科技意识、安全意识、生活生存意识、民族团结意识和探究意识等。

学校要努力构建学校、家庭、社会“三教”结合，和谐育人的德育工作体系。要成立家长学校，采用多种形式，丰富家长学校的活动内容，指导家庭教育，向家长提供帮助，帮助他们改进教育方法并总结教育经验，使其主动与学校和班主任配合，促使家庭教育更好地成为学校教育和社会教育的基础和纽带，促进孩子的健康成长和全面发展。

学校要鼓励听力障碍学生在班主任辅导下融入社区，特殊教育学校应同街道（社区）村民委员会及附近的普通学校、机关、团体、部队、企事业单位、青少年校外教育机构建立联系，争取社会各界支持学校工作，优化育人环境。开展“社会关心残疾人，残疾人是社会平等的一员”的社会主义精神文明活动。

（三）德育工作原则

在开展各种德育活动中，要坚持贯彻以下几条原则：

1. **坚持正确的政治方向** 要严格遵照国家对听力障碍学生思想品德教育的各项有关规定开展工作。

2. **热爱学生、了解学生** 关爱残疾学生，富有爱心、责任心、耐心、细心和恒心，满腔热情地关心、教育、帮助每一个听力障碍学生。

3. **顾及学生身心特点** 遵循听力障碍学生的心理发展规律，用他们易于接受的方式，摆事实、讲道理。

4. **坚持正面教育** 要坚持正面启发、积极引导、以表扬为主的原则，注意保护学生的自信心、自尊心，尊重学生人格，不得讽刺挖苦，粗暴压服，严禁体罚和变相体罚。

5. **提高道德认识与正向行为训练相结合** 既要重视提高学生的道德认识，同时又要提出一些合理、适度、具体、明确的行为要求，进行严格的行为训练，以形成良好的行为习惯。

6. **集体教育与个别教育相结合** 良好的集体是一种巨大的教育力量。既要充分发挥集体的教育作用，又要针对个别学生情况给予细致耐心的说服教育。

7. **言传身教，为人师表** 聋校全体教职员工都要严于律己、以身作则，做到教书育人、管理育人、服务育人。

8. **保持教育的连续性和一致性** 各项教育活动要注意贯穿一条主线，承上启下互相衔接，各条教育途径要协调一致相互配合。

四、班主任在德育工作中的作用与职责

（一）班主任工作的性质

班主任是班级工作的核心，是全面负责一个班学生思想品德教育和组织管理工作的教师，是各学科任课教师教育教学工作的协调者，在德育工作中起着“主帅”的作用。班主任的主要目标是形成良好的班集体。

（二）聋校班主任的主要任职条件

1. 拥护中国共产党的领导，热爱祖国。
2. 热爱特殊教育事业，责任心强。

3. 热爱听力障碍学生，具有高尚的人道主义精神，在思想、品德、作风诸方面堪为学生的表率。

4. 具有较强的专业能力，对听力障碍学生的教育管理具有一定的经验和组织能力，懂得特殊教育的规律。

5. 具有团结协作精神和一定的人际沟通能力，协调任课教师和家长共同实施教育活动。

6. 具有一定的语言听力康复知识和技能。

7. 身体健康、精力充沛、和善耐心、宽容大度。能恰当地控制、调节和表达情绪。

（三）聋校班主任的岗位职责

1. 热情关怀、爱护听力障碍学生，做好本班学生的教育工作，促使学生在德、智、体、美、劳诸方面全面发展。

2. 经常与任课教师联系，掌握学生的思想、学习情况，协调任课教师共同实施教育活动。

3. 关心学生的身体健康，配合生活辅导教师参与生活管理。

4. 组织、领导班委会工作；指导本班共青团和少先队工作。

5. 组织本班学生的课外活动、社区活动、公益劳动和社会实践活动。

6. 积极争取社会各有关方面、学生家长或监护人的支持和配合，共同做好培养教育听力障碍学生的工作。

7. 指导并监督学生的经常性的语言听力康复正作。

8. 兼做心理咨询工作，对学生进行心理辅导。

（四）班主任的培养与提高

要加强对班主任工作的领导，定期召开班主任工作会议。班主任工作会议一般由政教主任（主管德育的副教导主任）主持。

班主任的培养和训练是加强班主任队伍建设，提高学校管理质量，实现教育目标和学校管理目标的关键。要制定培训计划，提高班主任的思想政治水平和业务水平。班主任的培养必须坚持业务素质和政治素质统一提高的原则，既重视教学与管理业务素质的培养，又不忽视政治思想素质的培养。培养内容上应根据需要，以班级管理为主，全面安排，学以致用，使理论学习与技能训练相结合。主要包括政治理论、教育学理论和心理学理论、班级管理基本理论以及班主任工作技能训练等。通过培养，使班主任具备创新精神和实践能力，提高班级管理的质量。同时，还要帮助优秀班主任总结经验，重视培养青年班主任，切实解决班主任工作中的实际困难。

要建立班主任评价机制和奖惩制度，引入竞争机制，实现科学化、规范化、制度化、精细化的管理，把班主任工作的检查、奖罚纳入学校统一的教师队伍管理。考核结果与班主任评优评先挂钩，每学期量化考核成绩将作为绩效考核的基本依据。

第三节　聋校教师的管理

高素质的师资队伍是获取高质量教育的根本保证。那么，学校怎样才能建设一支数量足够、结构合理、素质优良、积极性高的教师队伍？这就是要通过教师管理来解决的问题。进行教师管理，需要抓住教师管理的关键环节，即提高教师素质和调动教师的积极性。提高教师素质的问题在前一章“聋校教师心理”中已经读到。在这里，我们只就调动教师积极性的问题作些讨论。

一、聋校教师的需要与管理

需要是个体活动积极性的源泉。因此，了解教师的需要，创造条件满足其合理的需要是调动积极性的根本途径，尤其在强调以人为本的今天，这个问题更有现实意义。

（一）聋校教师需要的特点

由于职业活动的共同性和特殊性，使得聋校教师的需要除了具有一般教师的需要外，还具有自身某些特殊的需要。

1. 聋校教师与一般教师在需要上的共同特点

（1）精神文化的优先性。教师是学生文化科学知识的主要传播者，也是学生优良品德的培育者。长期的教育生涯促使教师在不断汲取人类历史的和现实的精神文化成果的同时，产生了对精神文化需要的优先性。

（2）创造、成就需要的强烈性。多数教师不会把自己摆在一个单纯的“教书匠”地位上，而是有较高文化品位的专业人才。因此教师在向学生传授学业的同时，进而产生强烈的创造、成就的需要，孜孜以求地在事业上拼搏进取。

（3）自尊、荣誉需要的关切性。教师为学生之楷模，学生的尊敬、家长的尊重以及教师本身的德、才、学、识都是教师产生自尊、荣誉需要的客观条件。特别是我们党和国家提倡尊师重教，使得教师对这种需要更为关切。

(4)专业进修需要的迫切性。虽然现阶我国教师学历合格率已大大提高。但随着教育改革的不断深化,教学理念的不断更新,教改制度的变革,特别是新课程的改革对教师提出了更高的要求。教师要适应新课程改革的需要,必须提高自身的专业素养,在工作中不断学习和实践,努力提高自身的综合能力和整体素质,才能保障教学秩序的稳定和教学质量的提高,才能适应新课改的发展要求。因此,教师对专业进修有着强烈的需求和迫切的需要。

2. 聋校教师在需要上不同于一般教师的特点

(1)对社会理解的渴望。聋校教师用自己的心血和爱培育着听力障碍儿童,他们理应得到社会的承认和尊重。近年来,党和国家通过立法和舆论宣传形式积极营造发展残疾人事业的良好氛围,但社会上鄙视残疾人、鄙视残疾人工作者的陋习不是短时间内可以根除的。

(2)与外界交流的企盼。一名合格的聋校教师要掌握聋教育学、聋心理学、语言学、听力学等多学科的基础理论知识,职业的特殊要求使得聋校教师在心理上产生着强烈的学习欲望。而另一方面,一个地区一般只有一所聋校,校际间交流都得跨区域,很受局限,处在科技、资讯高速发展的时代,聋校教师企盼改变闭目塞听、坐井观天的现状,与外界多一些交流的机会。

(二)正确对待聋校教师的需要

正确对待聋校教师的各种需要,不仅可以满足他们在物质上和精神上的合理需求,也是有效地调动其积极性,更好地完成聋校各项任务的基本途径,为此,应恰当地处理好各种需要的关系。

那么,学校管理者如何才能正确地运用需要理论,并根据教师需要的特点来调动教师的工作积极性呢?

(1)管理者要全面了解和关心教师的需要,同时善于分析并满足优势需要,兼顾其他需要。把满足教师的需要作为学校管理目标的一个方面,将办好学校同教师的切身利益密切地联系起来。当然,对于教师多方面的需要还有一个具体分析对待的问题。有些教师的个人需要超越了现阶段社会的发展水平,暂时难以满足,没有可能性;另有些教师的需要则损害到国家、集体或他人的利益,这就要对其需要加以调节,使他们的需要趋于合理,并把教师的个人需要同社会的集体需要统一起来。

(2)要处理好精神需要和物质需要的关系,这二者的区别是明显的,但又相互联系。物质需要是精神需要的基础,精神需要是物质需要的主导。物质需要若失去精神需要的主导作用将可能畸形发展,精神需要若脱离开物质需要则不复存在。

在管理上要以满足聋校教师的物质需要来发展精神需要，又要通过发展精神需要来调节物质需要。

在教师的社会地位和物质待遇问题成为教师的优势需要的情况下，不关心教师生活上的“痛痒”，不努力满足教师的物质需要，他们献身教育事业的崇高精神便不能得到激发。但是即使在着重解决教师物质方面需要的问题时，也还要把精神上的激励放在第一位。否则，就会将教师的注意力引向对物质的不切实际追求的歧途。

(3)要引导教师不断提高思想水平和需要层次水平。根据马斯洛的需求层次理论，人类需求像阶梯一样从低到高按层次分为五种，分别是：生理需求、安全需求、社交需求、尊重需求和自我实现需求。需求层次理论有两个基本出发点：②人人都有需要，某层需要获得满足后，需要才出现；①在多种需要未获满足前，首先满足迫切需要；该需要满足后，后面的需要才显示出其激励作用。学校管理者固然要满足教师低层次的需要，因为它常常是必需的，不可缺少的。但也要通过有效的管理来充分满足教师的高层次的需要，即自我实现的需要。

二、聋校教师的工作动机与激发

动机是引起、维持和促进行动的动力，而动机的背后依然是需要，因此，动机总是与需要相联系。如果说，人的各种需要是个体行为积极性的源泉和机制，那么动机就是这种源泉和推动力的具体体现。在我们研究了教师的需要之后，进一步来讨论一下教师的动机问题。

(一)影响聋校教师工作动机的心理因素

影响动机的因素是多种多样的，有社会的因素、生理的因素、心理的因素等。我们着重考查影响聋校教师工作动机的各种心理因素。对聋校教师工作动机产生显著影响的心理因素主要有以下四种：

1. 兴趣　作为影响聋校教师工作动机的一种心理因素，主要指的是间接兴趣。即认识兴趣，求知兴趣、研究兴趣、创造兴趣。这种兴趣的产生往往不是由于教育教学工作本身对聋校教师的吸引，而是基于他们在长期的工作实践中对本职工作重要意义的认识。

聋校管理者应该利用和尊重聋校教师高尚的、特别是有助于工作的兴趣，甚至应该创设条件鼓励他们发展这方面的兴趣。在安排工作上要知人善任、扬其所长，力争最大限度地适合教师个人的特点，以利于他们形成积极的动机模式，发挥每个人的聪明才智。

2. 爱心 从事特殊教育的教师,在培养教育残疾儿童过程中经常谈到爱心。这里讲的爱心,指的是教育工作者对教育对象所持态度的深切而强烈的情感体验。

爱心作为影响聋校教师工作动机的一种重要的心理因素,主要表现在聋校教师甘愿竭尽所能造福听力障碍儿童的伟大人道主义精神。爱心是一种高尚的社会道德情感,它能够形成一种积极、自觉的动机模式,去充分调动聋校教师的动机力量,使他们无私地做好本职工作。

聋校管理者通过适当组织残疾人英模事迹报告和扶残助残先进事迹报告、政策法规学习、进行社会调查等活动激发聋校教师从事残疾人教育事业的光荣感和责任感,注意树立这方面的典型,大力颂扬社会主义的人道主义精神,培养聋校教师的爱心。

3. 价值观 价值观是人们的生活准则,是人们决定行为取舍的尺度。它反映主体对客观事物是非美丑的评价或态度。价值观是由世界观决定的,它受到社会的、时代的制约。

价值观作为影响聋校教师工作动机的一种重要的心理因素,主要表现在聋校教师围绕着本职工作,对诸如劳动、贡献、成就、真理、权力、待遇、享受等等作何种评价,抱何种态度上。在同样的客观条件下,价值观不同的聋校教师其动机模式与行为是互不相同的。

4. 抱负水准 兴趣、爱心和价值观决定着聋校教师工作行为的方向,而抱负水准则是影响、甚至决定其教育教学水平达到什么程度的心理需求。

抱负水平是指一种想将自己的工作做到某种质量标准的心理需求。一般来说,影响一个人抱负水准高低有四个方面的因素:①成就动机的强弱。一个成就动机强的聋校教师,其抱负水准高,工作好上加好;反之则抱负水准低,工作甘居中游甚至甘居落后。②以往成败经验。过去工作常获成功,信心十足时其抱负水准就高;反之抱负水准就低。③责任心大小。责任心强的人富于进取,其抱负水准就高;反之抱负水准就低。④领导的影响。例如,如果学校领导期待某位教师指向较高的目标,其抱负水准就高;反之抱负水准就低。

可见,抱负水准也是直接受人生观、世界观的影响和制约的。聋校管理者首先要塑造自己成为责任心强、抱负水准高的学校管理者,才能立足于教师队伍建设的高度,通过调查研究摸清每位教师的思想实际,制定规划,培养出一批具有较高抱负水准的聋校教师。

(二)聋校教师工作动机的激发

人的活动既然是由动机引起和维持的,而“人是永远有动机的;事实上,人在任何时刻都不会没有动机。谈道人的动机之有无时,只能说某些人对他所面对的不愿做的事缺乏动机而已,而对其他的事仍有动机,但绝不能说他们没有动机”①。由此可见,所谓工作动机的激发问题,就是要设法使那些人面对他不愿意做的事而愿意去做。换句话说就是如何调动人的工作积极性的问题。前面讲到了教师的需要和对待,下面还要讲道教师的挫折心理与处置,和这里要讲的教师的工作动机与激发,都是围绕调动教师积极性的问题而展开的。心理学对于动机激发问题尤其对学生学习动机的激发问题有过不少的研究,现借鉴这些研究成果,并结合当前聋校的实际,从教师管理的角度,对于如何激发聋校教师工作动机提出以下几项建议。

1. 树立服务思想,摆正领导位置　作为学校管理者,最重要的是摆正自己的位置,清楚自己应该具备的知识、技能与应履行的职责、义务,因此要时刻保持高度的事业心,努力做好管理、协调、联络和服务工作。作为学校管理者来说,一方面要引导教师树立为学生服务的思想,另一方面自己也要树立为教师服务的思想。为教师服务事实上就是为学校的教育教学工作服务。

2. 既提倡竞争,又鼓励合作　当前,随着竞争机制的引入,人际关系中出现了某些不利于团结的因素,造成了教师心理上的压力。这种压力既可以推动人们上进,也会使人感到无力招架而懈怠。因此,作为管理者,在提倡竞争的同时,也要鼓励乃至奖励合作。尤其在学校环境中,学校教育毕竟不同于商场经营,人际间的协调氛围对于青少年的健康成长是十分重要的。在竞争中讲双赢,在合作中讲互利,营造效益与人性和谐发展的人文环境,是当前激发聋校教师工作动机的理想条件。

3. 培养工作热情,提升成就满足　人的工作动力,可来自不同方面。而其中由工作本身带来的乐趣,从工作成就中获得满足,是工作积极性得以持久的强大动力。

4. 给予培养信任,创造成长机会　当今的教师,已不再满足于生存和温饱,在很大程度上,他们向往提高、发展。因此,学校领导应根据每个教师的特长和潜质,量才录用,人尽其才,多方培养,促其成长。

5. 健全规章制度,恰当运用奖惩　我国实行改革开放方针以来,进行了许多重大改革,许多规章制度的建立,既是改革的成果,又是实施改革的物质力量。以此来规范人们的行为,把人们的行为引导到为社会主义现代化建设而勤奋工作上去。而规章制度起作用的重要机制之一就是奖惩。因此,恰当运用奖惩才能有效地激发工作动机。但怎样做才算“恰当”?

---

① 自张春兴:《教育心理学》,浙江教育出版社,1998 年版,第 301 页。

(1)奖惩要适度。奖惩适度就是从管理的实际出发,奖与功相匹配,罚与过相对应,既不能小功重奖,也不能大过轻罚。只有奖罚适度才能服众,也才能收到预期的效果。

(2)不能凡事皆奖,那样,会把人心引导到“无利不起早,有利盼鸡啼”的唯利是图的地步,到了这一步,其后果是很可怕的。

(3)奖惩要公开,公正,公平。重大的奖项和惩处,最好经由群众讨论,使当事人与群众都受到教育。领导与群众应在同等条件下参与评比,对待下属应一视同仁。

(4)奖惩应与思想教育相结合,提升人们的精神境界;而不能孤立地依靠奖惩作为调动积极性的唯一手段。那样调动的积极性也是难以持久的。

三、聋校教师的心理挫折与处置

(一)聋校教师心理挫折的表现

心理挫折是由主观愿望与客观现实之间的矛盾而引发的一种心理冲突。聋校教师的心理挫折往往与其职业特征相关的心理冲突有密切关系。叶立言曾对北京城区各聋校 131 名教师进行了相关问卷调查,调查结果分析可在一定程度上反映出聋校教师的心理挫折的主要表现。

1. **对事业的自豪感与缺乏社会理解的冲突** 大多数聋校教师对特殊教育事业是热爱的,他们渴望社会对其所从事的工作给予尊重和理解;然而现实往往未能使他们满意。例如在被调查的聋校教师当中,有 52. 6% 的人认为特殊教育事业崇高且重要,25.2% 的人认为特殊教育事业重要。但在聋校教师的心目中,认为社会对他们给予理解并尊重的仅占被调查人数的 8.3%,认为比较尊重但不够理解的占 58.7%,认为不理解不尊重的占 12.2%。上述情况表明,有相当一部分聋校教师存在着对事业的自豪感与缺乏社会理解的心理冲突。

2. **工作责任感与工作疏离感的冲突** 教育事业、人道主义的驱使,培养了聋校教师对自身工作的责任感。在被调查的聋校教师中,有 84.7% 的人认为自己从事的工作是艰巨的,有 51. 9% 的人表示面对艰巨工作应尽心尽力做好。但是在日常具体工作中,由于教育对象在德才上的进步与工作成绩不易显现、工作环境不尽如人意等原因,使得有些聋校教师往往在处理工作中的棘手问题时产生一种对工作的疏离感。

3. **多角色与角色期待的冲突** 目前仍有许多聋校教师是从普通师范学校培养出来的,对特殊教育了解得不多。即使从特殊教育师范学校毕业,他们在校所学的专业知识面也十分狭窄,不够应用。据调查,聋校教师中有51.1%的人迫切要求职后业务进修,35.1%的人要求职后业务进修,他们深感倘若得不到进修将难以做好本职工作。

4. 理想与现实的冲突 由于社会对特殊教育事业不够重视,聋校教师更显得人微言轻,甚至受人歧视,社交范围狭窄,常遭到这样那样的困难或不公。购房的压力、孩子上学的压力致使教师背上沉重的经济负担。他们迫于经济和地位的无奈,同时面对的又是一群残疾孩子,付出的努力和收获的成绩不成比例,看不到希望,使他们不得不怀疑自己职业的高尚,怀疑坚守的价值。一方面讲特殊教育的崇高性,这是理想化的一面;另一面经济收入不能满足现实生活所需,这是现实的一面。二者引发的内心矛盾和冲突,久而久之就产生了职业倦怠的心理。

(二)聋校教师心理挫折的处置

处理好聋校教师的心理挫折是调动他们工作积极性的一个重要方面,同时也有益于维护他们的心理健康。当聋校教师在工作遭受挫折后并导致出现心理挫折时,聋校的领导者应主动耐心地做其工作,以下几点做法是行之有效的,可供参考。

1. 正确的认识和充分的谅解 当某位聋校教师处于产生心理挫折状态时,学校领导者首先对其要有一个正确的认识和对待。领导者要豁达大度,给受挫折者以耐心帮助,必要时宜采取冷处理的办法,切忌火上浇油。只有这样,才有助于解决问题。

2. 情绪的释放 情绪有猝发性,较之其他心理过程,又有易忘性。当聋校教师产生心理挫折时,领导者宜给予条件,让其情绪释放殆尽,直至平息下来。

3. 改善处境 改善处境,是指消除环境中容易引发冲突和挫折的各种因素,尤其是聋校组织环境中的各种致挫因素,如工作安排、人际关系、福利待遇、管理方式等。聋校领导者要深入实际,对那些容易引起挫折感的特殊心理冲突给予较多的关注并采取相应的对策。对于聋校教师的要求和实际困难,凡是应该解决又能够解决的一定要认真解决,凡是应该解决但条件尚不具备的要讲明情况并积极创造条件争取解决,凡是应该解决但超越领导者权限力所不及的要主动向有关方面反映,以引起上级领导和社会的重视。

4. 思想教育 心理挫折是一种主观感受,当聋校教师在工作和生活中出现挫折后,是否产生挫折感,产生何种程度的挫折感,与当事人的主观状况有重要关系。因此,加强聋校教师的思想政治教育,使他们树立正确的人生观和价值观,培养为特殊教育事业无私奉献的事业心和忠于职守的责任感,是应付心理挫折的根本办法。

四、任用聋人做教师的问题

这是聋校管理中的一个很特殊的问题。如果说,普通学校中由健听人任教是很自然的话,那么在聋校中由聋人任教则会显得不太自然,那是为什么呢?

(一)外国聋校中任用聋人做教师的曲折经历

这里虽然讲是“外国”,其实只能以“美国”为代表。考虑下面要讲道“中国”,所以用“外国”作为映衬。

在19世纪下半叶,随着口语教学方法迅速普及,聋教育教师出现了女性化的倾向,因为女性特别适合从事口语教学。但这与盲教育和弱智教育中的女性化相比,虽然聋人教育机构出现最早,但是接纳女性担任教师却最晚。在这些学校中女性担任次要的工作,她们的报酬、提升的机会都不同于正常的男性教育者。男性聋人教师与女性很相似,女性或残疾者都被认为没有力量的。居于从属地位、收入少、被固定在较低的层次,而正常的男性则被认为是有力量的、独立的、收入较高、有职业选择的机会。

当听力正常的男性到商业界寻找更多的赚钱机会而放弃教育时,该职业的女性与年轻的聋人男教师蜂拥而至的现象同时出现。当女性在该职业中慢慢受到承认,并逐渐处于统治地位时,学校开始忽视聋人教师,聋人的雇佣受到限制。

在早期的学校中,聋人男子在教职工中占有相当大的比例。1852年,妇女开始进入聋人教师行列。在美国,聋人男子大约占全体教职员工人数的40%,至1870年北美男性聋人教师大约占42%。聋人教师收入低,而且经常受到不公平的对待,他们几乎没有晋升的机会,聋人教师教的班级常常是所谓“废物组成的”。由聋人教师教高年级的情况非常少见,更不允许他们教那些具有残余听力的学生,但他们被准许接受较高级的培训。

在1858年的一次聋人教师与正常教师的集会上,主要的聋教育机构的学监都证明聋人教师地位较低。几乎没有一个正常的教师会同意“聋人教师可以同他们一样有用”这一说法。他们认为甚至一个接受过良好教育的聋人也受先天的限制,“一个重要感觉受剥夺的人不可能像完好的人一样有用”。由于正常人的头脑中存有偏见,便很难克服对聋人的不公正的看法。

聋人教师抗议这种固定的、片面的看法。他们激烈地争论,要为自己讨回公道。但社会劝告他们不要有过高的追求、接受那些次要的任务,参与社会活动时要小心从事。告诫他们不要让自己进入不适于自己的地方,要尽可能温顺地服从、平静地听命,不要反对社会的责难。

聋人教师对于他们较低的地位与收入极为不满，然而他们为争取同工同酬而进行的抗争并没有得到同情。纽约聋人学校的校长哈维·皮特指出，在所有妇女权利问题的会议上人们都在争论关于同工同酬的问题，但是没有结果。皮特认为，妇女工资较低，那是建立在她们生活的基础上，她们的生活费用少，要求低，容易满足。同样地，聋人男教师收入低是因为他们不必像听力正常的男性一样有那么多的社交开支。

尽管学校在雇佣聋人教师时很不公平，然而教育工作仍是聋人向往从事的少数几项工作之一，因此吸引了大批聋人。大约1898年台湾地区聋人学院有171位毕业生，其中86位，也就是半数的人从事教育工作。有人认为聋人男教师是最好的教师，他们与学生关系密切，出于同情，他们会将聋人必须克服的困难，以及自己克服这些困难的经验告诉给他们的学生。

在雇佣聋人当教师的问题上，口语派认为聋人在语言方面有困难，因而不适合教聋童，尤其是教说话、语言方面。他们反对聋人教师教聋生，规定任何聋校都不能雇佣聋人。

为推行这一政策，贝尔1885年向众议院拨款委员会发表演说，清楚地表明他的主张，那就是不管什么情况，增加聋人教师都将会影响对聋人口语的教育，其原因是“尽管聋人在智力上是符合要求的，但他们不能对聋人或其他任何一个人进行口语教育”。稍早些时候，贝尔指出聋人的教师中有1/3本身就是聋人。他说：“必须引起关注的是聋人教聋人很容易形成一个聋人团体，因此一定要避免。”贝尔的态度预示着在北美所有的学校最终拒收聋人教师。

（二）中国早期聋校中的聋人教师

这里所说的“早期”，是指20世纪上半叶，主要是指30年代和40年代。

我国早期的聋哑学校，很多是在抗日战争时期兴起的。这些聋校，绝大部分是曾经在聋哑学校读过书的聋哑青年创办的。但是，在旧中国，由于世俗的偏见，聋哑人被视为受救济、受施舍的对象，得不到尊重。

1949年前聋人搞聋教育，据资料统计，从1937—1949年这12年间，各地聋人办聋校约22所之多，占了这一时期创办的全部32所聋校的70%。可见，聋人对中国早期聋教育的发展起到了不可磨灭的历史性作用。那么，为什么这个时期许多地方聋人对创办聋校特别积极热情呢？

原因可能有两点：①中国聋教育发展到这个时候已有50多年了，各地聋校也培养了不少具有一定文化知识水平的聋人，他们需要在社会上找到符合自己理想的职业，其中不乏有志于从事聋教育者。②从1937—1949年是一个连续12年的战争时期。在战争环境中,办教育是很困难的事情,更不用说办聋人特殊教育事业。这个时候,对聋教育关心的只有两种人,一是从事聋教育工作或与聋教育有连带关系的人;一是聋人自己及其亲属。前者如创办成都明声聋哑学校的罗蜀芳;筹办上海特殊儿童辅导院的儿童教育专家陈鹤琴。这方面的人士极少,后者就比较多了。聋人本身就具有"同病相怜"的特殊感情。中华聋哑协会理事长何玉麟创办的中华聋校,最初校名为"战时聋校",就是为解决上海战区避入"租界"的聋童失学问题而设,无锡、武进、温州等地的聋校创办人,出发点是为了"造福桑梓同病"。自然,聋人办聋校同时也解决了自己的职业和生活问题。

这段历史表明,聋人搞聋教育有其历史的必然性,而聋人充任聋校教师也有其历史功绩。当然,如何全面评价聋人搞聋教育,涉及若干价值取向及教育方针问题,主要是对沟通方法的定位问题。即如何看待不同沟通法的地位,进而选择何种或哪些沟通方法。因此,对聋人任教师这个问题的认识,不能脱离特定的历史条件来谈论。

(三)对聋人教师的任用

聋人充任聋校教师,在外国和中国的聋教育历史上都出现过,但在中国聋教育史上一度消失了。1957 年教育部发出了一个办好盲童学校、聋哑学校的几点指示,其中有关师资问题的指示规定:"今后配备的聋哑学校师资在采用口语教学的班级里,必须是健全的教师。"在此之前,教育部已经提出,要将手语教学班逐步过渡到口语教学班,随着手语教学班逐渐不复存在,自然难以胜任口语教学任务的聋人教师也失去了其在聋校继续留任的理由,就这样,聋人教师就在中国聋教史上按"自然淘汰"法则一年年地减少乃至全部消失。

但是,近年来,国外的多项实验研究认为,聋人教师是聋人母语的最好使用者,并能切实理解聋童内心世界,从而达到真正的沟通。同时,聋人教师也是聋童成年后的生活榜样。尤其在双语教学中,聋人教师的作用更是无可替代。鉴于聋人教师可能在我国聋校重新登上讲台,事实上,也确有一些聋校已经启用了聋人做教师,有些师范院校也在招收聋生学习聋教育专业,如辽宁师范大学。因此,聋人教师的管理问题便成为一个需要面对的新课题。而有关这方面的管理工作,我们过去没有注意积累和总结经验,更没有从管理科学的高度进行研究,这意味着实践已经走在理论的前面了。为此,我们今天提出这个问题,已为时不早。

关于聋人教师的管理问题,借鉴国外的相关研究,有如下几点值得重视:

1. 在聘用聋人做教师时,要注意挑选各方面较出色的聋成人进行培训,因为聋人不能自然地成为聋童的教育者。教育不同于一般的人与人之间的相互影响,所以,对聋童产生重要影响的聋人教师进行培训是必不可少的。

2. 聋人教师必须具有很高的读写能力,以防止聋人教师自己较差的阅读及书面表达,加重学生发展中的语言缺陷。

3. 聋人教师一定要有较高的社会成熟度。因为聋人教师对聋童的影响比健听人教师更深远。聋人教师的这种优势,更加需要聋人教师本人具有"师表"作用。

4. 搞好健听人教师与聋人教师之间的团结合作,应互相尊重,取长补短。管理者要一视同仁,不要让聋人教师产生对他们不公平的感觉。同时要教育聋人教师,正确理解"公平"的含义,不能认为公平就是"一律",就是"无差别"。

5. 要防止产生帮派色彩的小团体。一是要防止健听教师与聋人教师之间的分垒;二是要防止聋人教师把学生置于其卵翼之下,好像只有聋人教师才能反映他们的心声,代表他们的利益,从而产生离心离德的作用。

第四节　聋校领导者如何实现领导

一、领导的心理学含义

在日常生产、工作和生活中,人们往往把领导看作一种权力活动,或理解为一种统治形式。《学校管理心理学》中指出:"从心理学(或行为科学)的角度来看,领导是一种通过一定的人际关系,对被领导的个人或组织施加心理影响,从而调动其积极性,发挥其能力并引导其方向,使之在一定环境条件下为实现共同的组织目标而努力的行动过程。"①致力于实现这一目标并在行动过程中施加影响的人,即领导者。

从上述概念中可以看到,领导的本质是一种人与人的关系。领导作为一种特殊的行动过程包括三个因素:领导者、被领导者和客观条件(历史条件和环境条件)。所谓领导就是三个因素组成的动态过程。领导的效能是以领导者与被领导者之间人际关系的好坏为转移的,影响领导效能的因素很多,其中起着重要作用的是领导人的影响力与领导方式。它是领导者实现领导的关键因素。

二、聋校领导人的影响力

影响力是指一个人在与他人交往中,影响乃至改变他人心理与行为的能力。

① 中央教育行政学院等单位协作编写:《学校管理心理学》,教育科学出版社,1989 年版。

领导人的影响力包括两个方面:权力性影响力和非权力性影响力。

(一)聋校领导人权力性影响力

权力性影响力是一种强制性的影响力,其特点是对人的影响带有强迫性,是以外力的形式发生作用,被影响人在心理上与行为上主要表现为被动、服从。

聋校领导人(这里主要指校长)的权力性影响力是由上级教育行政部门正式授予而获得的,其合法权力是由一定的职权来体现的。聋校领导人的职责与职权是相辅相成的。担负某一职务的领导人要履行其岗位职责,就必须赋予他相应的权力,这种权力是他领导、指挥教职工行动的凭靠。

构成聋校领导人权力性影响力的主要因素有以下三种:

1. **传统因素** 它是指聋校教职工对领导人的一种由历史沿传和社会意识影响而形成的观念。这种观念使得被领导人对领导人产生一种服从感,从而在一定程度上强化了领导人的影响力。应该肯定,由传统因素产生的影响力不是决定性的,它会随着社会的不断进步而淡化。聋校领导人应正确借助传统因素构成的影响力,使其与加强法治、依靠教职工民主管理学校结合起来。

2. **资历因素** 它是指由聋校领导人的资格与经历所构成的影响力因素。如果聋校的领导人有较长的工作经历,领导屡有建树,曾多次受到上级嘉奖,则使被领导人对其产生一种敬重感。这种影响力在权力行使之前就可产生,对领导人开展工作很有助益。但资历只能说明过去,因此聋校领导人一定要不断开拓进取,不断做出新的业绩,才能不断巩固这种影响力。

3. **职位因素** 它是指由聋校领导人的职务与地位所构成的影响力因素。这种影响力是以法定权力为基础的,因而它使教职工产生某种敬畏感。应当指出,职位是上级教育行政部门赋予聋校领导人的一种力量,它与领导人自身的素质无直接关系。职位是聋校领导人行使权力的有利条件,因此领导人一定要审慎用权,切不可滥施权威,否则将失去积极的心理影响作用,导致领导人有权而无力。

(二)聋校领导人非权力性影响

非权力性影响力是一种自然性的影响力。它既无正式的规定,也没有任何授予形式,被影响人不会在规定的制度上受到领导人的奖惩。因此,非权力性影响力产生的基础要比权力性影响力广泛得多,它在实际上不仅具有权力的性质,而且往往具有合法权力所不能发挥的约束作用。

聋校领导人的非权力性影响力的形成要靠加强自身的学习修养、不断增强自我意识来实现。构成聋校领导人的非权力性影响力的主要因素有以下四种:

1. **品格因素** 优良品格既是聋校领导人必备的素质，也是构成领导人影响力的重要因素。所谓优良品格主要是指领导人的道德、品行、个性、作风等，它渗透在领导人的一切言行之中，能使教职工产生一种敬爱感。因此聋校领导人应该在品格方面严于律己、处处起表率作用，以更好地行使自己的职权，完成好聋校的各项工作。

2. **才能因素** 才能主要是指才智和能力。聋校领导人必须德才兼备，忠诚党的特殊教育事业，有较强的组织领导能力，才能使教职工产生敬佩感，才能犹如一种心理磁力，能使人自觉能动地接受领导人的影响。

3. **知识因素** 知识包括文化知识，专业知识、法律知识、思想政治水准等相关知识。能力是一个管理者综合素质的体现，它表现为科学决策能力、协调组织能力、语言表达能力等。而要提高综合能力，必须靠知识的铺垫升华。当一个领导者具备比较完整的知识体系，并在实践中表现出较强的综合能力时，带给下属的是一种希望，使其产生一种敬佩感，从而也使教职工产生一种信赖感，坚定地接受领导者的影响。

4. **感情因素** 在聋校各方面工作中，领导人与教职工之间建立良好的感情关系，可以使人产生亲切感，增强领导人的影响力。特别是在困难面前，良好的感情可化作巨大的力量，使教职工毫无怨言，甘愿无条件地接受领导人的影响。

（三）提高聋校领导人的影响力

权力性影响力与非权力性影响力体现在领导人身上是相互交织密切联系的。因此，提高聋校领导人的影响力的主要途径是要综合运用和发挥权力性影响力与非权力性影响力的作用，使二者相辅相成、相得益彰。

聋校领导人在运用权力性影响力时应注意做到以下几点：

1. **审慎用权** 就是在对聋校各项工作进行领导与管理时，领导人应做到功在施权之前。即要善于启发、引导教职工，使他们切实明确领导布置的任务、要求以及有关规定，尤其要讲明若违反规定要求将给工作造成的严重后果及应负的责任，从而造成一种威慑力量。一般来说，只有到最后非得实施强制性手段外，领导人以不行使这种权力为宜。

2. **执法无私** 聋校领导人拥有行使合法权力的地位，但绝不能炫耀权力、更不得以权谋私，否则必将遭到教职工的种种抵制，从而削弱权力性影响力，降低权力威信。许多聋校领导人认为，在实际工作中要做到执法无私最难的是要罚不避亲、赏不避仇，只有这样才能真正体现领导人以身作则，才能使教职工心悦诚服，取得运用权力性影响力的良好效果。

3. **善于授权** 这是领导人成熟度高的表现。作为聋校的主要领导人事必躬亲既不可能也无必要,善于授权则可以有效地沟通上下关系、获得支持、调动下属的积极性,这也是培养干部使学校领导后继有人的重要手段。特别是在特殊教育事业蓬勃发展的今天,善于授权显得尤为重要。

4. **具体指导** 聋校的主要领导人要领导好学校,除了善于出主意、用干部之外,还有就是要深入实际、具体指导。不仅要求下属"要这样做",而且应使他们知道"为什么要这样做"以及"怎样才能做好"。具体指导绝不是要事事包办代替,使领导人变成事务主义者,而是要通过典型事例指导,对下属传授方法、启迪智慧。

聋校领导人在运用非权力性影响力时应注意做到以下两点:

1. **要充分运用非权力性影响力** 权力性影响力是聋校领导人实施领导管理的主要依靠,它能从客观上逐渐养成教职工遵守纪律和从教的积极性。但非权力性影响力却更能激发教职工的自觉性、主动性和创造性。在一定意义上说,非权力性影响力在整个领导影响力构成中占有主导地位,起着决定性作用。因此,聋校领导人要充分运用非权力性影响力。

2. **要正确认识非权力性影响力四种因素的关系** 在构成非权力性影响力的四种因素中,品格因素是基础,才能因素是引擎,知识因素可以增长或影响才能,而感情因素是必要的条件。聋校领导人要正确认识非权力性影响力的四种因素的关系,以便在实际工作中运用好非权力性影响力。

综上所述,谈到聋校领导人的影响力问题,权利性影响力属于权力和职位的拥有者,但其对教职工的激励作用是有限的;非权力性影响力是属于自然性影响力,但其对教职工的激励作用是无限的。

三、聋校领导人的领导方式

所谓领导方式,一般是指围绕着权力集散问题所采取的具体运用职权的方法与形式。对于聋校领导人来说,影响力的作用不是孤立的,它与领导方式联系在一起。一方面,影响力要在领导方式的有效性上得到反映;另一方面,领导方式的有效性也会助长影响力。

(一)领导方式的分类

对待权力的集散,由于领导者在对人的认识上所持的观点不同,因而对被领导者所采用的领导方式也就不同。归纳起来,主要有下述三种类型:

1. **集权式领导** 其主要特征是将权力定位于个人。集权式领导比较重视工作关系,注意靠施用权力影响和控制部属,群体的一切方针由领导者一个人决定,对群体的工作和方法分段下达指示，使部属无法了解集体活动的最终目标。在集权式领导的群体中，群体成员对领导者表示服从，对群体活动的满足感较低。

2. **参与式领导** 其主要特征是将权力定位于群体。将下属视为与己平等的人，给予他们足够的尊重。在参与式领导者管理的团队中，主要政策由组织成员集体讨论、共同决定，领导者采取鼓励与协助的态度，并要求下属员工积极参与决策；在确定完成工作和任务的计划、方法、技术和途径上，组织成员也有相当的选择机会。通过集体讨论，领导者使团队成员对工作和任务能有更全面、更深刻的认识，并就此提出更为切实可行的计划和方案。

3. **放任式领导** 此类领导者喜欢松散的管理方式，极少运用手中的权力，他们几乎把所有的决策权都完全下放，并鼓励下属独立行事。他们对下属员工基本采取放任自流的态度，由下属自己确定工作目标及行动。他们只为组织成员提供决策和完成任务所必需的信息、资料、资源和条件，而尽量不参与、也不主动干涉下属、员工的决策和工作过程，只是偶尔发表一些意见，任务的完成几乎全部依赖团队成员的自主工作。这种领导方式虽然控制力较弱，但对专业人员却可以收到不错的效果。

鉴于上述三种领导方式优劣不同，在聋校管理中，应同其他各类学校一样，必须实施参与式领导。

（二）聋校如何实施参与式领导

参与的基本含义就是"被管理者参加管理"，参与在管理方式上体现出一种民主精神。我国的社会主义制度为聋校实施参与式领导提供了根本保障。

在聋校的管理方式上实施参与式领导可以有三个层次：

1. **学校领导成员的集体参与** 这是聋校的核心领导层主要是党支部委员会和行政班子。

聋校党组织要充分发挥政治核心作用和保证监督作用。其基本任务是宣传、执行党的路线、方针、政策；坚持党的教育方针，对学校的发展规划、工作计划、各项重要的规章制度以及全面的人事安排提出建议，支持校长的工作，教育党员充分发挥其先锋模范作用。

聋校行政班子是校长主持下的行使学校教育行政权力的机构。行政班子要全面贯彻党的教育方针，执行上级指示。联系民政、残联等部门，领导和组织学校的教育、教学、总务、后勤等各方面的工作，管理学校的人事工作。

2. **学校教职工的参与** 一层是贯彻参与原则的关键，按《特殊教育学校暂行规程》第 42 条的要求，聋校应按国家有关规定建立教职工代表会议制度，加强学校民主管理和民主监督。聋校领导人应积极提倡、大力发动教职工参与学校的民主管理。教职工代表会议要行使的权力是:审议校长工作报告;讨论学校发展规划、工作计划、改革方案、有关职工福利待遇的原则,监督学校的党政工作。

3. **家长及社会有关方面的参与** 这是聋校参与的最外层。要办好特殊教育学校,家长及社会的参与有着极其重要的作用。“特殊教育学校应与街道(社区)、村民委员会及附近的普通学校、机关、团体、部队、企事业单位建立联系,争取社会各界支持学校工作”,“特殊教育学校应通过多种形式与学生家长建立联系制度,使家长了解学校工作,征求家长对学校工作的意见”。(《特殊教育学校暂行规程》)这一层参与的一般形式有家长委员会、家长会、民政及残联部门与聋校的某些协作等。

应该强调指出,聋校要贯彻好参与管理,应立足于参与的原则精神。绝不要把其误解为事无巨细一概都要集体讨论决定。要从学校的实际出发,视具体情境而决定参与的方式。

【思考题】

1. 分析一下,聋校教师的需要有哪些与普通学校教师是共同的,有哪些是特殊的。
2. 议论一下,特殊教育教师需要的“爱心”是一种什么样的情感。
3. 调查一下,从聋校教师特定的职业身份出发,他们的挫折心囊有哪些表现。
4. 您赞成聋人做聋校教师吗?理由是什么?
5. 构成聋校领导人权力性影响力的因素主要有哪些?
6. 构成聋校领导人非权力性影响力的因素主要有哪些?
7. 聋校领导人运用权力性影响力时应注意什么?
8. 在聋校管理方式上,实施参与式领导可以有哪三个层次?

参考目录

［著作］

1. 全国残疾人抽样调查办公室编:《全国残疾人抽样调查工作手册》,中国社会出版社中国社会出版社,1986。

2. 裴宏恩:《耳聋与复聪》,科学普及出版社,1986。

3. 赵鸣之:《聋儿听力—语言康复医学》,天津科学技术出版社,1987。

4. 甘智林:《耳聋的原因及诊断》,上海科学技术文献出版社,1985。

5. 闰承先:《小儿耳鼻咽喉科学》,天津科学技术出版社,1985。

6. 汤盛钦等:《教育听力学》,华东师范大学出版社,2000。

7. 季佩玉等:《聋教育教师培训教材》,中国盲文出版社,2000。

8. 汤盛钦等:《特殊教育概论》,上海教育出版社,1998。

9. 张宁生:《听觉障碍儿童的心理与教育》,华夏出版社,1995。

10. 黄希庭:《普通心理学》,甘肃人民出版社,1982。

11. 林宝贵:《听觉障碍教育与复健》,(台)五南图书出版公司,1994。

12. 朱智贤等:《思维发展心理学》,北京师范大学出版社,1986。

13. 朱智贤:《儿童心理学》,人民教育出版社,1987。

14. 何华国:《特殊儿童心理与教育》,(台)五南图书出版公司,1987。

15. 朴永馨等:《缺陷儿童心理》,科学出版社,1987。

16. 大桥正夫:《教育心理学》,上海教育出版社,1980。

17. 张伯源:《残疾人心理及其诊断与训练》,光明日报出版社,1989。

18. (美)柯克:《特殊儿童的心理与教育》,天津教育出版社,1989。

19. 费海瑾:《特殊儿童的教育》,(台)正中书局,1977。

20. 张宁生:《残疾人高等教育研究》,辽宁人民出版社,2000。

21. 王文科:《特殊教育导论》,(台)心理出版社,1997。

22. 张春兴:《教育心理学》,浙江教育出版社,1998。

23. 潘菽:《教育心理学》,人民教育出版社,1980。

24. 朱智贤:《心理学大辞典》,北京师范大学出版社,1989。

25. 朴永馨:《聋童教育概论》(修订本),安徽教育出版社,1992。

26. 郭亨杰等:《心理学教程》,南京师范大学出版社,1995。

27. 戴目:《梦圆忆当年》,上海教育出版社,1999。

28. 朴永馨:《特殊教育学》,福建教育出版社,1995。

29. 王效贤等:《聋校教育学》,吉林教育出版社,1988。

30. 国家教育委员会初等教育司:《特殊教育文件、经验选编》,人民教育出版社,1989。

31. 典文:《自强之歌》,华夏出版社,1997。

32. 朴永馨:《特殊教育资料选编》,内部资料,1983。

33. 林宝山:《特殊教育导论》,五南图书出版公司,1992。

34. 顾明远:《教育大辞典》,上海教育出版社,1990。

35. 中华人民共和国国家教育委员会制定:《中等特殊教育师范学校专业课教学大纲》,人民教育出版社,1993。

36. 国家教育委员会基础教育司、中国残联教育就业部:《特殊教育文件选编(1990~1995)》,1995。

37. 叶立言:《聋校语言教学》,光明日报出版社,1990。

38. 林宝贵:《听觉障碍儿童语言沟通法与语文教学法之研究》,台湾地区教育行政部门教育计划小组,1994。

39. 郭为攀:《特殊教育名词汇编》,《心理出版社》,1988。

40. 傅逸亭、梅次开:《聋人与手语概论》,学林出版社,1986。

41. 中国聋人协会编辑:《中国手语》,华夏出版社,1989。

42. 林宝贵:《比较中、美、日三国之听觉障碍儿童教育》,(台)商务印刷馆,1975。

43. 赵锡安:《中国手语研究》,华夏出版社,1999。

44. 张茂聪等:《中国聋人手语与语言基础》,山东教育出版社,1998。

45. 朱曼殊、缪小春:《心理语言学》,华东师范大学出版社,1990。

46. 季佩玉:《聋哑学校语文教材教法》,中国盲文出版社,1986。

47. 林崇德:《学习与发展:中小学生心理能力发展与培养》,北京教育出版社,1992。

48. 李冀:《教育管理辞典》,海南人民出版社,1989。

49. 庞长富、刘春建:《管理心理学纲要》,解放军出版社,1986。

50. 赵树铎:《特殊学校劳动技术与职业教育概论》,天津人民出版社,2000。

51. 刘俊卿:《盲聋哑学校职业教育的理论与实践》,黑龙江人民出版社,2001。

52. 韩进之:《教育心理学纲要》,人民教育出版社,1989 年版,第十九章。

53. 张宁生:《心理学》,教育科学出版社,1990。

54. 熊冬炎:《简明教育心理学》,东北财经大学出版社,1988 年。
55. 张大均:《教育心理学教程》,四川民族出版社,1992。
56. 胡振开:《教师实用心理学》,吉林教育出版社,1988。
57. 张济正:《学校管理学导论》(修订本),华东师范大学出版社,1990。
[期刊]
1. 张宁生:《中华聋儿语言康复要义(之一)》,《特殊教育》,1990 年第 1 期。
2. 魏华忠:《聋哑人的思维和语言》,《北方论丛》,1981 年第 1 期。
3. 余敦清:《聋哑学生个性特征研究》,《现代特殊教育》,1992 年第 3 期。
4. 魏华忠:《聋哑教育漫谈》,《特殊教育》,1988 年第 1 期。
5. 何文明:《聋生语文学习情况调查研究》,《中国特殊教育》,2001 年第 1 期。
6. 梁敏仪:《营造良好的特殊教育环境》,《厦门特教》,2001 年创刊号。
7. 张宁生、荣卉:《特殊儿童父母的压力与应对》,《心理学动态》,1997 年第 2 期。
8. 荣卉:《影响聋童亲子关系和同伴关系的因素》,《心理学动态》,1996 年第 3 期。
9. 许烽:《关于人的适应性培养的社会心理分析》,《教育研究与实验》,2000 年第 6 期。
10. 张宁生:《双语教学及其对中国聋校语言教学的影响》,《中国特殊教育》,2000 年第 1 期。
11. 肖阳梅:《试论聋校学生的社会化:以社会适应心理的发展为线索》,《中国特殊教育》,2000 年第 3 期。
12. 黎美霞:《第十九届国际听障人士教育会议暨第七届亚太区聋疾会议专题演讲摘录》,《现代特殊教育》,2000 年第 6 期。
13. 沈玉林:《聋校双语教学简述》,《中国特殊教育》,1998 年第 4 期。
14. 陈国权:《参加“21 世纪中国聋教育改革与发展研讨会”有感》,《现代特殊教育》,2001 年第 2 期。
15. 兰继军等:《美国手语的语法特点及使用简介》,《中国特殊教育》,2001 年第 2 期。
16. 易俊清:《汉语言文学特点及特殊教育中的识字教育》,《特殊教育》,1990 年第 4 期。
17. 杨永华:《聋生词语错误浅析》,《特殊教育》,1994 年第 1 期。
18. 崔玮兰、张俊芳:《应重视提高聋生书面语的表达能力》,《特殊教育》,1992 年第 4 期。